ウルトラランナー

限界に挑む挑戦者たち

アダーナン・フィン 著

児島 修 訳

ウルトラランナー

目次

人物表

私（アダーナン・フィン）　著者・作家。本書のためウルトラランニングを始める
エリザベト・バーンズ　砂漠ステージレースの女王
キリアン・ジョルネ　トレイルランナー界のスーパースター
トム・ペイン　著者フィンの親友。エリートランナー
レイチェル（・ボナー）　トム・ペインの婚約者
モード・ゴーマン　元ビューティー・クイーンのスカイランナー
ロブ・ヤング　アメリカ横断に走って挑戦
ロビー・ブリットン　イギリスのウルトラランナー
トム・クラッグス　フィンの雇ったコーチ
ザック・ミラー　山小屋に住む世界トップクラスの弾丸ウルトラトレイルランナー
ジム・ウォルムズリー　元陸軍。うつ病に対処するため再び走り始めた。世界トップウルトラランナー
デイブ・マッケイ　20年にわたってアメリカのウルトラ・ランニングシーンを代表してきたランナー。山で滑落し義足となった
セイジ・カナディ　日本人の血を引くエリートウルトラランナー
ヒラリー・アレン　元ＵＳスカイランニング・ウルトラのチャンピオン
ゲディミナス・グリニウス　イラク戦争の帰還兵。ＰＴＳＤ克服のためウルトラランニングを始めた
カトラ・コルベット　元薬の密売人、元麻薬中毒者。１３０回以上の１００マイルを走っている

ゲイリー・ゲリン	ミウォック一〇〇K元優勝者
スコット・ダンラップ	元投資家。顔なじみの投資家たちを9・11で亡くし、トレイルランニングを始めた
パディ・オリアリー	アイルランド訛りのエリートランナー
マグダ・ブーレ	アメリカの元オリンピックマラソン代表選手。ウルトラランナーに転向
クレイグ	コムラッズ・マラソン協会の役員
ヴィック・クラップハム	第一次世界大戦の退役軍人コムラッズ・マラソンの開催きっかけ人物
ビル・ローワン	コムラッズ・マラソン最初の優勝者
デーブ・ロジャース	コムラッズ・マラソン45回の完走者
ブルース・フォーダイス	コムラッズ・マラソン9度の優勝
スティーブ・ウェイ	元愛喫者の肥満中年男性。現在は国際的なエリート・アスリート
ウォーリー・ヘイワード	最も偉大なコムラッズ・ランナーだと称賛されている伝説的なランナー
カミーユ・ヘロン	ウルトラマラソン元世界記録保持者。走りながらビールを飲むことで有名
ジョー・ケリー	フィンの体幹トレーニングや身体の動かし方を指導していた
ゲイリー・ウォード	アナトミー・イン・モーションという技術を開発
エリー・グリーンウッド	コムラッズ・マラソン、ウェスタン・ステイツ一〇〇の元優勝者
ロウリ・モーガン	テレビのスポーツ記者。北極でのレースの出場経験もあるウルトラランナー
フランソワ・デンヌ	UTMB2度の覇者
グザビエ・テベナール	UTMB2度の覇者

ステファン・ブロス　スキーマウンテニアリングの3度の世界チャンピオン

エミリー・フォースバーグ　キリアンのパートナー（『走ること、生きること』児島修訳、青土社、二〇一九の著者）

ウーリー・ステック　高名なスピードクライマー

ディラン・ボウマン　アメリカのプロトレイルランナー

ダンカン・キベット　マラソンのベストタイム二時間四分をもつケニアのランナー

フランシス・ボーエン　マラソンのベストタイム二時間八分をもつケニアのランナー

ティモシー・オルソン　UTMB4位になった経歴があるアメリカのマインドフルマウンテンアスリート

スコット・ジュレク　ウェスタン・ステイツ一〇〇を7度優勝。ヴィーガンであることでも有名

ソンドレ・アムダール　ノルウェーのウルトラランナー。エリザベトのパートナー。ヴィーガン

ジェフ・ブラウニング　44歳でLCHFを始めその数か月後にハート一〇〇で優勝したトップウルトラランナー

ジョス・ネイラー　フェルランニングの伝説的なランナー

ダミアン・ホール　本業ジャーナリストのトップウルトラランナー

クレア・ギャラガー　レッドウィル一〇〇の元優勝者

ミラ・ライ　ネパールの元子ども兵。現在はトップウルトラトレイルランナー

ヘイデン・ホークス　イタリアのラヴァレード・ウルトラトレイル優勝

アントン・クルピチカ　アメリカのトップマウンテンアスリート

ビリー・ブランド　一九八二年にボブ・グラハム・ラウンドでFKTに挑戦した伝説的なランナー

リッキー・ライトフット　ボブ・グラハム・ラウンドがあるイングランド湖水地方の英雄フェルランナー

ジャスミン・パリス　ボブ・グラハム・ラウンドの女性記録保持者
カール・エグロフ　キリアンの記録を次々と破る登山ガイド
ダン・ハウイット　キリアンのエベレスト登頂に意義を唱えるアメリカ人登山家
トム・エバンス　イギリス軍の兵士
ティム・フレリクス　ノースフェイス五〇でザックに勝ったエリートランナー
ニッキー・スピンクス　ボブ・グラハム・ラウンドを一日で二周するルートの総合記録を持つ伝説的なフェルランナー
ティム・トレフソン　アメリカのエリートウルトラトレイルランナー

さらに詳しい情報は
以下の URL でご覧下さい

http://www.seidosha.co.jp/ultrarunners.pdf

本書に登場する主なレース（▲は著者が出場したレース）＊五十音順

ウェスタン・ステイツ・エンデュランスラン（ウェスタン・ステイツ一〇〇）
▲ウルトラトレイル・デュ・モンブラン（ＵＴＭＢ）
エベレスト・トレイルレース
▲オマーン・デザート・マラソン
カントリー・トゥ・キャピタル・ウルトラマラソン
▲グレート・ウィルダネス・チャレンジ
▲コムラッズ・マラソン
ザ・ノースフェイスエンドュランスチャレンジチャンピオンシップ五〇マイル　（ノースフェイス五〇）
サハラ・マラソン
自己超越三一〇〇マイルレース
▲自己超越二四時間レース
ＪＦＫ五〇

スパインレース
ソノマ五〇
ディプシー・トレイルレース
バークレーマラソンズ
ハードロック一〇〇
バッドウォーター一三五
一〇〇マイル・シュ・ド・フランス
ミウォック一〇〇K
モアブ二四〇
ラヴァレード・ウルトラトレイル
リング・オブ・ファイア
レッドヴィル一〇〇

さらに詳しい情報は
以下の URL でご覧下さい

http://www.seidosha.co.jp/ultrarunners.pdf

ウルトラランナー

――限界に挑む挑戦者たち

「人生では常に、何かを知ろうと奮闘すべきだ。だから、私も自分自身を知ろうとしている」

――ロンドン南部で行われたトラックレース、トゥーティング二四時間レースで七七マイル〔一二三km〕を走り終えた八五歳のランナー、ジェフ・オリバーの言葉。

＊本文中のマイルのキロ換算に関しましては、読みやすさを優先させ四捨五入させていただきました。

プロローグ

地面にへたり込み、背中を砂山にもたせかけて、汚れた黄色いサングラス越しに外を眺めた。空の果てまで、見えるのは砂だけだ。ところどころに乾いた草のある一面の砂。荒野。その中を、かすかな小道が通っている。タイヤの轍が、文明がそう遠くない場所にあることを仄めかしている。でも、私は動けない。何日も引きずり続けてきた錆びた機械みたいだった両脚も、地面に寝かせていればなんともない。砂の上に座っていると一歩動くたびに軋むような痛みを感じていた左足の付け根にも、かすかな心地良さすら覚えた。

思考は自分の外側にあった。私の本質、核となる存在だけがただここに座り、砂に溶け込んでいく。疲れ果てて何も考えられない。わずかに残った理性が、どうにかして私を生き延びさせようと、フル回転している。

一日中ここに座ってはいられない。水は足りない。太陽が熱い。こんなにも遠くまで来た。走ってきた距離を考えろ。この魂を揺さぶるような砂の上での、数えきれないほどのマイル数を。ここでやめるわけにはいかない。ゴールまで、浜辺まで、海までわずか数マイルだ。一歩ずつ進めば、必ず辿り着ける。ここまで来たのは、ゴール寸前で棄権するためじゃない。

これまで自分を前に進めるために使ってきた様々な戦略を、ぼんやりと思い出した。最初に状況が厳しくなった二日目あたりでは、こう自分を奮い立たせた。「頑張るんだ、タフガイ。お前にはできる。みんなに見せてやれ。砂漠はきついが、ミスター・フィンは止められない」。私は自分のことをミスター・フィンと呼んでいた。レースのせいで、すでに頭の調子がおかしくなっていたようだ。

だが五日目になると、虚勢は甘やかしに変わっていた。私は自分をおだてながら、夜のステージを走った。「大丈夫、心配するな。きっと間に合う。とにかく走り続けるんだ」。漆黒の闇が辺りを包み込んでいた。足元の砂は残酷なほどに柔らかい。それでも、私はそれを乗り切った。二六マイル〔四二㎞〕に七時間半もかかったが、ともかくその日のゴールに辿り着いた。

しかし、レースが終わりに近づいた今、私は燃え尽きてしまった。心の中でいくら自分に語りかけてもどうにもならない。身体が動かない。

「立ち上がってゴールまで自分を引きずっていく――それがお前のやるべきことだ。でも、何のために？　誰がこんな馬鹿げたルールをつくったんだ？　そんなルールに、プードル犬みたいに大人しく付き合う必要なんてない」。面白いことになってきた。葉先が尖った雑草に触れないように身をよじって脚を前に伸ばす。シューズは三サイズくらい小さく感じるくらい砂でいっぱいだ。これまで何日間も、ずっとこんな不快なものに対処してきた。シューズの中の砂など、数ある不快さに比べれば些細なものにすぎない。

「今、一番勇気あることとは、誰かの意見ではなく、自分の心の声に耳を傾けることだ」と心の声がする。「きっと誰もが、ゴールすべきだ、完走直前でやめる奴なんていない、と言うだろう。でもお前は違う。自分のルールに従えばいい。誰かに証明すべきことなんて何もない。やめたければやめればいいんだ」。動かずにずっとここに座っていることが、究極の反抗行為のように思えてきた。まるで、砂漠ランニング界のジェームズ・ディーンになったみたいに。いずれ誰かが私を探しに来るだろう。そして、フィニッシュまで走ることを促すだろう。でも、私はそれに従わない。彼らに示してやる。私が、自分のルールに従ってこのレースを走っていることを。

「フィンじゃないか！」。私は顔を上げた。六〇代のドイツ人夫婦が目の前に立っている。微笑んでいるのか、険しい顔をしているのかもわからない。

「大丈夫？」と妻のグードルンが優しく尋ねてきた。彼女はショックを受けているようだ。

「さあ、起きよう」と夫のハンスマーティンが大声で言った。「私たちについてくるんだ」

私はいつの間にか起き上がり、夫婦と一列になって歩いていた。再び砂の中を進む。足の付け根が痛い。服も、ザックも、ヘッドスカーフも、汗でベトベトになって身体にまとわりついてくる。この数日間、強い日差しにジリジリと絞り上げられ、心と身体は乾ききっていた。それでも今、また立ち上がり、ハンスマーティンの力強い足取りを追っている。誰もしゃべらない。夫婦も私と同じくらい疲れきっている。それでも、必死に前進していた。ふたりはポールを突きながら、かなり真剣に足を前に動かしている。だがそれはウォーキングだった。波状の砂の中を進むハンスマーティンのザックが、私の目の前で揺れている。次第に、私は回復してきた。脚に小さな生命の疼きが戻ってきた。頭がすっきりしてくる。自然に、小走りを始めていた。

「よかった、いいぞ」ハンスマーティンが言った。「先に行ってくれ。ゴール地点で会おう」。私はそれを合図にして走り始めた。目の前に、山のような砂丘がそびえ立っている。このレース最大の砂丘だ。だが、潮の香りもする気がした。サングラスを外してポケットに突っ込んだ。砂が白い。巨大な砂丘によじ登り、斜面を移動し、つまずきながら反対側を駆け下りた。興奮して海に向かって走る子どもになった気分で。

何度も、そろそろゴール地点の光景が目の前に現れるのではないかと期待したが、そのたびに別の砂丘が立ちはだかった。でも今はアドレナリンが身体中を駆け巡っている。そしてついに、気がついたらそこにいた。アーク型のバルーン。テント。波と戯れる人たち。私の後ろを走るランナーはもうほとんどいない。先にフィニッシュした人たちは、キャンプ地で料理をしたり、服を洗ったりしてすでにリラックスしている。オランダ人のランナーたちがフィニッシュラインを越えた私を見つけて、気の抜けた拍手を送ってくれた。彼らはもう、ゴールしたランナーを祝福する熱意をずいぶん前に失っていた。日陰の席から出てきた退屈そうなカメラマンにレンズを向けられ、感想を求められた。レースの記録動画を撮っている、と彼は言った。

何と言えばいいのかわからない。これまで経験してきたことを思えば、熱い感情が込み上げてきてもおかしくはなかった。だが、不思議なくらいに心は静かだった。

「大変だったよ――」そうとしか言いようがなかった。「とんでもなくね」。そう言い終えると、私はザックを外し、よろめきながらビーチに向かって歩き、オマーンの冷たい海の中へ身体を浸し、波の中に崩れ落ちた。

二度とこんな馬鹿げたことはしない――そう自分に言い聞かせながら。

1　砂漠の洗礼

オマーン・デザート・マラソンは、私にとって初めてのウルトラマラソンだった。焼けるような砂の上を、一〇〇マイル〔一六〇㎞〕以上も走るレースだ。本当は走りたくはなかった。最初にフィナンシャルタイムズ紙の編集者から連絡があり、このレースを走って、その体験記を記事にしてみないかと誘われたときも、即座に断った。

走ることに関しては、私は常に潔癖だった。私は一マイルを四分以内で走れる人のことを、走って世界一周した人と同じくらい賞賛する。走って世界一周するには、とてつもない決意や情熱、優れた計画力、そして相当の時間的余裕が必要だ。だが、速く、本当に速く走るためにも、スキルや走ることへの献身、貴重な才能を長年にわたって磨き上げることが必要だ。モー・ファラーやデイヴィッド・ルディシャ、エリウド・キプチョゲのようなアスリートの全力での走りを見ることは、詩的な何かを目にすることである。それは、人間の極限の努力と、信じられないほどの優雅さやバランス、パワーの組み合わせだ。そこにはランニングの美しさがある。

一方、ウルトラランニングは、死と隣り合わせになるまで走りを追求するものだ。ザック、ポール、食料、ヘッドライトといったものが、純粋なランニングにはない別の要素を加えている。それはもはや別の何かだ。たしかに、それは賞賛されるべきものだし、走るには勇気がいる。それは、常軌を逸した挑戦とも言えるだろう。でも、それはもはやランニングではない。

周りから、どれだけ速く走るかよりも、どれだけ長い距離を走るかについて尋ねられることが多いのも、内心、鬱陶しかった。私にとって、スピードを考慮しなければ、距離は無意味だ。ジョギングやウォーキングを入れてもいいのなら、誰だって遠くまで走れる。でも、それでは意味がない。

ある日、ロンドンのオフィスでお茶を飲んでいると、私がランニングをしているのを知っている同僚が、その話題を持ち出してきた。

「トライアスロンをやってるんだっけ?」

「いや」私は答えた。

「そうなんだ。ウルトラマラソンは?」

「やってないよ」私は言った。彼はいささか混乱しているように見えた。

「つまり、ただのマラソンだけってこと?」

一昔前は、フルマラソンを走るのは一大事だった。マラソンを走ると言えば、周りに驚かれたものだ。タイムを聞かれることもあり、三時間を切っていると答えれば、相手は満足そうに眉毛を上げて感心したものだ。しかし、今やこうした雑談の場で〝とんでもなくクレイジーな、自分には及びもつかないようなことをしている相手に感嘆したいが、細かい話には興味がないような人たち〞は、マラソンよりももっと壮大で極端な何かを求めるようになってしまった。マラソンは、もはや取るに足らないもの、つまり、「ただのマラソン」と見なされる時代に入ったのかもしれない。今、周りを感心させようと思ったら、マラソンに「ウルトラ」という仰々しい接頭語をつけなければならない。砂漠を一〇〇マイル走って横断すると言えば、誰だって驚嘆し、感心する。

だが、私はそうではなかった。ウルトラレースのウェブサイトの動画で、歩いている参加者を見るたびに気持ちが沈んだ。「The A to Z of Ultra Running（ウルトラランニングのすべて）」というブログの「W」の項目には、「ウォーキング：あまり認知はされていないが、ウルトラマラソンで一般的に使用される移動手段。面目を保つために、〝パワーウォーキング〟と呼ばれることもある」と書かれていた。

一〇キロの高速レースや陸上クラブでの火曜日のトラック練習が日常だった私にとって、ウルトラマラソン——標準的な二六・二マイル〔四二・一九五㎞〕のフルマラソンより長いレース——は、ランニングのことを知らない人たちに感銘を与えるものにすぎなかった。だが私は、ランニングが何かを知っている。だから、オマーンのレースに参加して記事を書くという依頼を断ったのだ。

考えを改めるきっかけになったのは、妻のマリエッタの一言だった。

「みんな、大金を払ってその手のレースに参加してるんでしょう?」と彼女は言った。「あなたは無料で参加できる。あなたは走るのが好きなんじゃないの?」

たしかに、何日もかけて開催されるこれらのステージレースの参加費は決して安くはない。道具も揃えなければならないし、家庭や職場を離れる期間も長く、かなりの出費や犠牲が必要だ。なぜ、ウルトラランナーたちはそこまでしてレースに参加するのか?　雑談中に同僚を感心させるためだけではないに違いない。

こうしたレースに参加するのに何が必要かを考えれば考えるほど、これはランナーとしては私向きのレースではないかもしれないが、純粋な経験としては素晴らしい冒険になるかもしれないという気がしてきた。砂漠を走り、星空の下で眠り、自力で何百マイルもの荒野を横断する――。俄然、このレースに参加することが魅惑的で、壮大な挑戦に思えてきた。ランニングマニアとしての自分はいったん脇に置くことにした。これは自然や地球とつながり、野生の中で過ごす時間を持つ絶好の機会だ。焼けるような太陽の下でどんな発見があるかは、参加してみなければわからない。別人のようになって戻ってくるかもしれない。それに、これは〝本物の〟ランニングの調子を高めるのにも悪くない。家に戻るころには、引き締まった機械のような体つきになっていたとしてもおかしくはない。いいことずくめじゃないか。私は、件の編集者に電話をかけ直した。

「無理な依頼だというのはわかってる」と彼は言った。「レースは六日間あるが、最初の二、三日だけ参加するという形でもいい」

　そんなのは嫌だった。完全な体験がしたかった。私はこのレースを走るという考えに心を掴まれ、ゆっくりと引きずり込まれていた。こんなチャレンジをし、それに成功することがどんなものなのか、体験してみたい。私のような〝本物の〟ランナーにとって、それほど難しいものではないはずだ。

　私たちを乗せた飛行機は、オマーンの首都マスカットに午前一時に到着した。同じ便に、このレースに参加する他のランナーも一〇人ほど乗っていた。その中には、機内で知り合ったドイツ人夫婦のグードルンとハンスマーティンもいた。すぐにホテルに連れて行ってもらえるものと思っていたので、私たちを出迎えた大会主催者から、午前九時にバスが来るまで空港で待っているようにと言われたとき、私は少し苛立った。

「カフェにいればいい」と彼は聞き分けのない子どもをあしらうみたいに、事もなげに言った。英語があまり上手くなかったので、私はもしかしたら聞き間違えをしたのではないかと思った。

「カフェにいろだって？　八時間も？」と私はかなり語気を強めて尋ねた。彼は本気ではないはずだ。我々はこれから砂漠を一〇〇マイル走ろうとしている。休息が必要だ。けれども彼はただ肩をすくめ、どうしようもないという素振りで帽子を深くかぶり直しただけだった。

私は彼に、自分がフィナンシャルタイムズ紙の依頼でレースに参加している者であり、この扱いには納得できないと伝えようとした。ランナー仲間の擁護を求めて振り向いたが、そこには誰もいなかった。到着ホールは空っぽだ。みんなどこへ行ってしまったのだろう？

私は恥ずかしくなってその場を離れた。辺りを見渡して気づいた。私が地団太を踏んで抗議しているあいだに、他のランナーたちはバスの待ち時間を聞くとすぐに、ロールマットと寝袋を取り出し、空港の床に寝場所を見つけていたのだ。一瞬、私は混乱しながらそこに立っていた。彼らは私が知らないことを知っているのだろうか？　それとも、これはウルトラランニングの世界では常識なのだろうか？

結局、バスは三時間早く到着し、我々は山々と砂丘のあいだにある狭い谷間に建てられた快適なホテル・オアシスに移動した。とはいえ、この小さなトラブルに対する他のランナーたちの反応を、私はその後の数年間、私が次から次へとクレイジーなウルトラレースに挑戦し続ける中で、何度も考えることになる。

ホテルの近くにある砂丘は、スノーボードを借りて滑り降りることができるくらい高かった。地元の人たちはピカピカの4WDで上り下りするのを好むようだった。もちろん、ランナーたちは足を使った。その日の夕方、レース参加者全員が、おもむろにそれぞれの部屋から出て砂丘の頂上まで歩き、夕日を眺めていた。私は、知り合ったばかりのランナー何人かと一緒に砂丘の上に立った。空は澄んでいて、肌に触れる空気は暖かかった。暗闇が迫る中、私たちは笑いながら砂の上を転がるように駆け下りた。

明日は、昼間の暑さの中で何時間もこの砂の上を走ることになる。しかも、六日間分の荷物が入ったザックを背負って。

私はフィナンシャルタイムズ紙の編集者を通じて、主催者からこのレースは初めてのウルトラマラソンとして手ごろなレースだと売り込まれた。有名なサハラ・マラソンを、短く簡単にしたようなものなのだという。サハラ・マラソンはサハラ砂漠を一五六マイル〔二五〇㎞〕横断する世界有数のレースだ。同レースは「地球上で最も過酷なフットレース」を自称していたが、私は多くの信頼できるウルトラランナーから、そんなレースではないと聞いていた。とはいえいずれにしても、サハラ・

マラソンが過酷なレースであることに変わりはない。私はそんなレースに参加するつもりはなかったので、オマーンでのこのレースのほうが楽だと聞いてほっとした。このレースを、「サハラ・マラソン・ライト」と呼ぶ人もいた。主催者は、たしかに砂漠を走るが、柔らかい砂の上ばかりではなく、固く乾いた土の上を多く走ると言った。六日かけて一〇〇マイル走るのも、それほど難しくはないと思えた。たぶん、暑さ対策のための炎天下でのランニング合宿のようなものだろう。

だから、ビディヤという小さな町でスタートラインに立ったとき、私はかなりリラックスしていた。これはレースというより冒険だ。ランニング人生で初めて、スピードを気にせずに走れる。ただ、この体験を楽しむためにここに来たんだ。そう考えると、プレッシャーがなくなった。ペースを上げる必要はない。ただジョギングすればいい。ジョギングなら永遠に続けられるという自信もあった。足をそっと動かし続けることが、どれほど大変だというのだろう？　暑さは少し気がかりだったし、頭の片隅では、ザックに入っている、ポイズンリムーバーやナイフ、シグナルミラーなど、レースに必要なキットのことも気になっていた。レースまでの数週間、周りの人に「砂漠を走るレースに参加する」と、まるで自分がアクションヒーローになったかのように得意げに話してはいたが、突然、実際に危険な状況に対処しなければならない状況になるかもしれないという考えが脳裏に浮かんだ。いざ何かが起こったとき、本当に対応できるのだろうか？

町の広場では、地元の人たちが私たちを見送るために集まっていた。伝統的な踊りが披露された。辺りは、長く白いローブを着て、高価な短剣やiPhoneをベルトに挟んだ楽し気な様子の大勢の男たちで賑わっていた。

喧騒の中で、スウェーデン人ランナーのエリザベト・バーンズは、ダンサーたちを眺めるでもなく、真剣に、目の前の仕事に集中しているような雰囲気で立っていた。私は前の晩にホテルでエリザベトと親しくなった。彼女はイングランドに住んでいて、最近あのサハラ・マラソンで優勝したばかりだった。クッションに座り、低いテーブルでクスクスや焼き野菜を食べながら、私は彼女にアドバイスを求めた。

「ゲートルは、シューズに縫い付けたり接着したりした？」と彼女は尋ねた。エリザベトはエセックスでウルトラランニングの専門店を経営していて、ランニングギアに詳しい。私はゲートルの端をシューズにクリップで留めているだけだった。それでは不十分なのだろうか？　そういうふうに穿くものだと思っていたし、見栄えもいいと思っていた。

「あら」と彼女は心配そうに見えないように努めながら言った。「まあ、たぶん大丈夫よ。これまで砂の上を走ったことは？」

その経験は……なかった。でも、このレースではその大半を固い地面の上を走ると聞いているから、と答えた。

彼女は確信が持てないといったふうに笑い、「たぶんね」と言った。「ザックの重さはどれくらい？」

見当もつかなかった。彼女は深呼吸をした。私は、大会主催者から家族の写真を持ってこないようにと脅されたと伝えた。「その写真を、砂の中に置いてくることになるから」と彼は言っていた。「荷物を少しでも軽くするために、歯ブラシの柄を短くする人もいる」とさえ言われた。彼女は何も言わず、食事を続けた。

「嘘だよね？」私は言った。「そんなの馬鹿げてる。そうでしょ？」

だが彼女の顔には、それが嘘ではないと書いてあった。突然、自分には理解のできない世界に足を踏み入れてしまったような気がした。

「もちろん、そんな必要はないわ」彼女は言った。「でも、大切なのは、少しでも身軽にするために、できる限りのことをしたと自分を納得させることよ。心の準備を整えるのに役立つわ」

　つまり私は、砂の上を走るための十分な練習を積んでおらず、ゲートルは使い物にならず、ザックも重すぎだというわけだ。おまけに、歯ブラシの柄も短くしていない。でも、これは本当にそれほど難しいレースなのだろうか？　グードルンとハンスマーティンは六〇代だし、レースには五〇代後半の盲目のフランス人女性ランナーも参加している。ペースをコントロールして、ジョギングを続けていけば、大丈夫なはずだ。


　こうして私たちは、こちらに向って手を振る子どもたちや、これから六日間見ることのない木々の間を通り過ぎながら、ビディヤを出発した。私はゆっくりしたペースを心掛けながら、無数のザックが揺れ動く集団の真ん中あたりを走った。辛うじて〝走っている〟と呼べる速さだ。自分の影が見える。ザックの上にくくりつけた、飛行機から拝借してきた枕の影も。これは名案だった。重さをほとんど感じないくらい軽いし、眠りを助けてくれる。私にはクリップ式のゲートルしかないかもしれないが、枕はある。

ランナーは総勢七五人ほどで、集団はすぐにばらけ始めた。スタートから一時間は砂地の平原を進み、最初の給水ポイントを過ぎると、ルートは砂丘に向かった。砂は柔らかく、傾斜があり、風に煽られている。走ることはおろか、歩くのも難しい。『タンタンの冒険』〔ベルギーの人気漫画シリーズ〕に出てきそうな砂丘だ。砂が細かく、どんなにきつくゲートルを固定していてもシューズの中に入り込んでくる。そのうえ私はゲートルをクリップで留めているだけだ。

気温も上がっていた。砂丘に上がる頃には摂氏四〇度近くになっていた。一歩一歩の足取りが重たく、どんどんペースが遅くなっていく。経験のあるランナーに抜かされていくかと思ったが、誰も迫って来ない。みんな、同じように苦労しているようだ。

わずかな安堵を覚えながら、数時間、悪態をつきながら奮闘し、最後の長い砂丘を転がり落ちるように進み、平坦な区間を走ってゴールした。予想していたよりもはるかに厳しい初日だった。

その日の午後、私はキャンプ地に設置されたベルベル風のテントの中で座りながら、「主催者が初日に選手たちに砂丘を通過させたのは、砂漠を走ることがどんなものかという感触を与えたり、初日を派手に演出したりするためであって、レースの残りの部分は、事前に知らされていたように、砂丘のあいだにある固く乾いた土の上を走ることになるだろう」と考えて、自分を納得させようとした。

おそらく他の選手も同じことを考えていたに違いない。なぜなら午後四時ごろ、キャンプ地内から叫び声が上がったからだ。「あれは何だ?」テントから出てきた選手たちが、遠くを指さしながら首を横に振っている。「冗談だろ」誰かが言った。「無理だ」別の選手がつぶやく。

向かい側にある一番高い砂丘の上に、次のステージの最初のコースマーキングが設置されていた。明日は、そこに向かってまっすぐ走るところからスタートするというわけだ。二日目からコースが楽になるというわけではなさそうだ。

実際、その通りだった。毎日、きついのは今日までで、翌日からは楽なコースになるはずだと信じようとした。だが毎日、コースは前日よりタフになっていった。果てしなく続く砂と熱に、生気を搾り取られた。それでも、エネルギーやインスピレーションが湧く瞬間もあった。四日目、私は自分が上位二〇位に入っていることに気づき、急に競争意欲をかき立てられた。そして、このステージを歩かずに走り切ると決意した。そして、ほぼその通りに走れた。砂が特に柔らかい場所では、歩かず、足の回転速度を落として走った。ゆっくりだが、歩くよりは楽だし、速く進める。砂への沈み込みも少ない。砂丘のうねりに合わせて、走り方を変えた。砂の上を走るコツがつかめてきたような気がした。途中でへこたれるつもりはなかった。

四日目、私は拳を高く上げてフィニッシュした。トップ集団のランナーたちと一緒にテントの下で椅子に座り、他のランナーがハードな道のりを走り終えるのを待った。早くフィニッシュすることの利点は、灼熱の太陽に照らされる時間が減ることだ。その意味では、暑さに耐えるより、速く走るほうがまだ楽だ。主催者は、明日からはコースが平坦になり、砂も固くなると言った。毎日のように同じことを言われてはいたが、なぜかそのときはその言葉を信じられるような気がした。頭の中で、フィニッシュまでの固い地面のコースを思い浮かべた。余裕を持って走れるはずだと思った。

五日目はこのレース最長のステージで、フルマラソンと同じ距離を、主に夜間に走る。上位二〇人のランナーは、他のランナーの二時間後にスタートすることになっていた。その日の午後、全員が集まって点呼を受け、上位二〇人の名前が読み上げられた。私の名前も呼ばれた。一七番目。さすが、タフガイのフィンだ。テントに戻りながら、あまり浮かれた顔をしないように気をつけた。ベテランのウルトラランナーたちが、このレースの難しさを話している。だが経験の浅い私は、まだ元気だった。

他のランナーと仲良くなれるという理由から、この手のレースに参加する人も多い。砂漠の中を一週間一緒に走ると、強い仲間意識が生まれる。私は、「テント2」と呼ばれるようになった、イタリア人中心の集団と一緒に過ごすことが多かった。プレミアリーグのサッカー選手の母親や、ベルギー人の生物工学者、気立てのいい南アフリカ人女性、私と同じイギリス人で軍隊出身のロブといった面々がいた。

テント2の他の二人も上位二〇人に入っていたが、私と仲がよかったディノはそれを逃してしまった。しかし、彼は幸せそうだった。ディノは順位など気にもしていなかった。レースに参加するのは、それを体験し、知り合ったランナー仲間と親睦を深め、写真を撮るためだった。彼はほとんどの午後、私たちのテントで話の中心にいた。全員がその日のステージを終えて落ち着くと、ディノは世界の様々な場所での体験談を話してくれた。これまで二〇〇か国以上の国々を訪れ（度々それらの国々の名を列挙した）、その目的のほとんどは、クレイジーなウルトラレースを走るためだったという。メキシコで山賊に襲われかけたこと、ボツワナではワニが目の前に飛び出してきたこと、アイスランドでは氷の裂け目に落ちてしまったこと――。こうした話を、ユーモアと身振り手振りを交えながら、臨場感たっぷりに語ってくれた。

数か月後、ディノはイタリアのスカイスポーツ・テレビジョンが撮影したこのオマーンのレースでの自身のインタビュー動画を送ってきてくれた。彼はしょっちゅういろいろなメディアからインタビューされていた。その中でディノは、テントでリヴァプールのサッカー選手を息子に持つイタリア人女性と、リヴァプール出身のイギリス人男性がいたという話をしていた。そのイギリス人とは私のことだ。私はリヴァプール出身ではないが、学生時代に三年間住んでいたことがあるし、この地のサッカーチームのファンでもある。いずれにしても、ディノはテントでの長い午後を、リヴァプールの伝説的な名サッカー選手や名勝負のことを思い出したり、試合日にファンが歌うリヴァプールの応援歌『You'll Never Walk Alone』について話したりして過ごしたと語っていた。

あるステージで、ディノは独りぼっちで、疲れている自分に気づいた。強い日差しが照りつける中、静かに歩き始め、この歌を口ずさんだ。自分の世界に入り込んでいたので、私が後ろから近づいてきたのに気づかなかった。ディノの鼻歌を聞いて、私もそれに加わった。彼は満面の笑みを浮かべ、鏡のようなサングラス越しに私を見た。私たちは二人の陽気なサッカーファンのように、声を張り上げ、『You'll Never Walk Alone』を歌いながら一緒に歩いた。

ディノはインタビュアーに語った。「クレイジーな場所に行けば、クレイジーな人間に会えるんだ」。それが私のことなのか、彼のことなのか、両方なのかはわからないが、私はその言葉を気に入った。ウルトラランニングも、そのレースが開催される環境も、本当にクレイジーだ。だが私は、それがある種の人たちを惹きつけていることに気づき始めていた。それは常軌を逸した世界かもしれないが、開放的で親しみやすく、温かい。少なくとも、ディノはそう言った。

午後三時頃、私はウルトラランニング界のエリート集団である上位二〇人のランナーの一員として、他のランナーたちの出発を見送った。ディノが先陣を切ってスタートした。彼らが砂の上を小走りするアリのように遠くに姿を消すのを見終えてから、テントに戻って準備をした。

食料が減るにつれてザックはかなり軽くなり、持ち運びが楽になっていた。空を飛ぶような感覚で走れそうだ。しかも、今日のステージは固い地面の上を走れる。

だが、どこまで走っても固い地面は現れない。夜が更けるにつれ、先を行くランナーたちのステップでかき混ぜられた果てしない砂の小道が、次第に柔らかくなっていく。ゆっくりと大地に沈み込んでいくようだ。前日に無理をしたのがたたって、足が思うように動かない。違和感があり、レースドクターにテーピングしてもらっていた鼠径部が、強く痛み出した。両足のアキレス腱にも、一歩ごとに鋭い痛みが走る。

上位二〇人のランナーのうち、このステージでは私は圧倒的なビリだった。私たちは夕暮れ間際、先行のランナーを追いかける小さな狩猟隊のようにして出発した。だが、私はすぐに一人取り残された。最後尾のランナーのすぐ後ろを走る車のヘッドライトに照らされながら、何時間も走った。車の音で砂漠の静けさがかき消されるのは苛立たしかったが、おかげで前に進み続けることはできた。

やがて先行グループの遅いランナーたちに追いつくようになった。だがその頃には、彼らと同じくらいのペースでしか走れなくなっていた。しばらく並行して話をしながら歩いた。そして、走るためにわずかなエネルギーを振り絞った。

夜が更けるにつれて、走るより歩くことのほうが多くなった。あとどれくらいでゴールできるのか、何度も計算し直した。五時間、六時間、七時間――。本当に、ゴールまで辿り着けるのだろうか？何度か立ち止まり、ヘッドライトを消して頭上の星々を眺めた。宇宙に浮かぶ惑星の隅っこにいる、ちっぽけな自分の存在を感じた。レースの順位を気にするのが馬鹿げているように思えた。私がどれだけ遅く走ったとして、そんなことを、誰が気にするというのか。誰も気にしてなんかいない。自分自身ですらそうだ。そう気づいて、ほっとした。広大な宇宙の荘厳さを眺めながら、のんびり歩けばいい。

でもそうは言っても、あまりにもペースが遅ければ、一晩中ここにいることになる。もう一度、ゆっくりと走り始めた。次第に、トランス状態に入っていった。ボトルの中で水がチャプチャプと跳ねる音に耳を澄ませ、そのドラムビートのような音に合わせて足を動かし、呼吸する。目の前の地面に映る光の輪だけを見続けた。それは長く暗いトンネルの先にある光だった。光に向かって、ひたすら足を動かした。

ようやくゴールに辿り着いた。フルマラソンの距離を走るのに、七時間三四分もかかった。数か月前、ロードレースを三時間以内で走っていたから、かなりの落差だ。競技者としての、上位の二〇人のランナーとしての私のレースは終わった。私は暗い穴におち、そこから生きて脱出した。なんとかフィニッシュした。そのときはそれが何よりも重要だった。夜が明けるまでにゴールに辿り着いた。時刻は午前一時。このレースの最終ステージである次のステージは八時間後に始まる。睡眠をとらなければならない。

足を引きずりながら、静まり返ったキャンプ地に戻った。その夜、テント2に最後に戻ったのは私だった。すぐさま寝袋の中にもぐりこんで眠りに落ちたかったが、かがんでシューズを脱ぐことすらできない。だからただその場に立って、寝ているランナーでいっぱいの暗いテントの中をじっと見つめていた。ランニングをするゾンビになったような気分だった。私がそこに突っ立っているのに気づいたロブとディノが、すでにベッドで寝ていたにもかかわらず、立ち上がり、手を差し伸べてくれた。ロブがリカバリードリンクを用意してくれ、ディノがシューズ紐を解いてくれた。二人とも口をきかなかった。彼らもその夜は苦しみながら走っていた。私たちは何も言う必要はなかった――皆、同じ経験をしてきた。その苦しみは全員の顔に刻まれていた。

自分のシャツが汗まみれだったので、ロブからもらったきれいなTシャツに着替え、眠りに落ちようとしていたとき、血も凍るような叫び声が聞こえた。何人かが大声で何かを言っている。そのほとんどはイタリア語だ。誰かが松明を持って動き回っている。私は動けなかった。寝袋の中で横たわり、疲労に震えながら、何が起こったのかはわからないが、とにかく事が収まるのを祈った。

結局、ある不運な男が、一〇時間も砂の上を走って疲労困憊になってテントに戻ると、サソリの真上に腰を下ろしたことがわかった。もし自分だったら、この状況にどう対処できただろう?

ちょっとした騒ぎの後、すぐに医療スタッフが駆けつけた。何人かが月明かりの下を行ったり来たりし、トラックがどこかに向けて走り出した。幸い、大事には至らず、彼は一晩医療テントで過ごした。しかもその数時間後に日が昇り始めたとき、他のランナーと一緒に最終ステージのスタートラインに立っていた。

私は集団の最後尾に立っていた。太陽はすでに輝いている。親愛なる友たちよ、もう一度あの突破口に突撃しよう。だが、私にはもう戦う気持ちは残っていなかった。二日目の終盤、走るのをやめて歩き始めたオランダ人のランナーが、私に「スイッチが切れた」と言った。レースをしたい、できるだけ早くゴール地点に辿り着きたいという彼の願望は、消えてしまったのだ。この場にいる理由や、自分を追い込むための腹の底からの決意がなければ、レースを続ける意志は簡単に失われる。私には、彼が言っていたことの意味がわかった。私のスイッチも切れていた。最終ステージがスタートして二〇歩足らずで、もう諦めて歩き始めた。エネルギーレベルはゼロ。足は粉々になり、手当をした鼠径部が一歩ごとに痛みで泣いている。ゴールまで一四マイル〔二二㎞〕、柔らかい砂の上を進まなければならない。

これまでの人生で、これほど長く足を引きずりながら歩いたことはなかった。たとえゆっくりでも、一歩一歩が苦痛だった。頭上の太陽が、窯のように燃えている。何度も立ち止まり、地面に座り込んだ。急ぐ必要なんてない。私のレースは終わっていた。それでも、ゴールは手招きしていた。海——。フィニッシュ地点は海辺に設定されていた。水しぶきをあげて波と戯れる自分の姿を空想した。

グードルンとハンスマーティンの夫妻に見つけられ、助けてもらったのは、この荒涼とした道のどこかだ。

海で泳いだあとのキャンプ地の雰囲気は違っていた。みんなハッピーで、寛いでいた。前日までの、その日のステージを走り終えた後の緊張感はなくなっていた。寝袋の上に横たわって海を眺めていると、熱く、人を寄せつけず、人を呑み込むような砂漠の向こう側にある、住み慣れた土地での暮らしや、日々の仕事、家庭の日常の記憶が蘇ってきた。気のせいだろうか、レースを走り終えた喜びや安堵感に、一抹の寂しさが入り混じっているように感じた。

このレースは、初のウルトラマラソンにしては厳しいものだった。参加していたランナーの多くは、サハラ・マラソンの経験者だった。彼らのほとんどは、オマーンでのこのレースの果てしなく柔らかい砂のほうが難しいと見なしていた。

「このレースを体験したら、サハラ・マラソンはキャンプ旅行みたいなものに感じられるわよ」と、両レースのベテランであるグードルンは言った。

スウェーデン人のエリザベトは「最後はアルプス越えみたいだったわ」と言った。「山が砂でできていたのを除けばね」。彼女は全ステージで優勝し、オマーン・デザート・マラソンを自らの優勝レースのリストに加えた。私にとって、これだけ悪戦苦闘したあとでは、このレースで勝利を目指して競争しながら走ることは、別世界の出来事のように思えた。五人ほどの選ばれた男女が、毎日、勝つために出発し、自分を追い込み、ライバルの走りを気にかけ、駆け引きしながら走っていた。その他大勢の選手たちは、最後まで走りきるという意志を保ち続けることのみに意識を向けていた。

イングランドに帰国してからも、私はウルトラランニングの魅力について考え続けた。最初は砂漠を徒歩で横断するというロマンや冒険に惹かれていたが、世界の雄大さや美しさを体験するなら、もっと手軽な方法がある。たとえば、ラクダに乗ってトレッキングをしたり、ハイキングしたりするのも冒険であり、何も無理をしたり、悪態をついたり、苦しんだりする必要はない。しかし私を含む誰もが、特にあの果てしない夜のステージでは、大きな苦痛を耐え忍んだにもかかわらず、そのあとで幸福感や満足感を覚えていた。最終ステージを終えた日のキャンプは、穏やかな調和に満ちていた。私たちは突然、痛みや苦しみを忘れたのだろうか？　それとも、ハッピーな気持ちになれたのは、苦しみを味わったからなのだろうか？

　レース期間中のある日の午後、あるオランダ人ランナーが、有名なウルトラランナーで作家のディーン・カーナゼスの、「人は快適さを幸福と勘違いしている」という言葉について語っていた。「幸福は努力して手に入れるものだ」とそのオランダ人は力強く言った。私はその話に耳を傾けながら、キャンプ地を見渡し、このレースを準備するための莫大な労力について考えた。主催者は毎晩、キャンプ地をこのような荒涼とした場所に移動させなければならない。ランナーは大金を投じてレースに参加し、この世界の片隅まではるばる飛行機でやって来て、酷暑の中を、砂の上を、毎日何時間も走る。それはすべて、幸せを自力でつかんだと感じたいからなのだろうか？

レースの最中、自分がしていることの意味を理解しようとしてもがいていたグードルンは、「なぜ私たちはこんなことをしなきゃいけないの？　いい家に住んでいるのに」とつぶやいた。

隣にいた夫のハンスマーティンが、「いい家に住んでいるからこそ、こんなことをすべきなのさ」と言った。

幸福が快適さの中にないとしたら、それは不快さの中にあるということなのだろうか？　日常的に苦しみを味わっていない人は、苦しみを自ら求める必要があるのか？　苦しみを味わうからこそ、家や快適さのありがたみがわかるのだろうか？　それとも、ある程度の苦しみは人を強くし、充実した存在にするからなのか？

マスカットに到着して空港で八時間待つように言われた瞬間を思い返したとき、これらの疑問が私の脳裏をよぎった。レースが終わった後、もしあのときと同じ状況に身を置くことになったら、今度は自分も迷わず寝袋を取り出して仮眠を取ろうと思うだろう。もはや私は、空港で数時間待たなければならない程度のことは、それほど大した困難だとは思わなくなっていた。

砂漠を駆け抜けた一週間で、私の中の何かが変わっていた。

2　フルマラソンよりも遠くへ

完全に心を奪われたというわけではなかったが、私はウルトラランニングの世界についてもっと知りたいという興味に引かれていた。オマーンから帰国して数週間後、エリザベトと再会した。彼女についての記事を書くようガーディアン紙から依頼されたのだ。エリザベトは、ロンドン中心部にある同社のオフィスビルに来てくれた。ランチタイムのサンドイッチを買うために人々が列をつくる中、私たちは革のソファに座ってエスプレッソを飲んだ。まず、ウルトラランニングを始めたきっかけを尋ねてみた。

彼女はもともと熱心なマラソンランナーで、ロンドンの金融街での高収入の仕事の合間を縫ってトレーニングをしていたのだという。「マラソンランナーとして成長はしていたわ。でもあるとき、これからどうすべきかを考えたいという心境になったの。フルマラソンをもっと速く走ることを目標にする道もあった。もちろんそれは簡単じゃないし、良い挑戦にもなる。一方で、もっと長い距離のレースを走ることを目標にする道もあった。そして、長い距離に挑むのは面白いんじゃないかと思ったの」

このウルトラランニングへの決意は、思いがけない人生の出来事によって後押しされた。その前の短い期間のうちに、父親が亡くなり、母親はアルツハイマーと診断され、夫はがんになった。「人生は本当に短いって痛感させられたわ。本当にやりたいことをやらなきゃダメ、先送りにしてはいけない——そう思ったの」

そこで金融街での仕事を辞め、人生の冒険を始めた。活動の資金を得るためにランニングショップを開業した。サハラ・マラソンと先のオマーンのレースで優勝して以来、メディアで取り上げられることも増え、スポンサー契約の話も舞い込むようになった。これからはサポートを受けられるだろうし、活動の幅も広がるだろう。無謀にも思える挑戦は、実を結び始めていた。

彼女の話を聞きながら、私は気持ちが揺さぶられるのを感じていた。初めてマラソンに挑戦しようと思ったときの記憶が蘇ってきた。その何年も前から、マラソンを走るというアイデアは、ずっと私の頭の片隅にあった。当時は、マラソンより距離の短いトラックレースを走っていた。〝なぜ、いつまでも躊躇し続けているのか〟という心の声がした。突然、その時は来た。人生が動き始め、私はマラソンを走った。

それ以来、心のどこかで、山道《トレイル》を走る自分の姿を想像してきた。長く、曲がりくねった道だ。私は四二歳。これまで何度もフルマラソンのレースに本格的に挑戦してきた。もしかしたら、もっと長い距離を走ることに挑戦するときが訪れたのかもしれない。私は探ってみたかった。ウルトラランナーたちがトレイルで何を見つけ出し、なぜありえないほど長い距離を走りたいという思いに駆られているのかを。

強く興味をそそられた私は、編集者に電話して、「次のテーマを見つけたと思う」と言った。私は過去に、ケニアと日本に長期滞在し、この二つの国に見られるユニークなランニング文化を探求する本を書いていた。今回のテーマは、私がその巨大さに気づき始めたばかりの、文化を超えた世界的な現象を調査することだった。ウルトラランニングの世界とは？　どんな人たちがそれに関わってるのか？　そもそも、それはどんなものなのか？　私は決意した。それを知るための最善策は、再び自分でレースを走ることだ、と。

過去一〇年間、ウルトラランニングは驚異的な速度で成長し、世界で最も急速に拡大しているスポーツのひとつになった。

ウェブサイト「runultra.co.uk」には、世界のウルトラマラソンのほとんどが掲載されている。創設者のスティーブ・ディーデリッヒによれば、一二年前にこのサイトを立ち上げたときに掲載していたのは、世界各地の一六〇のレースだった。同サイトには現在、一八〇〇以上のレースが掲載されている。一〇倍以上もの増加だ。ドイツのウルトラランニング・ウェブサイト「ＤＵＶ」には、小規模レースの結果が大量に掲載されている。この網羅的なデータベースには、古くは一八三七年に開催された、ロンドンからブライトンまでの八五キロメートルのレースの結果も記録されている。同サイトに掲載される世界各地のウルトラレースの数も、同じく過去一〇年間で一〇倍に増えている。

ウルトラ誌の編集者アンディ・ナッタルは、ＤＵＶの統計をさらに掘り下げ、イギリスでのこの競技の台頭はさらに急速であることを明らかにした。イギリスでウルトラマラソンを完走したのは二〇〇〇年にはわずか五九五人だったが、二〇一七年には一万八六一一人に増えている。

世界各地で同じような現象が見られる。アメリカのウルトラランニング誌によれば、北米でのレース数と完走者数は一九八一年以降毎年増加している。アジアでも、ウルトラレースが爆発的に増えている。香港のレースディレクター、ニック・ティンワースによると、一〇年前は六つしかなかった香港のウルトラレースの数は、現在では六〇を超えているという。「当時は、当日参加も簡単だった。今では、人気のレースの出場枠は争奪戦だ」と彼は言う。

フランスの「UTMB（ウルトラトレイル・デュ・モンブラン）」やアメリカの「ウェスタン・ステイツ・エンデュランスラン」など、世界で最も申込数の多いレースの多くは、大量の参加希望者に対応するために抽選システムを導入せざるを得なくなっている。サハラ・マラソンのイギリスでのエントリーを管理している「runultra.co.uk」のディーデリッヒによれば、四二五〇ポンドという高額な参加費にもかかわらず、サハラ・マラソンの出場枠は毎年数分で完売するという。

ランナーたちは、いったい何を求めてウルトラマラソンを走るのだろうか？　私はオマーンで、これまでの考えが変わるような印象的な経験をした。けれども、まだ発見すべきことがあると感じていた。私は最後の二ステージで疲労困憊になり、レースを諦めかけた。もしあのような困難に直面しても、強くいられ続けたら……？

私はスペインのウルトラアスリート、アザラ・ガルシアの脚に入れられたスペイン語のタトゥー文字の写真を見て、衝撃を受けたことがある。

悪魔は私の耳元でささやいた。「お前は嵐に耐えられるほど強くない」
私はささやき返す。「私が嵐なのだ」

これが、人がウルトラランニングに心惹かれる理由なのだろうか？　悪魔と対峙する場所、苦闘のどん底に自らを追い込み、そこで奮起してそれを克服することが？　その嵐が何であれ、どんな苦しみが自分に投げつけられるのであれ、私はそれを見つめることができるだろうか？　意志の力でそれに打ち勝てるだろうか？　それは魅力的な考えだった。空港でホテルまでの送迎バスの待ち時間が長いことで不満を言うフィナンシャルタイムズのジャーナリストには、想像もつかない世界だ。

それは私の自尊心に強く訴えるものだった。以前に観た、人類の進化とランニングの関係を描いたドキュメンタリー番組で、ニューヨークのハンター・カレッジの人類学教授が「一〇〇マイルを一気に走った人間も記録に残っている」と、信じられないといった表情で語っていた。そんなことができるのはある種の超人的な人間だけだ、とでもいうように。けれども私の自尊心は、「お前ならできる」とうぬぼれた表情でこっちを見ていた。

アメリカのコメディアンでウルトラランナーでもあるミシェル・ウルフは、ランナーズ・ワールド誌のインタビューで、ウルトラマラソンを走ると、「映画の悪役にでもなったかのような気分になる」と述べている。

だがウルトラランナーたちと話をしていると、彼らがこのスポーツに魅力を感じているのは、試練を乗り越えてゴールすることへの満足感や充実感だけではないことがわかってきた。それは、嵐の真ったただ中に身を投じ、極限の状態で競技をしている最中に得られる忘我の感覚だった。ベテランのウルトラランナーたちは、それを〝痛みの洞窟を掘り進むこと〟だと嬉しそうに表現する。

エントリーするレースをインターネットで探し始めた私は、様々なレースの概要を見るたびに、胃が恐怖で締め付けられるのを感じた。どのウルトラレースのサイトにも、ドラマチックで印象的なシーンをふんだんに盛り込んだ、洗練された短時間の動画が掲載されていた。そうした動画では必ずと言っていいほど、限界に達し、今にも泣き崩れそうな選手の姿が描かれていた。ランナーたちは、スポーツをしているというよりも、大災害を生き延びた人間のように見える。主催者がレースの宣伝のためにこうしたイメージを選んでいることには理由がある。ランナーたちは、この絶望を経験したいのだ。同じような極限の状況に身を置きたいと思っているのだ。

このスポーツを始めるきっかけになったのは、ディーン・カーナゼスの初の著作である『ウルトラマラソンマン』（小原久典、北村ポーリン訳、ディスカヴァー・トゥエンティワン、二〇一二年）を読んだことだと語るウルトラランナーは多い。カーナゼスは同書で、自ら経験した、一〇〇マイルのレースで大きな困難に直面していく過程を克明に描写している。心身に次々とトラブルが発生し、体力も気力も尽き果てたと感じ、文字通り這うように前進していく。私も、この本を読んで身震いがした。そんな辛い思いはしたくはない。だが他のランナーはこれを読んで、「これこそが私が求めていることだ」と思ったのだという。

恐れを感じつつ、私は〝自分は十分タフだ〟という心の声を聴きながら、ウルトラランニングの神髄を体験でき、この成長するスポーツの中心に入り込み、その秘密を明らかにし、そこで何が起こっているのかを完全に理解できるようなレースを探し始めた。

ウルトラランニングの世界は様々な方向に向かって進化しているため、全容が捉え難い。この競技を一元的に監督する機関や組織は存在せず、様々な大会や利益団体、さらには自称〝ウルトラランニングの守護者〟たちが、支配権を巡って、そして増え続ける大金の分け前を求めてせめぎ合っている。これは西部開拓時代のように、多くのフロンティアが残されたスポーツなのだ。当初からウルトラランニングに関わってきた人たちは、「ブランド」や、このスポーツの本質を理解していないと彼らが見なしている「アウトサイダー」の侵入に反発し、この世界を頑なに守ろうとしている。ウルトラランナーの多くにとって、このスポーツの魅力は、その地味で、野生に分け入るようなミニマリズムにある。それは大自然に完全に身を委ね、これ以上ないほど過酷で極限的な環境を、ほぼウォーターボトルとレインジャケットだけという軽装で横断することなのである。

新参者の流入が多すぎると感じ、小規模のマイナーなチャレンジを求めて、大レースに背を向けるベテランのウルトラランナーもいる。大勢でのスタートや至れり尽くせりのサポートを嫌い、凍てつくような岩肌に一晩中しがみつくことで低体温症になるほうがまだマシだと考えるこうしたランナーのはけ口になっているのが、「FKT（ファステスト・ノウン・タイム）」と呼ばれる、急速に人気が高まっている現象だ。これは、特定のルートを（明確な意図を持って）誰よりも速く走るために、たいていは単独で取り組むチャレンジのことだ。そのルートは、たとえばニュージーランドの端から端まででや、アメリカのアパラチアン・トレイルのような有名なハイキングコースなどに設定される。エベレストの山頂までというルートだってあり得る。

ただし、これらについては後で詳しく調べることにして、今はとりあえず、自分に適したレースを探そう。私は長年にわたって多くのレースに出場してきた。私が求めていたのは、その延長線上にある、長い距離を走れるレースだった。

ウルトラレースを語るときによく耳にする言葉に、「走れる（ランナブル）」というものがある。いくつかのレースは、他のレースよりも走れると見なされている。それは必ずしも全行程を走り通せる（この競技のスーパースターでない限り）というわけではなく、トレイルが十分に滑らかで、上り下りに十分に対処でき、ほとんどの行程を走れるという意味だ。レースコースが〝走りやすすぎる〟と文句を言う選手もいる。そんな彼らが好むのはその逆の、ウルトラの専門用語で「テクニカル」レースと呼ばれる、上り下りが急で、地面が凸凹で自由に走りづらく、常に足元に気をつけ、時折手を使わなければならないレースだ。

私の好みは明らかに、テクニカルなレースよりも走れる《ランナブルな》レースだった。もちろん、険しいコースを歩き、ときには岩をよじ登るようにして前に進むことも厭わない。だが、基本的にはレースの大部分を走りたい。

ウルトラランニング界には幅広い流派がある。その最古のものは（少なくともイギリスでは）、スコットランドでは「ヒルランニング」、アイルランドでは「マウンテンランニング」として知られる「フェル《fell》ランニング《running》」である。これらのレースは、短いものでは一マイル、長いものでは距離を定めないウルトラ・ディスタンスまで、どのような長さでも可能だ。山岳地帯や、標識がほとんどないルートで行われるため、ある程度のセルフ・ナビゲーションが必要になる場合が多い。最古のフェルランニング・レースとして知られているのは、一〇四〇年にスコットランドのマルコム・キャンモア王がアバディーンシャーのブレーマーで開催したもので、俊足の使者《メッセンジャー》を選ぶことが目的だった。

長い歴史はあるものの、フェルランニングは今でもウルトラレースの中でもマイナーな一領域に留まっている。地域に根差し、地味で、余計なものがないといった特性がこの競技の魅力であり、だからこそ外の世界から固く守られている。挑戦してみたいとは思ったが、ウルトラランニングを始めることを考えたとき、私の頭に浮かぶのはもっとグローバルで包括的なレースだった。現在の大ブームの源となっているようなレースだ。

サハラ・マラソンのような複数日にわたるステージレースも、参加者数が大幅に増加しているウルトラランニングの領域だ。これらは砂漠やジャングル、北極圏などの、人が住めないような辺境の地を舞台にして開催されることが多い。レースの参加費が高く、事前のしっかりとした計画も必要だ。

ウルトラランニング界には、こうした大規模なステージレースに対して軽蔑的な見方をする向きもある。その理由の一部は、サハラ・マラソンのようなレースの高額な参加費やランナーへの手厚いサポートに対するものである。あるウルトラランナーは、この手のレースは「CEOの道楽」だと言っていた。こうしたレースの経験者として私に言えることは、砂漠で走るのはたしかにタフで過酷だが、同時に毎日のかなりの時間をテント内での回復に費やしていたのも事実だった。それに、まったくの準備不足であったにもかかわらず、私はレース期間の大半で、上位のポジションで走っていた。道楽というのは言い過ぎかもしれないが、もっと厳しく、競争の激しいレースがあるはずであるのも間違いなかった。

実際、このスポーツの派生種目には、非常にタフで極端なために、それ自体が独自のカテゴリーになっているようなレースが多数ある。たとえば、一月の寒い時期にイングランド北部のペニンウェイをノンストップで二六八マイル〔四二九㎞〕走って横断する「スパインレース」や、地球上で屈指の暑い場所として知られるカリフォルニア州のデスバレーをスタート地点とし、レース中の気温が摂氏五四度に達することもある「バッドウォーター一三五（マイル）」がそうだ。テネシー州の辺境の山岳地帯で道なき道を走る一〇〇マイルレース「バークレーマラソンズ」は、あまりに過酷なため、最初の二五年間で、完走者はわずか一〇人しかいなかった。また、ニューヨーク市の単一街区を周回して三一〇〇マイル〔四九六〇㎞〕を走る世界最長のウルトラレース、「自己超越三一〇〇マイルレース」もある。

私は自分の限界に挑戦できるレースを探していた。だが、常軌を逸していると感じられるようなレースに出たくはなかった。そして、まともに走れるレースを望んでいた。三一〇〇マイルはさすがに走れない。バークレーマラソンズは、走ることよりも機転や判断力、サバイバル技術が重要になるようなレースだ。私もそれらを発揮したいとは思っているが、ある程度は走れるレースに出たかった。

ウルトラワールドから派生した、よりランナブルな領域のレースには、起伏の少ない周回コースで一〇〇キロメートルなどの正確に測定された距離を走るレースや、二四時間などの所定の時間を走り続ける耐久系のレースがある。これらのレースには世界選手権や世界記録があり、通常のフルマラソンにとても良く似ている。

興味は引かれたが、フェルランニングと同様、これらのレースもウルトラランニングの驚異的な盛り上がりの理由ではない。参加規模は、一九八〇年代や一九五〇年代、さらには一八七〇年代の全盛期からほとんど変わっていない。

面白いことに、こうした周回型のウルトラレースは、今日ではあらゆるウルトラランニングの領域の中でも最も華やかさに欠け、人気もないが、かつては世界屈指のスポーツイベントであった。

今となっては不思議なことだが、一九世紀にはウルトラランニングは絶大な人気を誇っていた。ロンドンやニューヨークのマディソン・スクエア・ガーデンの狭い屋内トラックで行われる六日間レースでは、大勢の観衆が選手を応援した。勝者には現在の数十万ポンドに相当する高額の賞金が与えられ、流行に敏感で裕福な人々が、賭けや飲酒、社交のために集まった騒々しい大衆と混じり合うように会場を埋めていた。

この競技の人気が高まったのは、エドワード・ペイソン・ウェストンというアメリカ人の功績が大きい。事の発端は一八六一年。一八六〇年の大統領選挙の結果をめぐる友人との賭けに負けたウェストンは、エイブラハム・リンカーン大統領の就任式に間に合うよう、ボストンからワシントンDCまでの四七八マイル〔七六五km〕を一〇日間かけて徒歩で移動することになった。

この壮大な挑戦の噂が広まると、大勢の人々は好奇心をかき立てられ、ウェストンが町を歩く姿を一目見ようと沿道に並んだ。ワシントンに辿り着いたのは就任式の数時間後だったものの、大きな話題になったおかげで、彼はその日の夕刻に開かれた大統領の舞踏会に招待され、リンカーン大統領と握手を交わした。

大きな反響に勇気づけられたウェストンは、その後の数年間、さらに困難なルートを次々と踏破していった。サービス精神が旺盛で、歩きながらラッパを吹いたり、後ろ向きに歩いて群衆を楽しませたりすることもあった。一八七〇年代に入ると、長距離歩行者としての名声の高まりに伴い、ウェストンは活動の場を屋内に移して有料の観客を呼び込もうと考えた。その結果、六日間レースのブームが起こった（六日間かけてレースが行われるのは、それが毎週の神聖な安息日を侵害することなく歩いたり走ったりできる最長の期間だからである）。その後の数年間、ウェストンはライバルのアイルランド系アメリカ人ダニエル・オリアリーと接戦を繰り広げ、熱狂的な人気を博した。

この六日間のレースの人気が最高潮に達したのは、一八七八年にイギリス貴族のジョン・アストリー卿が五つの国際レースを後援し、選手に高額な賞金と、「世界長距離チャンピオン」の文字が刻まれた金と銀のチャンピオンベルトを提供したときだった。

このスポーツの前身となるものに「ペデストリアニズム」と呼ばれる競技があり、その歴史は一七〇〇年代初頭まで遡れる。ペデストリアニズムはたいてい一〇〇〇マイルで争われ、多くの観客を集めた。これは厳密なウォーキング・レースで、かかとからつま先までを地面に接触させながら歩かなくてはならない点が今日の競歩と似ている。対照的に一八七〇年代の六日間レースは現代のウルトラランニングに近く、選手が好きなときに歩いたり走ったり休んだりできる「ゴー・アズ・ユー・プリーズ」形式のレースとして知られていた。

アストリー卿が後援した五つのレースは、当時最大のスポーツイベントであった。ブラスバンドの演奏があり、メディアに熱狂的に報道され、多額の賭けが行われた。第一戦は一八七八年にロンドンのイズリントンにある農業ホールで開催され、地元のイギリス人選手一七人がウェストンの宿敵であるアイルランド生まれのアメリカ人オリアリーを迎え撃った。オリアリーが五二〇マイル〔八三二km〕を踏破し、優勝を飾った。

第二戦は同年後半、ニューヨークのマディソン・スクエア・ガーデンで三万人を超える観衆の前で開催された。今回もオリアリーが優勝し、賞金一万ドル（現在の二五万ドル以上に相当）や興行収入の一部を手にした。

一八七九年三月、再びマディソン・スクエア・ガーデンで開催された第三戦では、優勝賞金が二万ドルを超えた。このレースに対する世間の関心は非常に高く、市内の酒場や理髪店、食料品店、ホテルなどに一時間ごとの速報が掲示され、市の新聞は連日レースの状況を報道した。

第四戦、このスポーツの偉大な先駆者であるエドワード・ウェストンがついにこの非公式の世界タイトルを手にした。舞台をロンドンのイズリントンに戻した同レースで、このアメリカ人は六日間で合計五五〇マイル〔八八〇km〕を歩き、世界記録を塗り替えた。

残念ながらこのスポーツは、一八八〇年代に他のスポーツが台頭し始めたのに伴い、衰退していった。『Pedestrianism：When Watching People Walk Was America's Favorite Spectator Sport（ペデストリアン：人が歩くのを見るのがアメリカの人気観戦スポーツだった時代）』（未訳）の著者マシュー・アルジオは、六日間レースが衰退する決め手になったのは、サイクリングの隆盛だったと言う。

「あっという間に、六日間の自転車レースが六日間のウォーキングマッチに取って代わった。自転車レースのほうが観客にとってエキサイティングだったからだ」と彼は私に語った。「レースのスピードは、一夜にして時速四マイルから時速二〇マイルに変わった。選手同士の衝突ははるかに壮観さを増した」

観客は減ったが、一部の熱心な選手たちは可能性の限界に挑み続けた。ビクトリア朝時代の最後の偉業は、ニューヨークのレースで、シェフィールド出身のジョージ・リトルウッドが六日間で六二三マイル〔九九七km〕を踏破したことである。リトルウッドの世界記録は、一九八四年にギリシャのウルトラランニングの伝説的選手イアニス・クーロスによって破られるまで、実に九六年間も保持された。クーロスはその七年後、現在の六日間の徒歩の世界記録である六六四マイル〔一〇六二km〕を樹立している。

平坦なコースを走るウルトラレースは、一時的には脚光を浴びたものの、今日では片隅に追いやられている。その代わりに、このスポーツの中で最も人気があり、多くの注目を集め、派手に演出され、輝かしいスター選手がいるのは、山岳を舞台にしたウルトラトレイルランニングだ。ここでは、キリアン・ジョルネやジム・ウォームズリーといったスター選手たちが、一〇〇マイルもの距離を走るレースでしのぎを削っている。私が出場したオマーンのレースとは異なり、これらのレースは複数日をかけて行われるステージレースではなく、スタートからゴールまでを一気に走る。号砲が鳴って走り始め、最初にゴールした選手が優勝だ。ベルベル風のテントで仲間とおしゃべりをして過ごす午後はない。スタートしたら、フィニッシュまでひたすら前に進み続けなければならない。

そして最大のレース、山岳ウルトラトレイルランニング界のスーパーボウルと呼ぶべき存在が、ウルトラトレイル・デュ・モンブラン（ＵＴＭＢ）だ。毎年、フランスアルプスのシャモニーで開催され、ウルトラトレイルランニング界のトップランナーが集結して、このレース中のレースでグランドフィナーレを飾る。優勝すれば、この競技のレジェンドとしての地位が保証される。

そのルートは、西ヨーロッパ最高峰の麓を巡る一〇五マイルの有名なハイキングコースを、イタリアとスイスを経由しながら辿るというものだ。二〇〇〇人を超える選手たちによる集団スタートの映像や、感動的な音楽、夜明けの美しい光景や雲間から突き出た峰の写真などを見聞きすればするほど、私はもう一度ウルトラマラソンを走るならこのレースしかないという思いを募らせていった。

早速、ネットで登録してみようとした。ここから、話は面白い方向に展開していくことになる。UTMBは極めて人気が高いため、いきなりエントリーすることはできず、まず資格レースに指定されている他のウルトラレースを三つ走ってポイントを獲得し、応募資格を得なければならない。その場合でも、UTMBへのエントリーが保証されるわけではなく、抽選に参加できるだけである。当選してレースに出場できる確率は、わずか三分の一だ。〔二〇一九年当時〕

UTMBには資格レースとみなされているレースのリストがある。このもともとの趣旨は、本格的にレースに取り組み、十分な準備をしているランナーだけがUTMBに参加できるようにするためだった。だが、この正当な目的は途中で薄れてしまったようだ。そして、非常に異論の多いシステムが残った。

この現行システムで多くの関係者が直面している問題は、UTMBの資格レースのリストに自らが運営するレースを載せたい場合、所定の安全性テストに合格したり、レースのルートが十分に厳しく困難であることや、レース運営が良心的かつ信頼できることを証明したりする必要はないという点だ。UTBMに金を払えば、リストに加えてもらえるからだ。

「これはもはやランナーに適切な経験があることを保証するためではなく、UTMBの運営者が収入を得ること、ヨーロッパのトレイルレースを独占し、支配しようとすることが目的になっている」と、英国トレイルランニング協会（TRA）会長リンドリー・チェンバースは言う。

UTMBのリスト掲載に必要な支払いを拒否しているという、あるレースディレクターは、匿名を条件に、状況を説明してくれた。「UTMBが初めてポイント制を導入したとき、イギリスのほぼすべてのウルトラレースが飛びついた。優れた価値のあるいくつものレースが、突然UTMBの資格レースとなり、自らの長所ではなく、このレースに走ればUTMBにつながるポイントが得られることを売りにし始めた」

その後、これらのレースが参加者を集めるためにUTMBポイントをセールスポイントにし始めると、UTMBはレース運営者に手数料を要求するようになった。「それほど多額というわけではなく、大会の主催者側としては、UTMBに金を払っても、その分、参加者が増えるので元は取れた。だが、世界中のレースを合計すると、これはかなりの額になる」

UTMBのポイントを得るために手数料を払った大会は、ITRA（国際トレイルランニング協会）のメンバーになることになる。この協会は、この競技の利益のために活動する独立した非営利団体であると自称している。その後、ITRAから当該の大会にUTMBポイントが付与される。

だがネットのウルトラランニング関連の掲示板には、UTMBのポイントシステムの問題で頭に血を上らせているレースディレクターの意見が見られる。最近のある投稿には、「UTMBポイントを得るために金を払うくらいなら、スプーンで目玉をえぐり出すほうがましだ」と書かれている。

とはいえ、誰もが同じように感じているわけではない。「UTMBポイントを求めているランナーに対応するためなら喜んで手数料を支払うし、レースへのエントリー数が増えることで簡単に元が取れる」と考えているレースディレクターは多い。

香港のレースディレクター、ニック・ティンワースも、自身のレースでポイントを提供し始めたのは、参加者がそれを求めるようになったからだと言う。「ランナーはポイント目当てでレースを優先的に選んでいるようだ」

UTMBへの参加を希望するランナーにとっての問題は、例年リスト入りしていたレースが、支払いを怠るか拒否したためにリスト落ちすることだ。その場合、ランナーはレースを終えた後に、見込んでいたポイントを獲得できないと知ることになる。

このことは、アメリカ屈指のウルトラレースであるハードロック一〇〇がUTMBの資格レースになるための手数料を払わないと決断したときに大きな問題を引き起こした。UTMBで三度優勝したこの競技最大のスター、キリアン・ジョルネが、UTMBに出場するためにハードロック一〇〇でポイントを得ることを当てにしていたからだ。UTMBのルールには、トップ選手であっても特別扱いせず、全員がポイントを獲得しなければならないと明記されている。ハードロックが支払いをしないことを知ったITRAは、全レースディレクターにメールを送り、ジョルネがUTMBに出場できるように便宜を図ってほしいと丁重に申し入れた。

ハードロック一〇〇の理事長、デビッド・コブレンツは言う。「我々はこのシステムが好きではないし、問題があるとも感じている。ITRAはレースコースを現地でチェックしようとはしない。こちらからGPXファイルを送ると、それがアップロードされ、アルゴリズムに従ってポイントが与えられる。それだけだ。実質的に、これはITRAが金を稼ぐための方法にすぎない」

コースが毎年変わらず、GPXファイルが同一であっても、手数料は毎年払わなければならない。「そこが本当に引っかかる」と彼は言う。

そこでハードロック一〇〇は他の八つのアメリカのレースと共に、支払いを行わない意向とその理由を記した公開文書を公表した。

これに対し、ITRAは自身の公開文書で、同組織は非営利団体であり、医学的な研究や安全性に関するアドバイス、世界基準の設定などを通してこの競技の発展を支援しようとしているだけであり、UTMBとは独立した関係にあると反論した。だがハードロックは引き下がらなかった。「それ以来、ITRAから返答はない」とコブレンツは言う。

そのまま状況は進展しなかったものの、結局、ジョルネはその年のUTMBのスタートラインに立った。ウルトラランニング界最大のレースは、最大のスターなしでは成り立たないということなのだろう。ITRAは文書の中で、手数料の有無にかかわらず、「例外的に、過去に遡り、このレース［ハードロック一〇〇］を、選手にUTMBポイントを与えるレースのリストに加えることを決定した」と述べている。

この騒動は、このスポーツが急成長している現状をよく物語っている。インスタグラムの美しい写真やランナーたちのとてつもない偉業の裏ではゴールドラッシュが起きており、金脈を掘り当てようとする者たちが権力と支配権を巡って争っている。ITRAやビッグレースだけでなく、世界的なアパレルブランドやアウトドアスポーツブランドがこのスポーツに参入し、最大のイベントやスター選手と契約して地歩を固めている。こうした企業は、壮麗な光景を走り抜け、幻想的な急斜面を駆け下りる男女の選手を描いた魅力的なイメージを用いて、洗練された広告キャンペーンを展開している。ウルトラランニングは未開拓の領域が多い、ルールが完全に定まっていない市場であり、成長が鈍化する兆しは見られない。ランナーたちが痛みの洞窟を深く掘り進んでいる一方で、金鉱への扉が無防備に開放されているのを見て、その壁にいち早く自らの名札を打ちつけようと急いで駆け込む者たちがいる。

こうした状況を知ってもなお、私はUTMBを走りたいと思った。エリザベトにインタビューしてから数か月後、ウルトラランニングへの興味がまだ強くかき立てられていたとき、ネットでこのレースがスタートする瞬間の様子を見た。その日は金曜日の午後で、私はロンドンのガーディアン紙のオフィスにいた。スクリーンに映し出されたシャモニーの中央広場には、山で鍛えた体つきの数百人の男女が集まり、大音量のクラシック音楽が渓谷に鳴り響くなか、緊張した面持ちで号砲を待っていた。やがて選手たちは通りを疾走し、山々に向かって駆け出していった。

オフィスでの一日を終えた私は、ロンドンの混雑した通りをパディントン駅まで歩き、電車に乗ってデヴォンの自宅に戻った。土曜の朝、ぐっすりと眠って目を覚ましたとき、山の中を走り続けている大勢の選手たちのことを思った。

土曜日の夕方、まだ山の中にいる彼らに再び思いを馳せた。ネットを覗いてみると、現地は雷雨に見舞われていた。二四時間以上走った後で、だ。大変だ。選手たちはどんな思いで走っているのだろう？

翌朝の日曜日、公園を一〇マイルほどゆっくり走りながら、再び彼らのことを考えた。選手たちがまだ走り続けているなんて、正気の沙汰とは思えない。それでも、それがとても素晴らしいことに思え、やりきれないほどの羨ましさを感じた。私は、このレースを走らなければならない――。それはウルトラトレイルランニングの中心地に立つことであり、このパズルを解く鍵であるような気がした。このレースに出場したければ、ルールに従い、リストに載っている資格レースのいくつかを走る必要がある。

それからの数週間、私はインターネットでレースのスケジュールを計画しながら、何時間もレース動画を見て過ごした。スタート地点の選手たちは、たいていは夜明け前の暗闇の中で不安そうに身を寄せ合い、やがて荒涼とした危険な風景の中に勢いよく足を踏み入れていく。峡谷や人気のない熱帯のビーチ、吹雪の中を行くランナーをカメラが追いかけるにつれ、音楽が盛り上がる。泣き、抱き合い、倒れそうになる人々のクローズアップがあり、最後は疲れ果てたランナーがフィニッシュラインを越えていく、背筋がゾクゾクするようなシーンで終わる。こぼれ落ちる歓喜の涙、両親の泥だらけの脚に抱き着く子どもたち――。そのままカメラが水平移動《パン》して空を映し出すと、壮大な世界が広がり、最後のクレジットと共にレースのロゴが華やかに現れる。

しばらくすると、画面に羅列される数字が無意味に思えてきた。一〇〇キロメートル、二〇〇キロメートル、一万フィートの昇り、三六時間の制限時間――。全部ただの数字だ。動画は、人がこれらのレースが完走できることの証拠を示している。名前を書いて申し込み、それからのことは後で解決していけばいい。

一〇〇キロメートルのレースに申し込んだと伝えたときの、周りの人たちの表情を見るのは楽しかった。

「それほど遠くないわよ」職場の同僚でランニング仲間のケイトは言った。「車に乗って行けばね！」

彼女の言う通りだった。私は何をしようとしているのだろう？　でも、動画をもう一度観てみれば、選手たちは普通の人間に見えた。動画には必ずと言っていいほど、気骨のある年配のランナーが完走する姿があった。彼にできるのなら、私にだって……。

気がつくと、私の一年はカリフォルニア、イタリア、南アフリカのレース遠征の旅で埋まっていた。しかし、この旅はイングランド南西部のデヴォンにある私の自宅の近く、イングランドの壮大な全長六三〇マイル〔一〇〇八km〕のウエストコースト・パスに沿ったたった三四マイル〔五四km〕の短いウルトラで、比較的控えめに始まった。フルマラソン（約二六・二マイル）と大して変わらない距離だ。きっと、楽なスタートになるはずだ。

3　冒険の始まり

二月に地元で開催されるサウス・デヴォンのウルトラマラソンに挑戦するまで、調整期間は半年近くあった。しかしクリスマスになってもまだ、私はトレーニングをうまく積み上げられずに苦労していた。この間、一度も二時間以上連続して走れていない。鍵は早朝だった。ＳＮＳで大勢フォローするようになったウルトラランナーたちの多くは、日々のトレーニング時間を捻出するために早朝を活用していた。とはいえ、それは口で言うほど簡単ではなかった。真冬の午前六時に目覚まし時計のアラームが鳴る。掛け布団の外は凍てつくように寒く、全身に波のように疲れが押し寄せ、ベッドに吸い込まれていく。心の中でつぶやく。〈後で走ろう。それでいい。休養が必要だ。睡眠は大切だ。眠るのは身体にいい――〉

だが一日が始まると、時間はどんどんと過ぎていく。ライラ、ウマ、オシアンの三人の子どもたちを車で学校に送らなければならないし、職場にも行かなければならない。食事をして、風呂にも入らなければならない。そうこうしているうちに、疲れは溜まっていく。私は自分に言い聞かせる。明日の朝は今日の分まで練習しよう。五時に起き、世の中が目覚める前に三時間走ろう、と。

しかし、翌朝も起きられない。そして、同じことを繰り返してしまう。

もちろん、時々は走った。調子が良い週には合計四〇マイル〔六四㎞〕程度は距離を積めた。だが、ウルトラランナーのような気分を味わうには程遠かった。

そんな頃、エディンバラに住む弟が、私ともう一人の弟に、スコットランドで開催される二五マイル〔四〇㎞〕のトレイルレースを走らないかと誘ってきた。不整地で長い距離を走る練習になるし、自分の現在の走力を試すためのいい機会になりそうだ。初めてのウルトラマラソンへの足がかりとしてちょうどいい。とはいえ、これは「一緒に何かに挑戦して、うまくできるか試してみよう」といったタイプの気楽なチャレンジではなかった。言ってみれば、それは〝殺《や》るか殺《や》られるか〟の真剣勝負だった。


私には年の近い弟がふたりいる。子どもの頃から、常に兄弟間の厳しい競争にさらされてきた。五歳のとき、子ども用プールで水泳を習い始めた日のことははっきりと覚えている。まだ三歳だった次男のジヴァが、私より先に泳ぎ始めた。動揺した私は、五分も経たないうちに泳げるようになっていた。

これまでのスポーツ人生での一番の屈辱は、スイミングクラブで二人の弟が私よりも先に一つ上のレベルのグループに昇格した日だった。その日、私は水泳をやめた。そして、ランニングを始めた。

私は走ることが得意だった。私にとって幸運なことに、長年、兄弟間のライバル関係は主にランニングで争われた。私たち兄弟は、何度も激しい競争を繰り広げてきた。練習のときでさえ、最後には必ずと言っていいほどバトルになる。スタート前には、これは競争ではないとお互いに同意している。だがいったん走り始めると、途中で誰かが勝負に出る。調子がいいからペースを上げるのではなく、勝つために仕掛けるのだ。なかでもジヴァにはその傾向が強く、ときには走り出した瞬間から勝つための駆け引きをしてくることもあった。

次男のジヴァと三男のゴビンダはどちらも有能なランナーだ。ジヴァは一〇代の頃は州レベルの大会で走っていたし、ゴビンダはフルマラソンで三時間一二分のベスト記録を持っている。しかし、私は常に彼らより優位に立ってきた。正確には、常に勝っていたわけではない。私が打ち負かされたケースは、兄弟間の語り草になっている。それは一九九七年、ノーサンプトンのレースでのことだった。最初にジヴァが私を追い越した。それからゴビンダが二人を追い越した。たしかに、それは友好的な雰囲気で開催された日曜日のレースだった。とはいえ、私が弟にランニングで負けたのは初めてだった。それから二〇年以上経った今でも、家族の集まりではよくこのときの話になる。

だから、ゴビンダがスコットランド高地で行われる「グレート・ウィルダネス・チャレンジ」と呼ばれるレースを舞台にしてジヴァと私に新たな挑戦状を叩きつけてきたとき、私はそれがピクニックではないのをわかっていた。ゴビンダは最近、週末の楽しみとして山を走り始めていたので、私とジヴァに勝てるチャンスがあると見込んでいるに違いない。これまで私が二人に勝ってきたのはすべて、固く平坦なコースでのレースだった。だが今回のレースは、起伏のあるトレイルを走る。それはまだ私のテリトリーではない。けれども、ウルトラランナーになるためにはどこかでスタートを切らなければならない。兄弟との競争はそのための絶好のきっかけになるはずだ。

私はすぐに、近所のダートムーア国立公園の丘陵地帯で練習を始めた。初めは思うようにトレイルを走れなかった。一〇マイルほどで苦しくなり、歩くようなペースでしか進めなくなる。腕時計を見ると普段のスロージョグ程度の速度でしかないが、体感ではそれよりもはるかにきつい。ここは単なる丘陵地帯ではない。地面はでこぼこしていて、ぬかるんでいるため、ステップのリズムがつかめない。つい苛立ってしまう。時折、岩を蹴ったり、片方の足がもう片方の足にぶつかってつまずきそうになったりして、思わず悪態をついた。「俺はなんでこんなことをしてるんだ?」。平坦な道がわずかでもあると、故郷に帰ってきたような安心感を覚えた。それは私が知っている状況だった。そこではいつものランニングができる。

私も苦労していたが、ジヴァはさらに悪い状況にあった。ロンドンに住んでいるのでトレイルは近くにないし、仕事も忙しく、近々に予定している引っ越しの準備もしなければならない。レースについての情報を得れば得るほど、たいした準備をしなくてもなんとかなるような簡単な代物ではないように思えてきた。ジヴァは以前、ほとんど練習せずにエディンバラマラソンを完走したことがある。しかし、仮に準備不足のために途中でハンガーノック状態に陥ることになったとしても、エディンバラの海岸沿いの道路でそうなるのと、高地の山奥でそうなるのとではまるで違う。このレースでは、ランナーは緊急時に備えて雨具や地図、コンパスを持参しなければならない。これはファンランではないのだ。

結局、ジヴァは準備不足を悟って出場を取りやめた。その結果、私と山男ゴビンダの一騎打ちになった。

レース前夜、私はゴビンダと共にエディンバラからハイランド地方に向けて車を走らせ、インバネスの北西に位置するプールウェに向かった。激しい雨が降る中、山々が車の両側で暗闇に包まれて静かにそびえ立っている。山に近づくほど、風が吠える音が大きくなっていく。二人とも何も言わず、落ち着かない気持ちで窓の外を眺めていた。

翌朝、まだ雨が降りしきる中、スタート地点に行くと、主催者から悪い知らせを聞かされた。あまりの悪天候のため、最も危険な区間を避けるようにルートが変更されたのだ。前日にコースを確認していた主催者の一人が川に流され、今は病院にいるという。数週間後、私たちは彼が亡くなったと知らされた。決して山を侮ってはいけない。レースは、ハイランドで最も険しい荒れ地の区間を二五マイル〔四〇㎞〕走る代わりに、ベテラン選手が「このコースで最も退屈」と嘆く区間を往復する一九マイル〔三〇㎞〕のコースに短縮された。私は文句を言わなかった。

誰もこの変更を喜んでいなかった。私もがっかりしたふうを装った。だが内心ではほっとしていた。私にとっては、平坦な一九マイルのほうが随分と有利になる。歩かなければならなくなる可能性は少なくなるし、ゴビンダの強みである山の区間も減る。彼は残念そうな顔でこちらを一瞥した。私が何を考えているかはお見通しだった。

このグレート・ウィルダネス・チャレンジは小規模なローカルレースなので、スタート地点にいたランナーは七〇人程度だった。スタート地点に立つと元気が湧いてきた。周りを見渡し、優勝する可能性すら脳裏にちらつき始めた。他の選手たちは、特に速そうには見えない。

深呼吸をして気持ちを落ち着かせようとしているゴビンダを見て、私は〈ストレスを感じすぎているな〉と思い、自信を深めた。きっと勝てる。

レースの序盤は、主催者から〝追い抜くのは難しい〟と知らされていた狭いトレイルが続く。それだけに、ゴビンダも私もスタート直後から飛び出した。最初の一マイルは、とにかく必死に走った。ペースが速すぎると感じたが、ゴビンダが先を行っているので、食らいつくことにした。置いていかれるわけにはいかない。トレイルはぬかるみ、岩だらけで、曲がりくねり、起伏が激しい。リズムを取って走るのは不可能だ。

二マイルほど走ったところで、ゴビンダが道を間違えて遠回りした。私はその隙を逃さず、彼を追い越した。ゴビンダはすぐに戻ってきた。振り返る必要はなかった。彼が水しぶきをあげる音が聞こえたからだ。真後ろにいるゴビンダの気配を感じて、私のギアも上がった。調子が良かったので、思い切り丘を駆け上がり、森の中を力いっぱい突き進んだ。彼の水しぶきはどんどん後ろに下がり始めた。あまり彼を刺激するようなことはしたくなかったが、何度か思い切って振り返ってみた。そのたびに、ゴビンダとの距離は広がっていた。

五マイルまでは絶好調で、憂鬱な風景の中を駆け抜けていった。他のランナーはこのルートを「退屈」だと言っていたが、それは相対的なものだということがわかった。景色は野性的で、美しかった。とはいえ、それを楽しむ余裕はない。ぬかるんだ凹凸のある道を走らなければならないので、地面から目を離せないからだ。一歩足を踏み間違えれば、大惨事になりかねない。

私はリラックスし始めた。ある意味では、ゴビンダがこれ以上戦いを挑んでこないのは残念だった。もちろん、私にとっては喜ばしいことでもあったが、これでは物足りなさすぎる。すでに中間点に達しつつあった。このまま行けば楽勝だ。

折り返し地点までの急勾配を下っているとき、何人かが後ろに迫ってきた。足元に視線を落としているので誰かはわからないが、私を追い抜きたくてうずうずしているのがわかる。私は彼らの行く手を阻むようなことはせず、トレイルの脇の草の上によけて先に行かせた。一人、二人、三人とランナーが脇を通り過ぎていく。

「ダール、頑張れ」。最後の一人が言った。

え？　ゴビンダだ。

折り返し地点でターンした彼らが、こちらに向かってくる。ゴビンダは私のほうを見ずに通り過ぎていった。私も折り返し地点でターンし、来た道を登り始めた。そのとき、急に足が重くなった。彼に食らいついていこうとする力が湧いてこない。ゴビンダが力強く、スパートを仕掛けるみたいに私を引き離していくのを見ていることしかできなかった。もうだめだ。気力も体力も残っていない。

それでも、必死になってもがき続けた。その可能性は薄いとわかっていながら、ゴビンダがエネルギーを使い果たし、私のところまで落ちてくるかもしれないと漠然と考えたりもした。同時に、もしそうなったら残念だという寛大な気持ちにもなった。兄弟の勝負に勝つのは諦めた。だが、まだゴールまで九マイル〔一四㎞〕もある。

なんとかゴール地点に辿り着いた。着替えを済ませたゴビンダが、フィニッシュラインの向こうから私に声援を送ってくれている。後で話を聞くと、私に追い抜かれるかもしれないという恐れから、必死に走り続けたのだという。最終的に、彼には一五分以上もの差をつけられた。完敗だった。

その後、ゴビンダは帰路の車内で妻に電話をかけた。

彼の携帯電話から、「どうだった？」という彼女の声が聞こえた。

「勝ったよ」とゴビンダは言った。

「優勝したの？」彼女が尋ねた。

違う。レースで優勝したわけじゃない。でも、彼は重要なレースに勝った。兄に圧勝したのだ。

そんなわけで、ゴビンダは良い走りをしたが、私にとっては良いスタートではなかった。もっと頻繁にトレイルに出向き、ぬかるんだ地面の丘を上り下りする方法を学ばなければならないと痛感した。ザックを背負って走ることにも慣れる必要がある。このレースはわずか一九マイル〔三〇㎞〕しかなかったが、ロードレースとはまるで勝手が違った。

幸運にも私はサウス・デヴォンに住んでいるので、一〇〇マイル以上も続く海岸沿いのトレイルで練習できる。頑張って早朝に起き出し、そこに行けばいいだけだ。

数週間後、ウルトラレースの本番が近づいてきた頃には、走力も上向き、身体に切れが出てきたように感じていた。それでも、まだフルマラソン以上の距離を一度に走ったことはない。オマーンのレースでも、二六・二マイル（四二・一九五キロ）を超えるステージはなかった。だからある意味で、今回のレースが私にとって初めての、正真正銘のウルトラマラソンになる。私の身体はそれに耐えられるのだろうか？　それを確かめる方法は、一つしかない。

海岸線を舞台にしたウルトラレースの前日、自宅のドアをノックする音が聞こえた。ドアを開けると、そこには印象的な男が立っていた。身長一八〇センチ近く、赤みがかったオレンジ色の長いあごひげをたくわえ、長髪の前髪の部分だけを編み込んでいる。彼は、満面の笑みを浮かべている。親友のトム・ペイン[1]だ。明日のレースに出場するために、エセックスからやって来たのだ。私と同様UTMBへの出場を計画していて、ポイントを狙っている。だから、私たちは手を組んだのだ。

トムは本格的なランナーだ。明日のレースで優勝する可能性も高い。実際、彼はイギリスのウルトラレースでは負けたことがないと言っていた。

トムに初めて会ったのはケニアだった。彼は当時、イギリスで四番目に速いマラソン選手だった。二〇一一年、トムはロンドン・オリンピックに出場するという夢を追い求めるため、ポーツマスの浄水会社でしていたデスクワークの仕事を辞め、ケニアのイテンという小さな町にある合宿所に半年間滞在し、冷たいシャワーや、地面に穴を掘ってつくったトイレ、狭苦しい相部屋、豆と米だけの昼食に耐えながら練習に打ち込んでいた。今のような印象的な見た目ではなかったが、人懐っこい顔立ちをしていて、陽気で寛大な人間だった。常に、自分が置かれた状況の良い側面に目を向けようとしていた。それは彼にとって良いことだった。リフトバレーでの半年間の生活を終えて臨んだマラソンレースで、ベストタイムを一〇分も下回る成績に終わり、念願だったオリンピック出場を逃してしまったからだ。

「ケニア合宿の直後に出場したマラソンで、過去最低のタイムでしか走れなかったんだ」と彼は言う。当然、落胆し、走ることに迷いを覚えた。「次に何をすべきかがよくわからなくなった」

しかし、人生のページはもう、めくられていた。諦めて九時から五時までのオフィスワークに戻るわけにはいかなかった。トムはケニアで培った人脈を活かし、アスリートのマネジメント会社に就職した。この会社では、トップクラスのケニア人選手を世界各地のレースに連れて行き、現地で世話をし、一緒に練習し、大きな大会でペースメーカーを担うなどの仕事をするようになった。ロンドンの自宅アパートは、ケニアの選手たちがヨーロッパのレースに出場する際の仮宿になった。だが、それでもトム本人の成績は伸びなかった。デヴォンの私の自宅を訪れたときの彼のマラソンのベストタイムは、ポーツマスで会社員をしていた頃に走った二時間一七分のままだった。

だが、トムはバイタリティ溢れる人間だった。ケニアでの合宿生活を終えた後、彼の人生には様々なことが起こった。中でも、ウルトラランニングを始めたこと、婚約者のレイチェルと出会ったことは、人生の転機になった。

「振り返ると、ランニングや練習が、やりたいことではなく、やらなければならないことになってしまっていた。突き詰めれば、それが早い引退につながったんだ」。トムは小さなコテージキッチンで

一　私の著作『Running with the Kenyans』（未訳）と『The Way of the Runner』（『駅伝マン――日本を走ったイギリス人』濱野大道訳、早川書房、二〇一五）を参照。

パスタをつくる私に言った。「だから、ウルトラランニングを選んで再び走り始めたとき、走ることが大好きだという気持ちを保ちながら走ると心に誓った。走ることへの愛は、それ以来ずっと続いてる」

ウルトラランニングに転向したのは、ある偶然がきっかけだった。「競技を引退して間もなく、ロンドンの自宅から、エセックスのティプトリーにある実家まで走って帰省しようと思いついたんだ。どれくらい遠いかは見当もつかなかったけど、マラソンより長いのはわかってた。そのときの僕は、九歳で地元の陸上クラブに入って以来、初めてトレーニング計画に従っていなかった。だから、好きなだけ遠くに、好きなだけ速く――あるいは遅く――走れることに気づいたんだ。自分の好きなようにね」

ある朝、目を覚ますと、シューズを履き、エネルギーバー数本と水の入ったザックを背負って出発した。「自由を感じた。なんのプレッシャーもなかった。心の赴くままに、のんびり走ったり、ペースを上げたりした。すぐにフルマラソンの距離を超え、やがて三〇マイル〔四八km〕に達した。気分は良かったけど、足が少し痛んだ。チェルムスフォードに着いたら電車が目に入った。誘惑に勝てず、最後の一五マイル〔二四km〕は電車を使ってしまった」

しかし、すぐに後悔の念が湧いてきた。そこで翌週、再び荷物を背負い、ティプトリーまでの五六マイル〔九〇km〕を約七時間で走破した。「こんなに長い距離を自分の足だけで移動するのは爽快だった。すぐに、初めてのウルトラレース、アングルシー島を一周する一三五マイル〔二一六km〕のレース〝リング・オブ・ファイア〟に申し込んだんだ」。このレースでは、二位に三時間以上の差をつけて優勝した。

それでも、一年後にアディダスが後援するロンドン南部で開催されたレースに出場したとき、トムはまだロードマラソンをメインに走っていた。

レース前、トムは同じトラックで練習していた見覚えのある女性ランナーが会場にいるのに気づいた。「軽く話をした。〝今日は速く走らないと〟って思ったね」。彼女に良い印象を与えたいという一心で、見事トムはこのレースで優勝した。「レース後に彼女のところに行き、〝勝ったよ！〟って言ったんだ」。しかし、彼女はあまり強い印象を持たなかったようだった。

だがレイチェルというその女性が、エリミネーション形式のレース、「ウィングス・フォー・ライフ」に出場したとき、状況は好転した。このレースでは、選手たちがスタートした三〇分後に、時速一五キロメートルで走行する車が出発し、ゆっくりと速度を上げていく。車に抜かれたランナーはその即座にリタイアとなり、スタート地点に戻る。全員が、大画面で残りのレースを観戦する。もちろん、トムが優勝した。

「僕は最後の一人として走っていたから、みんなの注目を浴びたよ」。トムはその日のヒーローだった。レイチェルは、感心しながらその様子を眺めていた。「彼女はフェイスブックに〝トム・ペインを応援している〟と書き、僕をタグ付けしてくれたんだ。レースの後、彼女がやってきて、大きなハグをしてくれた。そこで、彼女をデートに誘った」

それ以来、レイチェルとトムは互いに刺激を与え合うようにして生きてきた。仕事を辞め、黄色のフォルクスワーゲン・ビートルを買い、フランスに移住し、フルタイムでウルトラランニングを始めた。今では二人とも菜食主義者《ヴィーガン》だ。婚約もした。出会ってから、長い年月が経過していた。私は主にSNSで、トムの髪が伸び、笑顔が増え、その人生の背景が大きくなり、変化に富み、輝きに満ちていくのを見てきた。トムとレイチェルはUTMBの活動拠点として、ヨーロッパのウルトラランニングの中心地であるシャモニーにフラットを購入した。ランニングシーズンである夏にはそこに住み、スキーシーズンにはスキーヤーに貸し出している。その間、ふたりはケニアとモロッコでランニングをする。

「なぜモロッコなんだ?」私は尋ねた。

「僕たちはかなり衝動的なんだ」トムは言う。

「心の赴くままに行動することが多い。二月と三月を暖かいところで過ごしたくて、どこがいいか考えた。そしてモロッコに行くことにした。着いてみたら、現地は凍てつくように寒かった」

予想外の寒さに見舞われはしたが、この〝心の赴くまま〟の行動は奏功した。彼が私の家を訪れる数か月前、トムは世界トレイル選手権のイギリス代表に選ばれたのだ。イギリス代表のベストを着ることは、子どもの頃から追い求めてきた夢だった。おそらくは彼がランナーとしての峠を越えたと自覚したときに、ようやくその夢が叶ったのだ。母親とレイチェルはレースを見るためにポルトガルを訪れた。

「人生で一番幸せな日だったよ」。トムの声は少し震えていた。「フィニッシュしたときには、泣いてしまった」

翌朝の午前六時、私たちは家を出て、狭い車線を走ってレースのスタート地点に向かった。ナビゲーションの担当は私だったが、レース前に相応しい音楽を選ぶことに気を取られてしまい、何度か道に迷ってしまった。

公式の駐車場は、海岸から数マイル離れた村のはずれの広い住宅地の道路だった。普段は何の変哲もないはずの通りが、車で埋め尽くされていく。次々と車のドアが開き、タイツにランニングジャケット姿の男女が外に出てくる。まるで夜明けの静かな侵略のようだ。何も知らない住人がカーテンの隙間から外を覗けば、いったい何が起きているのかと不審に思うだろう。道路の端には、スタート地点に向かうバスを待つランナーたちの行列ができている。

何人かが会話を始めようとした。「昨日の雨を見た?」。だが、雑談を楽しむ余裕のある者はいない。これから挑もうとしていることの大きさに、圧倒されているのだ。トムはフルーツバーを頬張っている。六日前にはマラケシュ・マラソンに出場し、三〇キロ地点まで女性エリートランナーたちのペースメーカーを務めた後、流して走り二時間三五分でゴールした。かなり疲れているので、今日のレースプランはないと言っている。

「最初の数マイルはかなり飛ばして、それからゆっくり走ることもある」トムが言った。

「みんなを怖がらせるために?」

彼は笑って答えた。「たぶんね」

トムに目を向ける人は多い。スリムで引き締まった体型をしていて、いかにも速そうに見えるというのもその理由だが、それだけではない。トムは、別世界から来た人間のような雰囲気を醸し出しているのだ。忙しく働く人々の生活を覆い、顔色を悪くし、目から精気を奪うあの灰色のどんよりとした空気は、彼には無縁に見える。燃えるような色の髪と全身から発せられる明るい雰囲気のおかげで、漫画のスーパーヒーローのように見える。

受付テントの中で、クリップボードを持った関係者に姓を尋ねられ、トムは「ペイン」と答えた。彼は、スーパーヒーローのような名前まで持っている——少し不吉に聞こえるかもしれないけれど。

「ウルトラランナーにふさわしい名前だ」と関係者が言った。

私が行きの車で会場までの道を何度も間違えてしまったせいで、ウォームアップの時間もほとんど取れないまま、気がつくとスタート地点に移動しなければならなくなった。私はトムについていき、スタートアーチの下の中央で彼の真横に立った。しばらくのあいだ、緊張した面持ちの周りのランナーたちがトムに寄せる視線を、傍にいる私も感じていた。私は友好的に彼の肩を叩いた。

「さあ、頑張ろう!」

すでにカウントダウンは始まっていた。三、二、一……。こうして、ボールは転がり始めた。シャモニーとUTMBへの旅が始まったのだ。

トムは、ガスをつけっぱなしにしていたのに気づいて大慌てで家に戻る人みたいに、猛スピードで走り出した。誰もが、先頭集団の隙間から矢のように抜け出した彼を追いかけず、そのままトムの姿が消えていくのを見ていた。

私は無理しないように気をつけながら、最初の上りをゆっくりとジョギングで駆けていった。しばらく崖上のトレイルを走った。海は大きくて荒々しく、打ち寄せた波がはるか下の岩々にぶつかって砕けている。穏やかな天気だが、足元はぬかるんで滑りやすい。一週間にわたって海岸を襲い続けた風雨によって、地面はびしょぬれになっていた。数日前まで、レース当日も大雨と危険な強風が予報されていた。幸い嵐は吹き止んだが、その痕跡は大地に刻まれていた。

残念ながら、私が履いていたトレイルシューズは、ぬかるんだ柔らかい土ではなく、乾いた硬い土の上を走るためのものだった。私の練習コースには、舗装路が含まれていることが多い。頑丈なトレイルシューズで舗装路を走ると、裏面にスパイクのついたサッカーシューズを履いているみたいにガチャガチャと不快な音を立てる。だから、固い地面用のトレイルシューズを履いてこのレースに臨むのは、トレイルにも舗装路にも対応できるよい折衷案だと見込んでいたのだが、結果としてあちこちで滑ってしまった。私はすでに、途中で鋭い岩に膝をぶつけずに完走することをこのレースの第一の目標にしようと考えていた。

スローペースで走っていたので、足元ばかりに視線を落とす必要がなく、最初の一〇マイル〔一六㎞〕までは景色を楽しむ余裕があった。絶壁と砂浜の入り江、鼻腔を潮の香りで満たす潮騒、時折トレイルに霧のように降りかかってくる波しぶき——。

一〇マイルが過ぎて、初めて疲労感に襲われた。ザックからプロテインボールを取り出し、少しかじる。ウルトラランニングについて学び始めたばかりの私がよく耳にしたのは、これは実質的に「食べることがメインで、その合間にランニングをする競技」というものだ。ウルトラマラソンでは途中でエネルギーが尽きるので、食べ物で補給しなければならない。短めのウルトラマラソンならエナジージェルだけで乗り切ることも可能だが、ジェルを摂りすぎると気分が悪くなる。だから、固形物を食べたほうがいい。もちろん、実際にやってみると、これは簡単なことではない。走りながら食べるにはそのためのテクニックが求められるし、胃を驚かせることにもなる。だから練習をして、自分に合った食べ物を見つける必要がある。私はその後、長距離のウルトラレースに出場した際に、一〇時間や二〇時間、三〇時間も走った後では、噛むために顎を動かしたり、食べ物を飲み込むのに十分な唾液を分泌させたりすることすら難しくなる場合があると知った。

とはいえ今のところ補給は問題なかった。ひたすら足を動かし続けながら一番心配していたのは、最近ずっと感じていた脚の痛みが悪化することだ。ここのところ、走ると必ず脚にズキズキとした感触を覚える。オマーンでのレースのように、トレイルの脇に座り込み、通り過ぎ行く他のランナーに、「頑張れ！　君ならできる！」と励まされるような事態に陥ってしまうかもしれない。

だが、今日はまだ脚の痛みは感じていない。気づくと、何人かを追い越し始めていた。少しこれまでのペースが遅すぎたのだろうか？　今、おそらく八番手くらいの位置にいる。ふと、トップ一〇に入ることを目標にしようと考えた。特に理由はないのだが、いったん意識してしまうと、どうしても達成したいもののように思えてきた。このレースの目標――「トップ一〇に入ること」

私は他のランナーとの競争をはっきりと意識し始めた。茂みで用を足していたら二人のランナーに追い抜かれてしまったので、すぐに全力で走り出して彼らを抜き返した。エイドステーションでは、他のランナーがボトルに水分を補充したり、ビスケットを取ったりしている中、立ち止まらずにすぐにその場を走り去り、少しでも差を広げようとした。

一四マイル〔二二㎞〕ほど進むとコースは内陸に向かい、ぬかるんだ農地や、大昔の荷車の轍が残る小道、普通の舗装路などを走った。他のランナーと並走しながら会話をすることもあった。レース中におしゃべりをする余力があるというのはおかしなことのようにも思える。たしかに、高低差のあるぬかるんだ地面の上を長時間走っていると、脚や身体全体に疲労が溜まっていく。けれども、短距離のレースのように息切れすることはない。

どちらかが下りでスピードを上げたり、エイドステーションで立ち止まって水を飲んだりすると、またひとりに戻って走り続けた。周りには草や木、牛しかいない。途中で、馬に乗った猟師の集団の脇を通り過ぎた。赤いジャケットを着た猟師たちは、もがき苦しむ私を軽蔑するような目で見ていた。犬たちが興奮して動き回っている。お願いだから、傷を負った獲物と間違えないでくれ。

スタートから四時間強で、二四マイル〔三八㎞〕に到達した。個人的なレースの目標を、「トップ一〇」から、「六時間以内での完走」に切り替えた。目に見えないバンドで脚を縛られているみたいに、歩幅がだんだん短くなってくる。もう、他のランナーに抜かれるのを気にしたくはなかった。それでも、何らかの目標を持って走りたかった。

数週間前、私はこのレースの女子のコースレコードが六時間六分であることを知った。このレースに出場するとツイッターでつぶやいたら、それを見た誰かから、このタイムを上回ることを目標にしたらどうかとアドバイスされた。見ず知らずの人ではあったが、彼のツイートが頭に残っていた。そこでトップ一〇という目標を取りやめ、六時間以内での完走を目指すことにした。きりのいい数字だし、最後の一〇マイル〔一六㎞〕を二時間で走れば達成できる。きっとできるはずだ。誰かに抜かれても、もう気にする必要はない。

なぜ目標が必要なのか？　ただ走り続ければいいのでは？　完走すればそれで十分なのではないのか？　完走するだけなら、歩いてでもできる。だが、歩いてゴールすれば、自分に失望するだろう。私は自分を追い込みたかった。だからこそ、わざわざこんなことをしているのだ。戦うために、競争するためにここにいる。そうしなければ、これは単に一日かけて行う長い散歩にすぎない。それは正しいことだとは思えない。これはレースなのだ。私はレースをする必要がある。

次の数マイルは完全に平坦な、ビーチ沿いの道だった。ビーチの端にある遠くの村が、なかなか近づいてこない。脚が痛み、フォームは崩れて前かがみになり、足を引きずるようにして走った。周りからは、ひどい状態に見えるだろう。肉体的にも相当にきついが、もはやこれは精神的な挑戦になりつつあった。台所の厄介なネズミをほうきで追い払うみたいに、頭の中からネガティブな考えを追い払わなければならない。

「もしかしたら、自分はこの種の競技には向いていないのかもしれない……」。「タフガイじゃないのに、なぜそんなふりをしているんだ？」。「今やめたらどんなに楽になるだろう」

シッ！　シッ！　雑念よ、あっちに行け！　肉体がまだ持ちこたえていることが、心の支えになる。どこも折れたり壊れたりはしていない。四時間半経っても、まだ歩かずに走り続けられているのだ。長いビーチの後は、崖の上を上り下りする。ここにきての上りは実にきつい。走れない箇所も多く、歩きと走りをタンゴを踊るみたいに組み合わせなければならない。

このレースは、二七マイル〔四三㎞〕あたりでゴール地点の脇をいったん通過し、さらに七マイル〔一一㎞〕の周回ルートを走った後に再びゴール地点に戻って来るという無情なルートになっている。ゴール地点のある海辺の小さな村ビーサンズの傍を走り抜けると、熱い感情が込み上げてきた。フィニッシュの瞬間を見に来ると言っていた妻のマリエッタに会いたかった。抱きしめてほしかった。あなたなら完走できると言ってほしかった。でも、彼女の姿は見えない。私たち夫婦の愛車が駐車場に停まっているのが見えて、涙がこぼれそうになった。けれども、マリエッタの姿はない。そのうえ、誰も励ましてくれなかった。みんなゴール地点に集まるために、車を駐車し、フィッシュアンドチップスを買い、犬にリードを取り付けている。私は透明人間のようだ。泣きそうになる。

〈泣くのはまだ早いぞ〉――そう心の中で呟いて、自分を励ます。最後のループに向かうと、立て続けに二人のランナーに追い越された。ここまで来て、大勢に追い越されたくはない、と歯を食いしばる。だが、大きなでこぼこの崖を上る数マイルでペースが絶望的に落ち、六時間以内という目標が危うくなり始めた。根性で前に進んだ。神よ、いったいこれはいつ終わるのか？　なぜか誰にも追い抜かれない。みんなどこにいる？　振り返ると、遠く離れた場所に一人のランナーがいるのが見えた。怖くなった。逃亡中の囚人のように、誰も近づいてこないことを祈りながら走る。幸い、その後何度か振り返ったが、誰の姿も見えなかった。

泥だらけの脚は、もうボロボロだった。ボトルの水も尽きている。脚はもはや脚ではなく、腰に取り付けられた役立たずの二本の鉄の棒にすぎなかった。この鉄の棒には私の身体を前に運んでくれる仕組みが備わっているはずなのだが、今はもう両腕を振ってレバーを押しても、ほとんど動かなくなっている。

別のぬかるんだ上りの道の頂上で、美しい看板が見えた――「あと一マイル」と書かれている。後ろを振り返る。まだ誰もいない。フィニッシュラインを越えて倒れ込み、草むらに横たわる甘い光景が頭に浮かんだ。

さあ、行くぞ。ここからは全部下りだ。数時間前にスタートした野原に出ると、同じ時間帯に開催されていたフルマラソンやハーフマラソンを走る大勢のランナーたちと合流した。最後はきちんと走りたかったので、人混みの隙間を縫うようにして下りを疾走し始めた。〈ウルトラランナーに道を空けろ！〉と心の中で叫びながら。想像していた通りに、フィニッシュラインを越えると、柔らかい草の中に倒れ込んだ。マリエッタが待っていてくれた。「頑張った。頑張ったわ」と言って、笑いながら写真を撮っている。

終わった――。

「トムが賞金をもらおうとしてるわよ」と彼女が言った。

私は、真っ赤な髪に鮮やかな黄色のジャケットを着た男に目を向けた。

「二位に二三分の大差をつけて優勝したのは、トム・ペイン」とスピーカーからアナウンスが聞こえる。

敬意を込めた拍手がさざ波のように広がっていく。地面に寝そべっていた私は、上体を起こした。私たちは頑張った。見事にやってのけたのだ。


こうして、私は正式にウルトラランナーになった。結局、私は走りながら思いついた二つの目標をどちらも達成した。五時間五一分で、一〇位でフィニッシュしたのだ。素晴らしいスタートだ。体じゅうが痛かったが、バラバラにはなっていない。私たちは足を引きずりながら海沿いに行き、フライドポテトを買い、車に乗り込んだ。駐車場から車を出そうとしたとき、一人のウルトラランナーが走って来るのが見えた。誰も声援を送っておらず、まだゴールまで七マイル〔一一㎞〕も残っている。

「頑張れ！」私は車の窓から叫んだ。「君ならできる！」

男はちらりと顔を上げてこちらを見た。私の疲れた表情や、首に巻いたメダル、フライドポテトの袋から、同じレースを走り終えて、帰途に就こうとしているのだとわかったようだ。

彼は微笑み、「この野郎」と言った。

4　つきまとう不正の影

海岸沿いのウルトラレースを終えてから数週間後、私は一緒に練習をするためにエリザベト・バーンズと再会した。私は、ウルトラランナーがどんなふうに「長い」走りをするのかを見ておきたかった。今回の目的は、近々開催されるウルトラマラソン「カントリー・トゥ・キャピタル」のコースの一部を試走することだった。これはバッキンガムシャーのチルターン・ヒルズからロンドン中心部のリトル・ベニスまでの四五マイル〔七二km〕を走るレースだ。

エリザベトはオマーンでのレースのときも、現地に着陸した瞬間から、他の興奮して落ち着かない様子のランナーたちとは明らかに雰囲気が違っていた。彼女は勝つためにそこにいた。観光客のような目で周りを見渡したり、練習不足だと神経質そうに冗談を言ったりするのではなく、すべてにおいてビジネスライクだった。レース関係者にいくつも質問をして、答えに注意深く耳を傾けながらうなずいていた。

レース中も、他の選手たちは各ステージをフィニッシュするたびに、信じられないという思いで首を横に振り、地面に倒れ込んでいたが、エリザベトのような本格的な選手たちは険しい表情でフィニッシュラインを越えると、すぐに回復のための飲食物を準備し始め、翌日に備えていた。

エリザベトはレース期間中、なりゆきで主に若いオマーン人男性たちと一緒にテントで過ごしていた。最初に無造作に選んだのが、そのテントだったのだ。彼女はそのテントの隅にじっと腰掛けていた。誰が同じテントにいるかは気にしなかった。私を含む他の者たちは、以前からの仲間や、初日の数時間で親しくなったランナーがいるテントを探した。私たちはその後、レースの六日間を通じて同じメンバーでテントでの時間を過ごした。私はこのレースに参加していた自分以外で唯一のイギリス人男性に目をつけ、彼のいるテントを選んだ。これは良い選択だった。午前中のレースを終えた私たちは、午後はこのテントの中で座って話をし、冗談を言い合った。エリザベトはオマーン人男性たちがずっとおしゃべりをしているテントの中で、ひとりで食事の支度をし、眠り、砂漠を見つめていた。

社交性に欠けているわけではない。誰かがテントに立ち寄れば喜んでおしゃべりをする。だが、仲間を求めてキャンプ地を歩き回ったりはしなかった。彼女はひとりで過ごすのを好んでいたようだった。もちろん、それはエネルギーを節約するためでもあった。

レース前に知ったのだが、エリザベトと私はその年のロンドンマラソンを同じ二時間五〇分というタイムで走っていた。だから私は、彼女は一緒に走るのには最適なランナーだと思った。それに、彼女と一緒に走れば序盤にスピードを出しすぎるのを避けられるという思いもあった。女性が男性よりもレースでのペース配分が優れていることを示す研究結果は多い。その理由は、男性は自分の能力を過信してスピードを上げすぎるが、女性は自分の能力を控えめに評価する傾向があるからだと考えられている。ヒューストンマラソンの完走者を対象とした研究は、実際のタイムとランナー自身の予想タイムを比べることでこの仮説の正しさを裏付け、男性のペース配分の不味さは「過信によって説明される部分もある」と結論付けている。

私もいつもこの過ちを犯している。レースが始まるとすぐに、まるで自分がスーパーマンにでもなったかのように飛ばしてしまい、後半に失速してしまうのだ。先日のグレート・ウィルダネス・チャレンジもまさにこの典型だった。途中まで優勝するかもしれないとすら思いながら走っていたのに、後半で脚が動かなくなってしまった。

だから、オマーンでは各ステージで、エリザベトの隣で走り始め、ペースを抑えるようにしていた。とはいえものの数分もすると、砂に足を取られ、走るふりをしているかのように前に進まなくなる。エリザベトは体内に小型の牽引車を内蔵しているみたいに素早く足を動かし、砂の中を突っ走って容赦なく私を置き去りにしていく。彼女には毎日、ときには数時間もの大差をつけられた。私たちはロードマラソンでは同じような走力なのかもしれないが、砂漠ではまるで話が違った。

一緒に練習するためにロンドンのメリルボーン駅でエリザベトと再会したのは、それから数か月後のことだ。彼女を見つけるのは難しくなかった。黒やグレーのスーツやジャケットが多い人混みの中で、明るいオレンジ色のランニングウエアとヘッドバンドがひときわ目立っていたからだ。私たちはロンドンから列車に乗り、一週間後に開催されるレース「カントリー・トゥ・キャピタル」のスタート地点に向かった。エリザベトは数年前にこのレースに出場してコースレコードを更新したが、今年はこのレースをその後の大きなチャレンジのためのハードなトレーニングとして利用しようとしていた。砂漠のスペシャリストであり、丘や泥は嫌いだと公言しているエリザベトも、モンブランでのレースをターゲットにしていた。そう、UTMBだ。本格的なウルトラランナーへの道を歩み始めた者は、このレースを避けて通れないということなのだろう。これはシーズンのグランドファイナルであり、チャンピオンの中のチャンピオンを決めるレースと位置づけられている。その準備のために、彼女はこの年の後半にネパールで行われる一〇〇マイルの小規模なステージレース「エベレスト・トレイルレース」にも出場する予定だ。

彼女が山岳レースへの出場を計画していることを聞いた私が驚いたのを見て、エリザベトはウルトラを始めたばかりの頃に、UTMBのいくつかのレースの中の最長レースであるPTL（Petite Trotte à Léon）を走ったことがあると教えてくれた。これはモンブランのテクニカルな周回コースを三〇〇キロ以上も走るレースで、彼女曰く、ランニングレースというより登山レースに近い。また、これはチーム競技でもある。エリザベトは夫と一緒に、競争するというより経験を積む目的でこのレースに参加した。

「そもそもあのレースには出場すべきじゃなかったわ」と彼女は言う。結局、完走できなかった。「今にして思えば、最後まで走り切ることもできた。でも、四日間で二時間しか眠っていなくて幻覚も見えているような状況だったから、判断力もかなり鈍っていたの」

彼女の話を聞いていると、彼らが命を失わなかったのが幸運だったように思える。ある夜、暗闇の中、急斜面でエリザベトたちの上にいたランナーたちが誤って岩を下に転がり落とした。「傾斜のきつい場所にいると、たとえ上から岩が転がり落ちてきても、急に素早く動いたりはできない。滑って転落して死んでしまうかもしれないから。岩は、身動きできない私と夫のあいだを転がっていった。数メートルしか離れていなかったわ」

山岳レースは久しぶりだったが、エリザベトはUTMBに挑戦することに興奮している様子で、

「限界に挑むのは、いつだって面白いことよ」と言った。「いつも物事がうまくいってばかりだと、自分の限界がどこにあるかわからなくなる」

エリザベトと前回会って以来、彼女は再びサハラ・マラソンに出場したものの、四位に終わっていた。彼女は自分より上位でゴールしたある選手のやり方に不満を抱いていた。その選手のザックはかなり軽かった。なぜなら、他の選手が食料などの荷物を運ぶ「ラバ」の役割を担っていたからだ。エリザベトには、それは苛立たしく、倫理に反する行為に思えた。だが大会が定めた必要最低限のキットをバックの中に入れている限り、厳密にはそれはルール違反にはならないのだという。

私もオマーンでのレースで他の選手に同じような疑惑を感じたことがある。もちろん、優勝争いをしているわけではない私には直接関係のないことではあったが、男子レースの上位選手たちは、毎日、私の四分の一のサイズしかない小さなザックを背負って走っていた。そして毎晩、友人たちとかなりの量の食べ物を分け合って食べているように見えた。彼らは私とは違い、不要なプロテインバーや枕は持っていなかったのだろう。だがそれでも、その荷物は信じられないほど小さかった。

二〇一五年のサハラ・マラソンでの優勝が、エリザベトの人生を変えた。突然スポンサーが付き、世界中のレースに招待され、この世界の有名人になった。この新興スポーツにおける成功の報酬が年々大きくなるにつれ、ルールを曲げたり破ったりするインセンティブも大きくなっている。

この悪名高い例の代表格が、ロンドンのウルトラランナー、ロブ・ヤングの失墜だ。二〇一四年にモー・ファラーがロンドンマラソンを走るのを見た後、ヤングはこれからフルマラソンを五〇回完走すると宣言し、「あなたのような怠惰な人間にはマラソンなんて一回も走れない」と反論した妻を相手に二〇ペンス賭けた。ヤング自身、このときの体験を書いた本のなかで、当時はまともに練習もしていない、ひどいレベルのランナーだったと素直に認めている。しかし翌朝、夜明けに地元の公園に行くと、ヤングはフルマラソンの距離を走った。そして同日の夕方、オフィスで丸一日働いた後で、同じ公園の周回コースで再びマラソンを完走した。翌朝、最初のマラソンから二四時間も経たないうちに、三回目のマラソンを完走した。しかも、三時間一九分という好タイムだった。

　自らの思いがけない走力に気づいたヤングは、大胆な挑戦を開始した。そしてその後の一年間で、三七〇回もマラソンを走った。また、ディーン・カーナゼスの持つ不眠不休の連続ランニングの世界記録を破り、三七三マイル（五九七km）をノンストップで走り切った。テレビのニュース番組はこぞって彼にインタビューを申し込んだ。ヤングの著作『Marathon《マラソン》 Man《マン》』（未訳）は好評を博し、タイムズ紙から「驚異の物語」と評された。

　さらにクレイジーな走りがしたいと考えたヤングは二〇一六年、次の目標は一九八〇年に打ち立てられたランニングによるアメリカ横断の記録を破ることだと発表した。それまでヤングの数々の驚異的な偉業を目の当たりにしていた人たちは、興奮してその様子を見守ろうとした。だがスタート早々、ネット上で彼の進捗の妥当性を疑う声が上がり始めた。フェイスブックに投稿されたヤングのGPSウォッチの画面ショットを見る限り、彼は毎日ありえないほど速く、遠くまで走っていたからだ。

　このことが大きな問題になったのは、ある夜遅く、ネットでヤングのトラッカー・アプリに基づいてリアルタイムでその動向を追跡していたアッシャー・デルモットという男性が、自分の地元であるカンザス州の小さな町レボの付近をヤングが通過しているのに気づいたことがきっかけだった。ウェブサイト「letsrun.com」に掲載されたデルモットの説明によれば、彼はヤングがひとりで走っていると考え、一緒に数マイル走るつもりで現地に車で向かった。しかしそこにいたのは、人間が走るスピードで走行するヤングのサポートカーだけだった。デルモットは周辺を車で隈なく探し回ったが、人が走っている気配はまったく見つけられなかったという。

デルモットの記事がネットに投稿されると、事態は悪化し始めた。ヤングは著書の中で、幼少期に父親から受けた極度の虐待について語っていた。足に釘を打ち込まれたこともあったという。彼はこうした体験によって痛みを遮断する術を覚え、それが驚異的なウルトラランニングでの偉業につながったと述べていた。また自らのチャレンジはすべて、子ども向けの慈善事業の資金集めのために行っているという。世間の人々にとって、ヤングは英雄であり、感銘を与えてくれる人物だった。大勢の人が、彼を信じたがっていた。

真相を探るため、「ギーザーズ」と名乗るウルトラランナーの集団が、疑惑をよそにアメリカ横断を続けるヤングを車で追跡することにした。伝説的なレースディレクター、ゲイリー・〝ラザルス・レイク〟・カントレルに率いられた同チームは、ヤングが路上を走り、歩いているのを確認したが、そのペースは急速に落ちており、疑惑が浮上し始めた頃のあり得ないようなペースに比べるとはるかに遅いことを明らかにした。追跡開始から五日後、ラザルスはヤングの努力は大いに尊敬していると しながらも、初期の頃に本人が主張していたような偉業を成し遂げる能力が彼にあるとは思えないと述べた。あるとき、ギーザーズはヤングが道路にうつぶせに倒れ、額から血を流しているのを目撃した。メンバーがその場にかけつけると、ヤングは顔じゅうを血まみれにしたまま眠っていた。しかしそれでも彼は目を覚まして立ち上がり、走り続けた。

ヤングは結局、疑惑を追及されたためではなく、足指の骨折と蜂窩織炎（痛みを伴う深刻な皮膚感染症）のせいで、論争の的となった記録への挑戦を三四日間で断念した。

すでに挑戦は終わっていたが、非難がいつまでも止まなかったため、ヤングの記録挑戦のスポンサーであるコンプレッションウェア・メーカーのスキンズ社が本格的な調査に乗り出した。同社は高名なスポーツ科学者、コロラド大学ボルダー校のロジャー・ピールケ・ジュニアと南アフリカのフリーステイト大学のロス・タッカーにヤングのGPSデータの評価を依頼した。二人はデータを分析し、主要な目撃者にインタビューして、一一〇ページの報告書を作成した。その結論は、ヤングが「挑戦の道程の大部分において、自動車やバイクなどの車両に乗車する形で無許可の支援を受けていたこと」はほぼ間違いないとする厳しいものだった。

決定的な証拠になったのは、ヤングの歩数を測定するケイデンス・データだった。デルモットが「letsrun.com」に記事を投稿する前の初期の頃、ヤングの腕時計には不可能な時間と数字が記録されていた。たとえば、あるときには歩幅が四〇メートルを超えていた。同サイトにデルモットが記事を投稿し、世間の注目が集まると、ヤングのペースと歩幅は一般的なものに戻った。この変化と、その後の突然の詮索との時期が一致していたことから、ヤングの腕時計が単に欠陥品である可能性は排除されたという。

ヤングは無実を主張し続けたが、ケイデンス・データについての説明はなかった。スキンズ社はピールケとタッカーの報告書を全面的に受け入れ、ヤングとの関係を断ち切り、「非常に失望している」との声明を出した。

残念な話ではあるが、ウルトラランニングの世界であり得ないような偉業を成し遂げたと主張したのはヤングだけではない。二〇一八年には、スカイランニング世界選手権のアメリカチームのメンバーに選出されたマサチューセッツ州出身の元ビューティー・クイーン、モード・ゴーマンが不正を働いていたことが明らかになった。ゴーマンが複数のレースでショートカットをしていた事実を突き止めたのは、ヤングのケースと同じく、ネット上の自主的な探偵たちだった。ゴーマンは過去のレースで手にした賞金の返上を余儀なくされ、代表メンバーからも外された。

最近では、四八時間の耐久レースで、終了前に走るのをやめたにもかかわらず五五マイル〔八八km〕差をつけて優勝するなど、アメリカでのいくつものウルトラマラソンで好成績を挙げたケリー・アグニューに疑惑の目が向けられた。

アリゾナ州で行われた一マイルの周回コースを走る四八時間レースでは、アグニューの驚異的な結果を不審に思った関係者が、彼の動きに細心の注意を払った。そのうちの一人が、真夜中にアグニューが一周の終わりに計測マットを通過した後に、トラック脇の仮設トイレに入り、七分後に姿を現して再び計測マットを通過したのを目撃した。つまり、アグニューは周回せずに記録上のラップを重ねていたのだ。

このような話を聞くと、なぜそんなことをするのかという疑問が浮かんでくる。ウルトラランニング界の人たちも一様に、信じられないという思いを抱えている。ウルトラランナーたちは、このスポーツには何時間、何日も、何の見返りもなく自分を追い込める、善い心を持った人たちが大勢いると考えている。誰もが、自分の限界を知りたい、自分について何かを発見したい、生きている実感を感じたいという純粋な思いでこのスポーツをしていると思っているのだ。それなのに、なぜズルをする人がいるのか？　なぜ自分に嘘をつくのか？　そんなことをして恥ずかしくないのか？　たいていのレースでは賞金もなく、テレビ中継もなく、熱狂的なファンもいない。不正をすることに、どんな意味があるというのか？

仮設トイレに隠れて不正をしたアグニューの件を妻のマリエッタに話すと、「Mr.・ビーンがコントでやりそうなことね」という感想が返ってきた。たしかにそうかもしれない。おそらくある種の人の心の中には、〝どんな状況でも手を抜きたい、ほんの些細なことでも相手に勝ちたい、見ているのが誰か一人とその飼い犬であってもいい恰好がしたい〟といった内なるMr.・ビーンがいて、その衝動はレースで実際に不正をしてしまうほど強いのだろう。

それに、現代人は周りで見ているごく少数の人のために何かをしようとはしない。私たちは、コンピューターの画面の前にいて、何かを成し遂げると拍手をし、「いいね」をクリックしてくれるバーチャルな視聴者のために大きなことをやってのけようとするのだ。しかも、ウルトラマラソンはSNSでのウケが格段にいい。優勝したり、上位に入賞したり、良いタイムを記録したりすれば、凄まじい反応がある。

一年で三七〇回もマラソンを走ったり、アメリカを走って横断したりした結果、「感銘を受けた」、「人生が変わった」といったメッセージがSNSに大量に投稿されるようになると、本人が手にする報酬は急速に増え始める。

ランナーズ・ワールド誌のジャーナリスト、ダンカン・クレイグは、なぜ人は地味なランニングレースで不正をするのかを理解するために、自ら五キロメートルのパークランに出場し、コースの一部で近道をした。これは不正行為の中でもごく些細な部類に属するものだったが、彼はすぐに不正をしたことを運営者に自己申告し、結果を無効にした。このときの体験を書いた記事の中で、クレイグはレース前の自身の心境を端的に捉えている。「私のSNSにはランナー、しかもかなり速いランナーがたくさんいる。不正をして得た速いタイムを報告したら、彼らはどんな反応をするだろう?」

不正行為のメカニズムを探る科学は、長年にわたる数多くの研究によって興味深い結果を示している。適切な状況下に置かれ、見つからずに免れる機会があれば、人は不正をしやすい。特に、暗闇の中にいたり、疲れていたり、睡眠不足であるなどの状況にそれが当てはまるが、これらはウルトラランナーにはおなじみのものである。また小規模なウルトラレースでは、コースのマーキングや監視員、厳格なレースコントロールがないため、他の競技に比べて不正が見つかりにくい。

ノースカロライナ州にあるデューク大学のダン・アリエリー博士によれば、人は自分を正当化できるときに、不正をしやすいという。彼は著書『ずる:嘘とごまかしの行動経済学』(櫻井祐子訳、早川書房、二〇一二年)の中で、人間は物語を語る生き物であり、理にかなっていて、信憑性のある説明を思いつくまで、次から次へと自分についての物語を紡ぎ出すと述べている。

心理学者によれば、自分はある種の不公平さの犠牲者であるという枠組みで状況をとらえたとき、人は不正行為を正当化しやすくなる。それは、公平さを取り戻すための行為になる。つまり、〝私はズルをしているのではない。不公平な扱いをされたことの借りを返しているのだ〟と考えるのだ。

トップレベルの選手を指導する陸上コーチのスティーブ・マグネスは、自身のブログ「The Science of Running（ランニングの科学）」で、「人間はズルをする。ただしそれを実際に行動に移すのは、ズルをしても〝自分は善良でまともな人間だ〟と自分に言い聞かせられるときだけだ。自分はひどい人間だと思いながら平然と生きられるような人はめったにいない」と書いている。

「ランス・アームストロング〔ツール・ド・フランス7連覇したがドーピングの発覚によりすべて取り消され、自転車競技から永久追放処分された〕が良い例だ。彼は最後まで、自分がズルをしているとは思っていなかった。他の選手もみんな同じことをしているという理由で、自分の不正行為を正当化した。これは誰にでも起こることだ」

私はアリエリーに、トップレベルの大会でも金銭的な報酬は少なく、個人的な達成感を得たり、自分の限界に挑んだりすることが重視されるスポーツとされているのに、なぜウルトラランニングで不正が起こるのかと尋ねた。

「一般的に、人が不正をするのは物質的利益のためではない」と彼は言った。「不正をするのは、自分についての見方を変えられたり、自分がすごい人間になったと思いたいときなどだ。もっと成功している、もっと速く走れるなど、何であれ現実とは違う自分自身になりたがっているのだ」

摘発された人のほとんどは、不正をしていないと本気で信じているのだという。「人は、自分はズルをしていないと言うために都合よく合理化をする。〝その前に不当な形で二分ロスしていたから、ここで二分取り戻しただけだ〟とか〝暗くて正しいルートがよくわからなかった〟といったふうに」

アリエリーはロブ・ヤングの事件について何も知らなかった。だが、スキンズ社にはっきりと事実を突きつけられても、ヤングが自分は詐欺師ではないと言い張り続けたのは興味深い。ヤングは公の場から姿を消す前の最後の声明でこう述べている。「私はたしかに間違いを犯した。でも不正はしていない」

低レベルのズルを笑いものにするのは簡単だ。しかし、私たちはこの問題の背景にあるものへの理解を深めるべきなのかもしれない。ロブ・ヤングと同様、モード・ゴーマンも子どもの頃に虐待を受けていたという。おそらくこうした不正の根底にあるのは、愛情や注目への欲求なのだろう。自分は決してズルなどしないと断言できる人は、愛情深い家庭で育ち、人生が十分に安定していて、愛情あるサポートを受けているのではないだろうか。スキンズ社はヤングとの契約を切ったとき、この事実を明確に指摘している。同社の最高経営責任者ジェイミー・フラーは、「調査結果は明確であり、我々は断固としてこれを支持する。しかし忘れてはならないのは、ヤングはランナーである前に人間であるということだ。私は個人的に、彼の人生には特別な事情があったのだと考えている」と語っている。

ヤングは、過ちを犯しやすいひとりの人間なのだ。それは彼だけではない。「究極の人間レース」を謳う南アフリカのコムラッズ・マラソンは、毎年コース上に設置する計測マットの位置を非公開にすることで、車やバイクに乗ってこっそりと移動し、「この有名なレースを完走した」と主張しようとする大勢の人々を見つけ出している。

当然ながら、スポーツの世界において不正な手段で勝利を得るための代表的な手段はドーピングである。つい最近まで、地味でニッチなウルトラランニングの幸せな世界には、この醜悪な薬物が忍び寄る気配は感じられなかった。だが、それは時間の問題だった。〝ウルトラランニングは純粋な気持ちを抱く人々のみを惹きつけ、他のランナーへの敬意と仲間意識の中で行われる〟という考えは、イギリスのウルトラランナーであるロビー・ブリットンが、UTMBで五位に入賞したばかりのエクアドル人ゴンサロ・カリストがIAAF〔国際陸上競技連盟、現「WA（ワールドアスレティックス）」〕の禁止選手リストに載っていることに気づいたときに打ち砕かれた。

ブリットンがこの情報をSNSに投稿すると、UTMBは初めてその事実を知り、カリストを失格にしてレース結果を修正した。UTMBの会場でドーピング検査は実施されていたが、カリストのサンプルからエリスロポエチン（EPO）が検出されたことは大会運営側には通知されていなかったという杜撰な薬物管理の実態も明らかになった。

「カリストの件は、おかしな話さ」とブリットンは私の質問に答えて言った。「レース会場での検査でEPOの陽性反応が出るのは、間抜けな選手のやることだ。狡猾な選手は、当日には陽性反応がでないように調整しながら薬物を使ってる。もし現場での検査で陽性反応が出た選手がいたのなら、その背後にはうまくドーピングをしている選手が大勢隠れているということさ」

二四時間走世界選手権の銅メダリストで、モンブランの麓のシャモニーに住み、選手兼コーチとして活動しているブリットンは、ウルトラランニング界でもとりわけ強くアンチ・ドーピングを訴えている人物だ。彼に、ウルトラランニング界にはドーピングの問題がどの程度あるのかと尋ねてみた。

「どんなスポーツでも不正はある。ウルトラランニングも例外ではない。ショートカットをする者もいるし、必携品を携帯しない者もいる。これはドーピングだけの問題じゃない。コムラッズ・マラソンでは、計測チップを途中で交換した双子までいた。ウルトラランニングはお金にならないのに、なぜ不正をする人がいるのかと訝る人は、このスポーツに関わる人は経済的にも豊かな、それなりの経歴を持っている人が多い点を見逃している。この世界で不正が起きるのはお金よりも自尊心の問題であり、怠惰や忍耐力の欠如の現れなんだ」

ブリットンは、この問題は将来的にさらに悪化していくだろうと言う。「お金や〝名声〟、インスタグラムのライフスタイル、スポンサーからのプレッシャーといったものがすべて大きくなっているからね。それに、ランナーのスピードも速くなっている。だから、心が弱い人はズルをしようとするだろう。ある選手が過去に薬物で出場禁止になっていたことが、いつのまにか忘れ去られていたりもする」

とはいえ、誰かの不正を指摘することを恐れないブリットンでさえ、現状、ウルトラランニング界でドーピングが蔓延するといった事態には至っていないと考えている。

「私は選手の人間性や正直さを信じている。この業界には、信頼に足る人間が本当に多い。今のところ、ウルトラランニングの世界には確固としたアンチ・ドーピングのインフラがない。だから甘いと言われるかもしれないが、基本的に人を信じるしかないんだ」

私はエリザベトにも、練習場所に向かう列車の中で、ドーピングについて尋ねてみた。彼女はそれがこのスポーツにとっての大きな問題だと思っているのだろうか？

「検査の精度が上がれば、摘発される選手は間違いなく増えるでしょうね」と彼女は言う。「だって、この問題はあらゆるスポーツで見られるものだから。ウルトラランナーだけが別種の人間というわけじゃない。たしかに、このスポーツにはまだ大金が絡んでいない。でも、スポンサーや名声、栄誉は得られる。少しでもそれらを味わえばもっと欲しくなるし、極端な手段を使って手に入れようとする人も必ず出てくるはず」

彼女自身は、まず見つからないことがわかっている状況で、不正を働きたいという誘惑に駆られたことはないだのろうか？

「私は、自分に強い倫理観があると信じたいの。そういうふうに育てられたし、不正行為に興味を持ったことは一度もない。善い行いをすれば、必ず善いことが巡ってくる。簡単なことよ」

練習の出発地点であるデントンという小さな町に到着したのは、じめじめとした午前中だった。宙を漂う灰色の霧雨が、世界から色彩を奪っている。駅周辺の殺風景な郊外の風景も気分を明るくはしてくれなかったが、私たちは住宅街の先にある森に向かって走り出した。

エリザベトは、トレイルをあまり走らないという点で珍しいウルトラランナーだ。ぬかるんだ山道をピチャピチャと音を立てて走りながら、「泥が嫌いなの」と言った。「でも、森の中を走るのはいい気分転換になるわ」。エセックス州のウェストクリフ＝オン＝シーに住んでいる彼女のいつもの練習コースは、町の遊歩道だ。ＵＴＭＢを走るためには、今日のようなトレイルに慣れておかなければならない。

私たちはルートを自分でナビゲートしなければならなかった。それは、彼女の今後のレースの準備としても役立つものになるだろう。彼女の腕時計には大まかな方向を示すアプリが搭載されているが、それでも私たちは何度も道を間違えた。「地図を見て正しいルートを探しながら走るのが好きな人もいるわ」と彼女は言う。「でも、私は大嫌い」

ウルトラランニングはさまざまなことが求められる競技だ。もちろんこれはランニングではあるのだが、ハイキングや登山、地図読みという要素を伴うこともある。とはいえ、私はエリザベトに同意する。私はルートに目印があるコースが好きだ。幸運にも、これはＵＴＭＢや、私が出場を計画している他のほとんどのレースに当てはまる。

私たちはゆったりとしたペースで三時間以上走った。走りながら話をし、時々立ち止まって食べ物を口にした。私はこの日、チョコレートがけのヘーゼルナッツとドライマンゴーを試した。数時間走った後なので、頬っぺたが落ちそうなほど美味しい。ロンドンに向かって別の駅まで二一マイル〔三四km〕走ったところで練習を終え、小型のスーパーマーケットに立ち寄った。店内のものは全部食べられる気がしたが、炭酸飲料とフラップジャック〔シリアルバーに似たイギリスの伝統お菓子〕だけに留めた。最高にうまい。ウルトラランニングの大きな魅力は、たっぷり走ってお腹をペコペコにした状態で、ポケットに五ポンド札を入れ、鮮やかなパッケージの食品でいっぱいの店に足を踏み入れることだ。ペプシマックスに抵抗できなかったエリザベトは、「誰にも言わないでね」と言って笑った。彼女のウルトラランニング用の食事に適していないのは明らかだが、二一マイルも走った後なのだからいいだろう。背徳感のある食べ物を選んで、こっそりとそれを楽しむ。私も思い切って、ウィスパのチョコレートバーに手を伸ばした。誰にも言わないでくれるかな？

その後の数か月間、私は練習量を少しずつ増やしていった。トム・クラッグスというコーチを雇い、練習メニューを組んでもらった。だが、やる気は十分あるつもりなのに、厳密にメニューに従うのが難しい。トムは理解があり、私が状況を報告するたびにメニューを微調整してくれた。私は常に彼に言い訳をして、これからは必ずメニュー通りに練習すると誓っていた。気づくと、次のレースが目前に迫っていた。

それはカリフォルニア州で行われる一〇〇キロメートル（六二マイル）のレース、「ミウォック一〇〇K」だ。このレースを完走すると、UTMBの応募資格を得るためのポイントを四ポイント獲得できる。私はこれから、三つのレースで一五ポイントを貯める必要があった。

アメリカ行きの飛行機に乗り込む時点で、それまでのトレーニングでの最長走行距離はエリザベトと一緒に走った二一マイル〔三四㎞〕、レースではデヴォンのウルトラレースでの三四マイル〔五四㎞〕だった。だから今回のレースは未知の世界への旅になる。今まで走った最長距離のおよそ二倍だ。しかもレースは、サンフランシスコ湾の北に位置する海岸沿いの山脈で行われる。

だがカリフォルニアに向かう前に、コロラドにいるトップ・ウルトラランナーと会う約束があった。アメリカ滞在中にインタビューを受けてくれる人を探していたときに、フェイスブックで連絡をした相手だ。

「ここに泊まりにくればいいよ」彼は返事をくれた。何泊かして、一緒に練習しようと誘ってくれた。私は喜んでそうさせてもらうと答え、どこに住んでいるのかと尋ねた。

「パイクスピーク・マウンテンの中腹にある、人里離れた山小屋に住んでる」と彼は答えた。「車が通れる道がないから、小屋に来るには、六マイル〔一〇㎞〕ほどトレイルを走るかハイクアップしなきゃならないんだ」。面白そうだ。私は彼に、そこに行くと伝えた。

5　ザック・ミラーの山小屋《ロッジ》で

レンタカーのトランクを閉め、山々を見上げた。絵葉書に出てくるようなベランダのある、マニトウ・スプリングスの高床式の木造家屋の向こうに、いくつもの尖った山頂が聳え立っている。松の木が覆う低い斜面の遠く先に、雪で白くなった頂が見える。デンバーからここに来る車の中のラジオはずっと、一メートル以上の雪を降らせる大嵐が山にやってくると警告していた。そこが、まさに私がこれから向かう場所だった。この山を六マイル〔一〇㎞〕登ったところにある、森の中の小さな山小屋。そこに、世界トップクラスのウルトラトレイルランナー、ザック・ミラーが住んでいる。

トップレベルのウルトラトレイルランニングの世界には、大きく分けてヨーロッパとアメリカの二つの領域がある。ヨーロッパのトレイルはラフでテクニカルなのが特徴で、アルピニストのキリアン・ジョルネやフランソワ・デンヌのような山に強い選手がトップに君臨している。一方、アメリカのコースはスムーズで走りやすい傾向があり、最近ではトラック競技やロードランニング出身の若いスター、たとえばジム・ウォルムズリーやアメリカの元オリンピックマラソン代表のマグダ・ブーレのような女子選手の台頭が著しい。

ザックはウルトラランナーとしては若い二九歳で、大学時代はトラック競技の選手だった。彼がこのスポーツを始めた経緯は一風変わったものだが、その話を聞く前に私はまず彼を探さなければならなかった。

駅の裏手の駐車場を抜けると、彼が教えてくれた通りの場所に登山口があった。「山の上は冬のように寒くなります。それに合わせた服を着てください」と書かれた標識が、道を指し示している。五月の陽射しの中で街を歩いてきた私は、ジャンパーを脱いで腰に巻いていた。数時間後に寒さを感じるなんて想像もできない。山小屋に向かって長いハイクアップを始めた。トレイルは乾いていて、砂埃が立っている。

三時間後に「バー・キャンプ」のガタついた木製の入り口が目の前に現れた頃には、もう夕暮れに近かった。ここは雪線のすぐ上にあるが、新雪はしばらく降っておらず、トレイルはよく踏み固められていた。バー・キャンプはパイクスピークの中腹にあるハイカー向けの山小屋《ロッジ》だ。この山は「フォーティーナ」と呼ばれているとザックが教えてくれた。山頂が一万四〇〇〇フィート〔四二六七m〕以上あるということだ。ザックはこの山の一万二〇〇〇フィート〔三二〇〇m〕地点にあるこの山小屋に、姉のアシュリーとその夫のネイサンと共に住み込みで働いている。三人はこの山小屋の管理人として、仕事を分担し、登山客のために毎日朝晩の食事をつくり、暖炉に薪をくべ、様々な世話をしている。また彼らは山岳救助隊として、このエリアで遭難者や負傷者が出た場合に真っ先に対応するという役割も担っている。

キャビンの中に入ると、ザックがひとり、奥の小さなキッチンでくつろいでいた。暖かくて居心地が良い室内の中央には大きなテーブルがあり、暖炉の周りに肘掛け椅子が置かれている。木製のバーの前にはスツールが数脚あり、その奥にキッチンがあった。壁沿いの棚にはM&Mやエナジーバーなどの販売用の軽食が並べられ、バー・キャンプのレトロなロゴが入ったTシャツや帽子も売られている。奥にある宿泊客用の二段ベッドの寝室の扉の上には、「カリブ《karibu》」と書かれた看板がかかっている。スワヒリ語で「ようこそ」という意味だ。

私が自己紹介をすると、ザックは言った。「やあ、初めまして」

ザックのことを初めて知ったのは、前年にネットでUTMBのライブ中継を見ていたときだ。レースの大部分で、この若いアメリカ人ランナーは後続を大きく引き離して独走していた。最終的に六位に終わったが、私や他の多くの人たちにとって、スタート直後から集団をはるか後方に置き去りにしようとするザックの向こう見ずな試みは、このレースでとりわけ印象に残るものだった。

ネットでレースの状況を確認するたびに、彼が先頭を走っていた。後ろ向きに被った帽子を前後に上下させながら、小刻みなステップを踏んでいる。エイドステーションでも立ち止まらず、まるで生きるか死ぬかの瀬戸際にいるかのような様子で、時折後ろを振り返りながら前に進んでいく。抑え気味のペースでスタートし、エネルギーを残しておくのがウルトラランニングのセオリーだ。なにしろこれは短距離走ではなく、ウルトラマラソンなのだ。息の長いレースをしなければならない。だがザックは一切を恐れず、何も温存しようとせずに、全力で走り続けた。ついに後続に抜かれて首位の座を明け渡したのは、九二マイル〔一四七㎞〕地点だった。

その年の後半、フェイスブックで見かけた、ランニング界を賑わせていたある動画の中に、再びザックの姿があった。それはサンフランシスコ近郊で開催される熾烈なレース「ノースフェイス五〇(マイル)」のラストマイルを捉えた映像だった。先頭を走っていたのはザックだった。後続との差は歴然としていたが、彼はここでもウルトラランニングの常識に背を向けるかのようにして、がむしゃらに前進していた。

ウルトラランニングでは、たとえば優勝するランナーであっても、フィニッシュライン手前の最後のセクションはゆっくりと走り、友人や観客に手を振ったり、ゴール直前で家族と抱き合って一緒にゴールしたりすることが多い。これほど長い距離を走った後で、急ぐ必要などないという思いがあるからだ。

だがこのノースフェイス五〇でのザックは、誰も後ろにおらず、完璧な勝利に向かっていながら、命の危険が迫っているかのような雰囲気を醸し出していた。腕を大きく振り、激しく呼吸をしながら走り続け、そのままフィニッシュラインを越えると、待ちかまえていた彼女の腕の中に崩れ落ちた。レースや勝利に挑むときの、この〝オール・オア・ナッシング〟のアプローチによって、ザックはウルトラランニング界で賞賛されるようになった。私はてっきり、そんな彼のことを、強気でエネルギーに満ちた、スーパーマンのように力強い握手をしてくる男性だと想像していた。話が止まらず、絶えず動き回っているようなタイプの人間なのだろう、と。だが実際には、ザックはゆっくりとした穏やかな口調で話す人間だった。むしろ、恥ずかしがり屋のようにさえ見えた。よかったらブリトーをつくるよ、と彼は言った。

ザックは料理をしながら、バーでゆっくりと紅茶を飲んでいる私に、このクレイジーなスポーツを始めたきかっけを話してくれた。大学時代は、トラック競技やクロスカントリーの選手だった。卒業後、大型のクルーズ客船「クイーン・メリー2」の船内にあるプリントショップで働く仕事に就いた。

普通のランナーなら、このような仕事に就いたら、もうまともな練習はできないと考えるだろう。だがザックは簡単には諦めなかった。

「その仕事を辞める頃には、こうした制約の中でもトレーニングをする術をマスターしてたよ」と彼は言う。「クルーズ船でフィットネスを維持する方法について、本が書けるくらいにね」

船がどこかに停泊するたびに、現地を走った。「たとえばチリやパタゴニアに船が泊まったら、港の近くの山を走る。そこにある一番高い山や、一番魅力的な山を探して、船が出発する前に頂上まで走り、戻ってくるんだ。時間内に戻るために、すごく速く走らなければならないこともあった。もし船に乗り遅れてしまったら、次の港まで自力で行かなきゃいけないからね。そもそも、乗り遅れた時点でクビになっているかもしれないけれど」。だから、必ず時間までに戻った。

航海中走るのに最適な場所は、乗組員用の階段だった。「客用の上品なのじゃなくて、物資の運搬用の飾り気のない階段さ」と彼は説明する。この階段を一時間ほどかけて上り下りした後、船内のジムに移動してトレッドミルで走った。

「船の仕事を辞める直前には、七〇分間階段を上り下りして、それからトレッドミルで二〇マイル〔三二km〕走るのがお決まりになっていた。同僚からは頭がいかれてると思われてた。みんないつもバーにたむろしていて、たいていは酔っ払い、僕に走るのをやめろと叫んでいた」

休暇を利用して、自身初めてとなるウルトラマラソン、メリーランド州で開催される五〇マイル〔八〇km〕レース「JFK五〇」に出場することにした。高校時代のコーチからは、長距離になるほど有利なタイプだから、ウルトラ系のレースに出るべきだと繰り返しアドバイスされていた。だが、ザックは半信半疑だった。

「家族には、そんな長い距離を走るなんて頭がおかしいと言われたよ」と、彼は当時を思い出してにやりと笑った。とはいえ当時の彼にとって、すでに五〇マイル〔八〇㎞〕はそれほど長い距離ではなかったはずだ。「祖母は、下手をしたら死ぬんじゃないかと心配してた。僕はどんな準備をすればいいのかわからなくて、前日に店で水のボトルを買うくらいのことしかしなかった」

レースが始まった。中盤に入ると、他の選手一人と共に二人で先頭に立った。

「僕たちは足並みを揃えて同じリズムで一緒に走ってた。しばらくして、彼が誰なのかを知りたいと思った。そこで〝僕はザック。君の名は？〟と尋ねた。彼は〝ロブ〟って言った。〝フルネームは？〟って返したら、〝ロブ・カー〟って答えたんだ」

ロブ・カーは当時のウルトラランニング界を代表する大物選手で、アメリカで最も重要なウルトラレースである「ウェスタン・ステイツ一〇〇（マイル）」で優勝したばかりだった。ザックは、間抜けなことをして恥ずかしかったと振り返る。「たしかに、当時の僕はウルトラランニングの世界のことはあまり詳しくなかった。それでも、ロブ・カーが誰かくらいかは知っていたよ」。二人はそのまま一緒に走り続け、三八マイル〔六一㎞〕地点でザックが前に出た。

「次のエイドステーションに僕がロブより先に到着したから、その場は騒然としてたよ。誰もがスマートフォンを取り出して、僕が誰かを調べようとした。でも、僕に関する情報なんてあるわけがなかった。大学で陸上はしていたけど、たいした選手じゃなかった。その陸上部はレベルの低い「ディビジョン3」に所属していたし、三一分二三秒という一万メートルのベストタイムも、トップレベルの世界ではごく平凡な記録だからね。ネットで何も見つからないことに気づいた人たちが、その場にいた僕の友人に、〝彼のフルマラソンのベストタイムは？〟と尋ねた。友人は、〝彼はマラソンを走ったことがない〟と答えた」

ザックはレース歴代三位となる好タイムで優勝した。しかも、これはアメリカで最古のウルトラレースだった。ウルトラランニング界に大きな衝撃が広がり、専門メディアにも大きく取り上げられた。「何も知らない状態で出場したにしては、かなり速く走ったと言えるだろうね」。ほどなくして、彼はナイキと契約することになる。

「船に戻るつもりだったし、実際にそうしたんだけど、その間、ナイキから何度か連絡があった。まだ船で働いているときに、ナイキとの契約書にサインした。たしかバミューダあたりから、署名した契約書を返送したんだ。そのまま三か月働いた後、船の仕事を辞めた。ずっとプロランナーになるのを夢見てたんだ。そしたら、それが実現した。想像していたようなものとは違っていたけどね」

ブリトーが出来上がった。ザックが生地を巻かずに具だけを食べていたので、私も同じようにした。大きな皿に、豆と米と野菜がたっぷり入っているだけだ。ザックはマヨネーズとマスタードをつけていた。私は、豆と米をたくさん食べるケニアのマラソンランナーの食事を思い出した。興味深いことに、ザックは両親が宣教師をしていた関係でケニアのナイロビで生まれている。三、四歳までそこに住み、ペンシルベニア州に引っ越した。もしかしたら、高地で生まれ育ったことで、長距離走に有利な大きくて丈夫な肺を手に入れたのかもしれない。幼いザックは、〝食べたら速く走れるようになる〟とケニア人が言う魔法のトウモロコシ料理、ウガリを食べていたのかもしれない。

スポンサー契約についてザックに尋ねてみた。私がアメリカに到着する直前、彼はスポンサーをナイキからノースフェイスに切り替えたとSNSで発表していた。「どうしてそうなったんだい？　代理人がいるの？」

「そうだよ」とザックはためらいながらそれを認めた。「面白い話さ。五年前なら、〝自分はエージェント付きのトレイルランナーだ〟と言ったら笑われただろうね」。だが、このスポーツはどんどん大きくなっている。この機会を利用する方法を知っている人たちへの金銭的な報酬も同様だ。

「エージェントからは、〝君の価値は、スポンサー企業が君に払う報酬によって決まる〟と言われてる。そういう仕組みなんだ。普通、他の職業やスポーツには、自分にどれくらいの経済的な価値があるかを測るための物差しがある。ある大会で優勝したら、これくらいの報酬を手に入れられるということがわかるようになってる。でも、ウルトラランニングの世界にはそうした基準がないんだ。このレースに勝ったら、これだけの金額を支払う、といった取り決めもない」

トレイルランナーがスポンサーにどれくらいの価値をもたらすかは、この発展途上のスポーツでは簡単には定義できない。それでも、常に全力を出し切る、注目を集めやすいランニングスタイルであることが、ザックの役に立っている。ザックは今回の契約によって、初めてランニングだけで生計を立てられるようになったという。とはいえ、バー・キャンプでの生活をこよなく愛しているので、当分の間は山小屋の仕事を続けるつもりだ。

ここでの生活は、ウルトラランナーにとってプラスになることばかりだと彼は言う。練習をしていないときは、丸太を運んだり、薪割りをしたり、雪かきをしたりして身体を動かしている。

「ここでは肉体労働をしていることが多い」とザックは言う。「僕はそれが大好きだ。あの〔ネットで話題を呼んだ〕動画に映っていたノースフェイス五〇のレースは、秋の終わりに開催された。僕はその秋のあいだじゅう、薪を割って山小屋に運んでた。おかげで相当に身体が鍛えられていたんだ」

翌朝は明るく晴れ渡り、吹雪の気配もなかった。ザックが早起きして、薪ストーブの上でたっぷりのオートミールミックスをつくってくれた。彼はバナナやデーツ、クルミを刻んで入れ、大さじ二杯分のピーナッツバターを加えた。セメントみたいな食感がしたが、これが高度一万四〇〇〇フィート〔四二六七m〕の山の中を走り回る日に必要な食べ物なのだろう。

ザックと向かい合って座り、ようやく半分ほど平らげたところで、ドアが開き、五〇代の赤ら顔の男が部屋に入ってきた。彼は立ったまま、にやりとして私たちを見ている。

「おはようございます」しばらくしてザックが言った。「何かお持ちしましょうか?」

「君が目の前にいるなんて信じられないよ」と男はザックを凝視していった。「君のおかげで、私はランニングを始めたんだ」

ザックは微笑み返した。「ずいぶんと早い時間にここまで登って来たんですね」

「ああ、そうだ」と男は答えた。今、ここで自分のヒーローと話していることが信じられないといった様子だった。「昨日の晩、妻に君が走っている姿が映っている動画を見せて、今日、君のいるこの山小屋に行くと言ったんだ。彼女はずいぶんと驚いてたよ」。男は私のほうを見た。「友人たちには、お前は男に恋しているのかと笑われた。でも奴らはわかっちゃいない。ザックには、人を惹きつける、神から授かった才能があるんだ。私は強く感銘を受けた」

ザックは平然とした様子で、ランニングの調子を尋ねたりして、男を落ち着かせようとした。だが男の興奮は収まらず、手袋を脱ぎ、部屋の中を歩き回った。ザックは男に水の入ったコップを渡した。

「私は走るために酒もタバコもやめた。それを寂しく思う気持ちもあるが、夜はユーチューブでレースの動画を見て過ごしてる。ザックは他の選手とは違うんだ。スタート直後から、とにかく全力で走り続ける」

男はふと腕時計を見て、「そろそろ行かないと」と言った。妻に朝八時には戻ると伝えてあるのだという。ヒーローと急いで記念撮影をした後、男は出て行った。ザックは皿を片付け始めた。

「よくあることなのかい？」私は尋ねた。

ザックは首を横に振ると同時に頷いているような、はっきりしない態度を取った。「どうだろう。時々はあるかな」

その日の午後、出かけていた山から帰ってきたザックの姉に尋ねると、この手のことはしょっちゅうある、とのことだった。

朝食後、キッチン上の一段高くなった場所にしつらえただけの彼の寝室から、ランニングパンツとジャケット姿のザックが姿を現した。太陽の姿はなく、灰色の寒さが山じゅうを覆っている。予報通りの雪が近づいているのだ。ザックはバフのヘッドスカーフを頭に巻いていたが、ランニングパンツの丈は短かった。彼がシューズひもを締め始める。ここに来る前、望むなら一緒に走ってもいいと告げられていた。でも、それは冗談かもしれない。

「走りに行くの？」私は尋ねた。

「そうさ。一緒に来る？」ザックが言った。私はうなずいた。もちろん。

私にとって幸運なことに、ザックは怪我から復帰したばかりだった。本人はたいしたことはないと言うが、ある日、トレイルで滑って腰をひねり、数週間ほど走れなかったのだという。今、ようやくランニングを再開したところだ。だから、常軌を逸したような練習計画は立てていない。私は、彼についていくつもりだと伝えた。

五分後、準備を整えた私たちは、松林を下り始めた。ザックは走りながら何度か話しかけてくれた。下り坂なので、彼についていくのはそう難しくはなかった。木々のあいだに覗く山頂を垣間見る余裕もあった。ザックは、マニトウ・スプリングスからパイクスピーク・ピークの頂上までの距離を往復する毎年恒例のマラソンレースについて教えてくれた。世界トップレベルの山岳ランナーが集うビッグレースだ。

ウルトラランニングが成長するにつれ、この競技に若く速い選手が多く出場するようになり、世界各地のレースでコースレコードが頻繁に更新されるようになった。かつては手が届かないと思われていたタイムが、キリアン・ジョルネやジム・ウォルムズリーらによって破られていった。だが、パイクスピーク・レコードは依然として稀な例外であり続けている。一九九三年、地元のランナー、マット・カーペンターが三時間一六分でこの山を往復した。彼は通算でこのレースで一二度優勝したが、このときが三勝目だった。このコースレコードは現在でも破られていない。

「彼はこの山の王様さ」とザックは言う。昨年、山岳ランニングの世界チャンピオンであるジョセフ・グレイが登りのルートを走り、カーペンターが持つ記録に誰よりも近づいたが、それでもまだ四分足りなかった。二〇一二年にこのマラソンレースに出場したキリアン・ジョルネも、カーペンターのコースレコードから二五分近くも遅れてゴールしている。

「彼［カーペンター］は今マニトウ・スプリングスに住んでいて、アイスクリームショップを営んでいるんだ」とザックは言った。「店名はコロラド・カスタード・カンパニー。カウンターの奥にいる小柄な男性が彼さ」

カーペンターに会うためにその店に立ち寄ったりはしないのかと尋ねると、「それはないね」とザックは言った。「迷惑をかけたくないから」

ザックは明らかにカーペンターに畏敬の念を抱いている。有名なウルトラマラソン「レッドヴィル一〇〇（マイル）」のコースレコードを保持している史上屈指の山岳ランナーが、コロラドで小さなアイスクリーム店を営んでいるという話に、私は微笑まずにはいられなかった。

私たちはまだ木々のあいだを緩やかに下っていた。けれども、下に行けば行くほど不安になっていた。帰りの上りが辛くなりそうだからだ。

案の定、最初の軽めの上りですぐに、ついていけなくなった。ザックは一〇〇メートルも先の頂上で私を待っていた。そこに辿り着く頃には、私の肺は空っぽになっていた。私がどれだけ息を切らしているのか、たぶんザックには聞こえていない。私が追いつくと、すぐに向きを変えて上に向かって走り出してしまうからだ。結局、追いついては引き離されを何度か繰り返したのち、私は一緒に走ることを諦めた。

「先に行っててくれ」と私は言った。「これからは一人で、来た道をまっすぐに戻っていくから」。いつものペースで走りたいザックは無駄な反論はせず、素早くうなずくと、私を残して木立の中へと走り去った。私は安堵し、山小屋までの最後の数マイルを歩いて戻った。

その日の午後遅く、雪が降り始めた。大きくて重い雪片が、外の世界で静かな暴動のように降り注いでいる。その午後は何度も山小屋のドアが開き、雪に覆われたハイカーたちが冷たい空気と共に室内に足を踏み入れてきた。土曜日なので山は賑わっており、延べ一五人ほどがやって来た。ほぼ全員が泊まり客だった。週末を山で過ごすために来たという男性グループは、夜九時前には全員が眠りについた。

ザックといろいろな話ができた。彼は薪を取りに行くために、頻繁に表に出ていった。シャイなところがある彼だが、ここに来る人たちと話をするのは楽しいという。

「ここでの暮らしは孤独じゃないかと言われることが多い」とザックはストーブに薪をくべながら言った。「でも、むしろ街にいるより人との交流は多いよ。普通の家に住んでいたら、ここにいるときみたいにいきなりドアが開いて誰かが入ってきたりはしないからね」

恋人はいるかと尋ねると、ザックは苦笑し、「いないよ」と言った。「ここに住んでいて、デートするのは簡単じゃない」

ザックはしばらくのあいだ、ウルトラランナーのヒラリー・アレンと付き合っていたことがある。ノースフェイス五〇の動画の最後でフィニッシュラインを越えた彼が倒れ込んだのは、ほかならぬ彼女の腕の中だった。二人の関係が終わった理由や、それが人里から六マイルも離れた山に住むことと関係があったのかどうかについて、彼は何も言わなかった。

「ヒラリーと初めてデートをした日、山小屋から麓に向かう途中で腰を痛めた女性のハイカーに出くわしたんだ。彼女が山を下りるのを手伝っていたら、そのせいでデートに遅れてしまった。ヒーローのような行為だと言えなくもないけど、ヒラリーがどう受け止めていたかはわからないね」

ヒラリーはザックに会いたいとき、バー・キャンプまでハイクアップしなければならなかった。

「幸運なことに、僕が付き合ってきた相手はほとんどがランナーなんだ」と彼は言う。「周りはいろいろと心配してくれる。〝彼女もいないのに、こんな山小屋にいてもいいの?〟ってね。でも、僕はここが大好きだ。うまくいく方法はきっと見つかると思う」

日が暮れ、ザックの姉と義兄が宿泊者のために大量のパスタ料理をつくった。雪の中にテントを張り、そこで料理をしようとした宿泊者も何人かいたが、しばらくすると山小屋に戻ってきてストーブの傍の椅子に腰かけ、暖を取っていた。凍えそうに寒そうにしている。猛吹雪の中でうまく料理ができたとは思えない。尋ねてみたが、苦笑いするだけで何も言わなかった。

九時になると、全員がメインキャビンを出て、屋外のテントか寝室に行かなければならない。メインキャビンはザックと姉夫婦の住居スペースであり、ここからは彼らのプライベートな時間だからだ。とはいえ、ベッドに入る以外、特に何もすることはない。ザックは何度か雪の様子を見るために外に出て、明朝に予定している雪の中での長距離ランニングにわくわくしている。私は薪ストーブの隣の床に置かれたベッドに横たわった。幸運だった。他の客が寝泊まりしている寝室には暖房がなく、氷点下まで冷え込むらしいからだ。ザックから暖かいジャケット（今では廃れたナイキのパファージャケット）も貸してもらい、しっかりとした寝袋も用意してもらった。登山口の看板に書いてあったように、ここは本当に冬のようだった。それでも、私は寝心地の良いベッドでぐっすりと眠った。

目覚めると、外には一メートル以上の新雪が降り積もっていた。ザックはすでに、軽量で雪上ランニングに適したスノーシューをランニングシューズに装着しようとしている。これは車輪のない二枚のミニスケートボードみたいなもので、一歩ごとに腰まで雪に沈み込むことなく、雪上を走れる。ザックに一緒に走りたいかと尋ねられたが、今回は遠慮しておいた。固い地面の上でもついていけないのに、雪の中ではまず無理だと思ったからだ。

ザックの義兄から、雪上トレイルを走らずに、ハイキングすることを勧められた。この雪では、歩くだけも十分に難しいのだという。普通のスノーシューも持ってきてくれた。

スノーシューを履き、彼らと別れてひとり静かな森に向かった。たしかに歩くのは大変だった。二マイルほど進むと森林限界に到達したので、そこで引き返すことにした。木々のあいだを歩くのは瞑想的だった。穏やかに降り積もる雪の中を、一定の足取りで進んでいく。夢の中にいるみたいだ。

山小屋に戻ったが、ザックはまだ走り続けていた。あと数時間はそのままランニングをしているのだろう。どうやら彼は、本格的なトレーニングを再開したようだ。数か月後には、再びＵＴＭＢに挑戦する予定だ。このレースを制したアメリカ人はまだいない。だからこそ、ザックにとって総合優勝は大きな目標になっている。実現すれば、アメリカのウルトラランニング界にとって大きな意味を持つだろう。スポンサーからの多額のボーナスが得られるのも間違いないし、事実上の世界一の山岳ウルトラトレイルランナーという称号も得られる。

ライバルたちの多くは、ザックほどトレーニングを中心とした生活を送ってはいないだろう。彼は山小屋の仕事が忙しくて日中に走る時間がつくれず、深夜二時にパイクスピークの登頂まで走ったときのことを話してくれた。とても楽しかったので、翌日も深夜に起きて同じコースを入った。その次の夜も同じことを繰り返した。

「結局、七夜連続で走ったんだ。理由はわからない。ともかく気分が良かった」

その日の午後、私は山小屋を後にして文明社会に戻る前に、ザックに走る動機は何かを尋ねた。これはどんなランナーにとっても難しい問題かもしれない。「人間にとって、それが飛ぶのに一番近い行為だからさ」と彼は言った。「僕が考えたんじゃなくて、誰かが言った言葉だけど、気に入っている。僕は、走っているときの感覚が大好きなんだ」

しかし、それだけではない。私はザックに利他的な何かを感じていた。彼が走ることは、大きな何かの一部であるかのように感じられた。「そうだね」とザックは言った。「人は、誰かが何かに全力を尽くしていたり、苦しみながらもできる限り頑張ろうとしていたりするのを見ると、心を動かされるんだと思う」

ウルトラランニングはよく、人生に喩えられる。そこには浮き沈みがあり、苦しみがあり、復活がある。トップ選手が汗まみれになり、苦悶の表情を浮かべながら全力で走っているのを見るのは、人の心に訴えるものがある。それは、私たちの中の何かをかき立てるのだ。

「人生では、ただ全力を尽くすことが多くを物語る場合がある。スポーツでそれを表現するのは素晴らしいことさ。人々に感銘を与えられるからね。走ることにつながるのであれ、仕事を頑張ることにつながるのであれ、その人間らしい姿が、共感を生み出すんだ」

ザックの生き様はウルトラランニングにつきものの労苦を体現している。森の中の山小屋に住み、ジムに行かずに薪を割って身体を鍛える。ストラバ（練習内容を記録したGPSファイルを共有するアプリ）も使っていないし、高性能なGPSウォッチを装着してもいない。ポルトガルの市場で買った五ドルのカシオの腕時計でタイムを確認している。それ以前はバー・キャンプの壁時計を使っていた。外に走りに出て、帰ってきたら壁時計を見て、どれくらい走っていたかを把握する。二時間しか経っていなければ、再び外に出てさらに走った。レースでは駆け引きや戦略に頼らず、できるだけ長く、ハードに自分を追い込む。それは無謀な行為であり、たとえ優勝したとしても自分を壊しかねない。だが、それは感動的だ。それは心が頭脳に勝つことなのだ。だからこそ、ユーチューブ動画でザックが走る姿を見た人は、彼を応援するようになる。

大いに刺激を受けた私は、雪が止んだ頃合いを見計らって山小屋を後にした。恐竜の歯のように岩からぶら下がっているつららの脇を通り過ぎながら、深い雪の中を進み、マニトウ・スプリングスに戻ると、温暖な空気を感じつつ、再びレンタカーに乗り込んだ。

「ミウォック一〇〇K」レースの会場を目指してサンフランシスコ行きの飛行機に乗る日の午後、コロラド州のランニングの中心地であるボルダーに立ち寄る時間が少しあった。この明るく独特の雰囲気のある学園都市は、ウルトラランナーだけでなく、トラック競技やマラソンのスター選手も含めた、何十人もの世界トップクラスの長距離ランナーの拠点になっている。

最初に立ち寄ったのは、市内の中心部から二〇ブロックほど離れた静かな郊外の地区だった。放課後に子どもたちが自転車で走り回ったり、前庭でバスケットボールをしたりするような場所だ。昼間の太陽の下、長い並木道の先には、アートポスターみたいに綺麗なロッキー山脈がそびえ立っている。

私が訪れたのは、地元のウルトラランナー、デイブ・マッケイの新しい義足を仕上げている最中の義肢装具士の自宅だった。二人は、仕事場になっているガレージにいた。

「ようこそ」と義肢装具士が言った。彼女は積み上げられた義肢の山のあいだから椅子を取り出し、「座りますか?」と私に尋ねた。二人とも立っていたので「結構です」と断った。

四七歳のデイブは、二〇年間にわたってアメリカのウルトラランニング・シーンを代表するランナーとして数々のトップ・レースで優勝してきた。二〇〇四年と二〇〇五年には全米陸上競技連盟の「ウルトラランナー・オブ・ザ・イヤー」に、二〇一一年にはウルトラランニング誌の「北米ウルトラランナー・オブ・ザ・イヤー」に選ばれている。だが二〇一五年、山で道の端を走っていたときに足元の地面が崩れ、尾根から滑落するという悲劇に見舞われた。

それから一年半、何度も手術を繰り返し、何度も感染症が再発し、絶え間ない痛みに襲われた結果、左足を膝下から切断した。

切断を決断したのは本人だった。すでに下腿に一三回も手術を受け、感染症に苦しんでいた。骨や筋肉の移植もうまくいかなかった。スキャンの結果、すねの骨に挿入したロッドがずれていることがわかった。歩くにはまだ杖が必要だった。

「切断は整骨医の一番の選択肢じゃないよね」と彼は苦笑しながら言う。「でも、私は医師の助手をしている立場から、他の選択肢が何を意味するかを知っていた。うまくいく見込みのない、痛みを伴うリハビリを何年も続けることさ」

どうしてもトレイルに戻りたかったデイブにとって、それを実現するための最も早くて確率の高い方法が切断だった。「義足でエベレストに登った人が何人もいるのを知っていた。だから、アクティブな生活を取り戻せる可能性は高いと考えたんだ」

デイブがこれまでのものよりタイトにフィットする新しい義肢を試すために家の外の道路を慎重にジョギングしているあいだ、義肢装具士は、自分の主な仕事は彼のはやる気持ちを抑えることだと説明してくれた。

「デイブのような状況に置かれた人はたいてい、もっと控えめで、用心深くなるものよ」と彼女は言う。「手術からまだ数か月しか経っていないのに、彼はすでにトレイルランニングに出かけている。ウルトラランナーには、痛みは乗り越えられるという考えがあるみたいね」

「その通り」。私たちの脇を通り過ぎたデイブが言う。彼の意志の強さには驚かされる。とはいえデイブは、調整に時間がかかることに不満を感じているようだった。

「思ったより大変だったよ。手術して数週間もすれば外でジョギングができると思ってた。でも、治るまでにかなり時間がかかった。マッスルメモリーも取り戻さなければならなかったしね。最初の六週間は、自分の体重にも耐えられなかったんだ」

「今は、スキーをする方法を考えているところさ」。デイブはまるで、まだ自分が夜の暗闇の中で山道を駆け下りることができないのに驚いているかのようだった。「でも、なんとかなるはずだ」

ランニングの目標もある。レッドヴィルシリーズを走ることだ。有名なレッドヴィル一〇〇（マイル）レースで頂点に達する、全六戦のシリーズだ。「優勝を目指すわけじゃない」彼はそう断りを入れておくのが必要であるかのように、切なそうに付け加えた。デイブはこんなふうに、新たな挑戦に向けて調整を続けている。

事故後も走り続ける理由を尋ねた。

「自然が大好きなんだ。丘にいるのがね。元気が湧いてくるし、充実感もある」。自然の中を走ることの魅力は、片足を失っても走り続けたいと思うほどに強い。以前は競争に駆り立てられ、勝つために走っていた。けれども今のデイブにとって、ザックと同じく、走ることは単に身体を動かしたり、競争したり、フロー状態に入ったりするという行為以上のものだ。「これは冒険なんだ。山を探検して、日々の変化を体験する。友達と出かけるのも楽しい。得られるものがすごく大きいから、まだやめられないんだろうね」

ボルダーを訪れる前、私はネットで見つけたボルダー在住のウルトラランナーたちにメッセージを送り、インタビューを申し込んだ。そのうちの何人かは、コーヒーを奢るからというこちらの誘いに乗り、会ってくれることになった。義肢装具士との打ち合わせを終えたデイブと、ラフィング・ゴート・コーヒーハウスに向かった。一杯のコーヒーで午前中ずっとそこで過ごす、ノートパソコンを広げた若者たちが大勢いるコーヒーショップだ。

最初に会うのは、それまでに何度もその名を耳にしたことがあるランナーだった。私はいろいろな人から、「最近のウルトラランニング界の最大の変化は、若くて速い、大学を出たばかりのランナーたちが参入するようになったことだ」という話を何度も耳にしていた。そのとき、その代表格としてセイジ・カナディの名前を挙げる人が多かった。

「僕はそんなに若くないよ」と、セイジはそう言って笑いながら椅子に腰かけた。三一歳だが、日本人の血を引いていることと、完全菜食主義者であるためか、それよりも若く見える。北米のウルトラトレイルレースの中でもビッグレースと位置付けられている「ソノマ五〇（マイル）」で優勝したばかりだ。

大学を出てすぐにプロランナーになり、三年間ロードを走り、二〇一一年にはフルマラソンで二時間一六分の自己ベストタイムを更新している。だがトレイルを走って育った彼は、マラソンよりも長い距離を走るというアイデアにいつも興味をそそられていたという。

「大学卒業後のトレーニング・プログラムでは、コーチたちは二〇マイル〔三二㎞〕以上の距離を走らせてくれなかったんだ」とセイジは言う。「でも、ランニング雑誌を読んでいたから、ノースフェイス五〇やウェスタン・ステイツ一〇〇の記事はよく目にしていたし、ランニング・タイムズ誌の表紙をキリアン〔ジョルネ〕が飾っているのも見たことがあった。だから、ウルトラランニングの世界はどんなものなんだろう、って思ってた」

「大都市の舗装路ばかり走っているより、山にいるほうが楽しいように思えた。それに、マラソンではオリンピック代表になれそうもなかった。たしかにロードマラソンは楽しい。でも、それでキャリアを築くのは難しいんだ」

若く、速く、見た目もいいセイジはＳＮＳで人気が高い。トレーニングやレース、食事について語り、ランナーにヒントやアドバイスを提供する彼のビデオブログには、多くのフォロワーがいる。これはスポンサーにとって大きな魅力になる。セイジはウルトラランニングを、ランニングコーチの仕事と併せて自らのキャリアにすることに成功している。

レースに勝っても、マラソンとは違いたいした賞金は得られない。「ウェスタン・ステイツには賞金すらない。でも優勝すれば、スポンサーから数千ドルのボーナスが得られることもある。新たなスポンサーシップによって、キャリアが大きく変わるかもしれない」。それはUTMBでも同じだという。「アメリカ人男性として初めてこの大会に優勝したら、契約の延長や報酬の上乗せがあるだろうし、一万ドル程度のボーナスももらえるかもしれない」

話題は、ドーピングというデリケートなテーマに移った。セイジはウルトラランニング界で、アンチ・ドーピングを声高に主張していることでよく知られている。

「ウルトラランニングには、ドーピング検査なんてあってないようなものさ」と彼は言う。「山に籠もって練習していれば、検査の手も届かない」

一度だけ、UTMBで検査を受けたことがあるという。エリートランナーは、たいてい検査の対象になる。「マイク・ワーディアン（ウルトラランナー仲間）が言ってた。〝検査員はUTMBの前日に血液採取をする。選手はみんな、そのことを知っている。でもEPOはレース前の数か月間の練習期間に使うものだ。レースの一週間前から徐々に量を減らしていけば、検査で陽性にはならない。EPOを身体に残したままレースを迎えるのは、バカだけさ〟って」

セイジによると、ウルトラランナーにとって、ドーピングをする動機は、検査が緩いということ以外にもたくさんある。「トップランナーにとっては、数万ドルがかかっている。レースに勝てば世界中を移動するための旅費も得られるし、ランニングを仕事にすることもできる。だからドーピングは十分な見返りが期待できるものになるんだ」

「アメリカの平均的なウルトラトレイルランナーたちは、ウルトラランニングの世界には大金が絡んでないから、ドーピングとは無縁だと考えている。でも、みんなわかっていないんだ。実際には、大きなお金が動いていることを」

静かにうなずきながらセイジの話を聞いていたデイブが言った。「それに、中毒性もあるんだ。成功すればSNSで注目され、有名になれる。今の時代、それは何にも増して強力なことかもしれない」

セイジも同意する。「そう、これには自尊心の問題も関わっている。お金が欲しいという側面もあるけど、自尊心を満たそうとする動機も大きい。SNSのフォロワーが増え、メディアで取り上げられ……。ドーピングに手を出すのはとても簡単だ」

ウルトラランニングの話をしていると頻繁にSNSの話題になるが、それはこのスポーツには似つかわしくないものに思える。ウルトラランニングは、大きな苦しみを伴うスポーツだ。最後まで走り切るためには、強力な精神力や信念が必要になる。単にSNSで誰かに褒められたいという程度の動機では、少し苦しくなったらすぐに諦めてしまうだろう。ウルトラレースで脱落率が高く、半数近くが完走できないのはそのためかもしれない。

このスポーツにおけるSNSの重要性を知るために、私はフェイスブックの巨大なウルトラ・コミュニティでそのことを尋ねてみた。すぐに大量の反応があった。「SNSやストラバはたしかに大きな存在だが、自分がウルトラを走る真の理由は、大きな目標に挑み、自分の限界を見つけるため」

という意見が多かった。「インターネットに投稿するのは自慢するためではなく、他人を励まし、〝あなたにも同じことができる〟と示すため」と言う人もいた。

ニューメキシコ州在住のランナーは、「私は、太ったアルコール依存症者から引き締まった体つきの長距離ランナーになった。私にできるのなら、誰にだってできるはず。私はそのことを伝えたい。でも正直に言えば、友人や家族からの称賛の言葉はたしかに大きな励みになっている」とコメントした。

レースディレクターのスティーブ・ディーデリッチは、このスポーツにおけるSNSの役割をポジティブに捉えている。それは、想像力を掻き立てるものなのだという。「人は友人が投稿した写真を見て、〝わあ、自分もやってみたい！〟と考える」。ディーデリッチは、SNSで言葉が広まり、人々が互いに刺激し合うことが、この一〇年間のウルトラランニングの興隆の一因だと言う。実際、それはSNSの影響力が大きく高まった時期と重なっている。

私のフェイスブックへの投稿には、「SNSがきっかけでウルトラマラソンを走り始めた」という反応が多く寄せられた。ある典型的な投稿には「この大変なスポーツに関わることになったのは、フェイスブックでウルトラレース見て面白そうだと思ったから」と書かれている。

SNSのおかげで、レースを途中で諦めずに走り続けられる人もいる。イギリスのヘレン・ジェームズは、レースに出るのはネットで自慢したいからではないが、これまで何度かレースを途中棄権しようとしたとき、「もしここでやめたら、フェイスブックでどんな反応があるだろう？」という思いに背中を押されて走り切ることができたのだという。

ウルトラランニング・コーチのライアン・ナップは、ネットでの自慢話がこのスポーツの人気に大きな役割を果たしていると考えている。「ウルトラは新しいマラソンだ。このスポーツでは、みんな悲劇の主人公を気取りたがる。自分がいかにすごいことを成し遂げたか、満身創痍になりながら走り続けたかを語りたがるんだ。そのほうが、〝快適に走って、良いタイムが出たよ〟というより話が面白くなるからね」

こうした風潮を行き過ぎだと感じる人もいる。イギリスのコーンウォールに住むランナーはこうコメントした。「以前は、SNSで自分にプレッシャーをかけてたの。投稿をして、〝ワオ、彼女はすごいぞ！〟と思わせたかった。でも、私が〝自分もこんな人間になりたい〟と憧れていた尊敬する人たちは、そんなことを気に留めていなかった。だから、レース前や練習中の自分の状況をSNSに投稿するのはやめたの。さっそくいい効果があったわ。日曜日にレースに出たんだけど、一分一秒を楽しめた。プレッシャーも感じないし、SNSにも何も投稿しなかった」

様々なマイナス面はあるものの、SNSはセイジ・カナディのようなトップランナーがこのスポーツで身を立てるのを助けている。「ロードからウルトラに転向したとき、僕のSNSのフォロワーは飛躍的に増えた。ウルトラをしていると、興味を持ってもらえる。アメリカでは、二時間一六分でフルマラソンを走るランナーには、何の注目も集まらない」

ウルトラランニングにローテクな方法でアプローチしているあのザックでさえ、定期的にインスタグラムに投稿している。

「ウルトラランニングのファンは、大きな山のショットが大好きなんだ」とセイジは言う。「山の頂上に登って自撮りした写真には、トラックを走っているときの写真よりもたくさんの〝いいね！〟がつく。トラックでの練習も同じくらいきつくて、重要なんだけどね」

数か月後にＵＴＭＢに再挑戦する予定だというセイジに、目標を尋ねた。

「まずは完走だね。前回は先頭集団を走っていたら転倒し、何針も縫うほどの怪我をしてしまったんだ。抗生物質の粉薬を飲んでそのまま走っていたけど、下り坂で限界に達した。車の通れる道がなかったので、ヘリコプターで救助してもらわなければならなかった。本当に恥ずかしかったよ」

「だから、第一の目標は転ばず、縫わないこと。その次が勝つこと。それが究極の目標だ。これは史上最も高レベルのウルトラトレイルレースになるだろうし、アメリカ人はこのレースで優勝したことがない。最高に壮観な、最高峰のレースさ。もちろん、アメリカにもウェスタン・ステイツのような大きな一〇〇マイルレースがある。でも、ＵＴＭＢにはもっと多くの観客やメディア、ランナーが集まる。すべてが圧倒的なんだ」

ＵＴＭＢ出場に向けた最初の資格レースを走るために、私がボルダーを発つ時間が近づいていた。最後のインタビューに応じてくれたのは、ヒラリー・アレン。彼女は元気いっぱいで、ずっと笑顔を浮かべ、どんな話題にも好奇心を膨らませて反応してくれていたので、何人もにインタビューをしながらコーヒーを飲み続けていた私が少しばかり神経質になっていたのには気づいていなかったと思う。

ヒラリーは二〇一五年のUSスカイランニング・ウルトラのチャンピオンで、現在はスカイランナー・ワールドシリーズをリードしている。奇遇なことに、ザック・ミラーの元ガールフレンドでもある。私は、なぜ付き合うのをやめたのか、それはザックが山の中腹に住んでいることと関係があるのかについて、詮索したりはしなかった。代わりに、ウルトラランニングを始めたきっかけを尋ねた。

元はテニスをしていたという彼女は、健康のために走っていた。すると、知り合いのトップ・ウルトラランナーから丘での強さを認められ、ウルトラランニングの手ほどきを受けたのだという。「つまり、私はこのスポーツに向いてたのね」とヒラリーは言う。

ザックやセイジとウルトラランニングで生計を立てる方法に関する話をしていた私は、ヒラリーが女性ウルトラランナーとしてこの問題をどう考えているかを知りたかった。世界ランキングで上位にいるにもかかわらず、彼女はボルダーの小さな大学で教職に就いている。

「いい質問ね」ヒラリーはそう言って目を細めた。「今年、私は面白い状況に置かれていたの。基本的に、選手は報酬額の公表を許されていない。だからこれはあまり公にはならない問題よ。でも、私は年初めからの三か月、スポンサーとの契約が切れていたので、他のスポンサーやいろんな関係者と話をして、女性ウルトラランナーの報酬についての現状を肌で体感できた。だからこれは私の想像じゃなくて、たしかな事実よ。もし、男女のウルトラランナーがレースでまったく同じ成績を残したとしたら、一〇回のうち九回は、男性のほうが多くの報酬を手にすることになる。スポンサーが同じでもそうなる場合があるわ」

ヒラリーは、これはウルトラランナーに男性が多いことも一因だと言いつつ、女性の数が少ないということは、市場が成長する可能性を秘めているとも言えると指摘した。私は、「男性は女性のウルトラランナーの活躍には刺激されない」という前提もおかしいと付け加えた。ヒラリーは手にしていたコーヒーをこぼしそうになるほど大きくうなずくと、テーブルにカップを置いた。

「興味深い事実は他にもあるわ。私は普通のレースに出ると、男女総合の順位だと上位二〇位くらいが多くて、たまに上位一〇位に入ることがある程度なんだけど、ウルトラでは総合で三位になったことがあるの。ノースフェイスのチームに所属しているステファニー・ハウも、ウルトラレースで総合優勝しているわ。名前は忘れたけど、世界屈指の難しいウルトラマラソン、ハードロックで総合優勝した女性選手もいる」。おそらくそれは、ハードロック一〇〇のコースレコード保持者で、二〇一〇年に総合二位になったダイアナ・フィンケルのことだろう。他にも、女性がビッグウルトラで総合優勝した例はたくさんある。たとえばパム・リードはカリフォルニアのデスバレーを走る一三五マイル〔二一六㎞〕の「バッドウォーター・ウルトラ」で二〇〇二年と二〇〇三年の二度優勝しているし、最近ではデンバーを拠点とするコートニー・ドーウォルターがウルトラレース「モアブ二四〇〔マイル〕」で、男子部門で一位になった選手に一〇時間以上も差をつけて総合優勝している。またジャスミン・パリは二〇一九年一月に、イギリス屈指の過酷なウルトラレースである二六八マイル〔四二九㎞〕の「スパインレース」で男子のコースレコードを一二時間以上も上回る新記録を出し、メディアを大きく賑わせた。しかも、なんと彼女は、一歳二か月の娘に母乳を与えるためにコースの途中で立ち止まっている。パリがレースを終え、帰宅して眠り、BBCでテレビインタビューを終えたとき、全一二六人中、男子三位となる選手がゴールした。彼女がフィニッシュラインを越えてから二五時間以上が経過していた。

ウルトラランニングは、女性が男性と第一線で互角に競える数少ないスポーツである。だからこそ、彼女たちの努力が平等に報われていないことはなおさら不可解だ。

私がアメリカに遠征する数週間前、ウルトラランニングのウェブサイト「irunfar.com」が、まさにこのテーマに関する調査結果を発表した。この記事を書いたジーナ・ルクレジは、アメリカと西ヨーロッパの男女のトップ・ウルトラランナー一〇〇人以上にアンケートを送った。その際、これらの男女のランナーの成績、SNSプロフィール、レースタイプが同等になるよう留意した。ランナーは匿名で回答した。

結果は特に驚くべきものではなかったが、厳しい現実を示していた。ウルトラランニングで年間一万ドル以上の収入を得ていたのは、女性アスリートでは三〇%だったのに対し、男性アスリートでは七〇%だった。

ボルダーには、有名な「レッドヴィル一〇〇」の元優勝者であるトップ・ウルトラランナー、クレア・ギャラガーも住んでいる。だが、私がラフィング・ゴートでコーヒーを飲みすぎていた日、ちょうど彼女は町にいなかったので、インタビューはできなかった。それでも、彼女はこの件についての意見を後日、メールで送ってくれた。彼女は歯に衣を着せたりはしなかった。「男女の賃金格差があるのは本当に最悪。いろんな情報が手に入る現代にあって、愚かで性差別的な前例がない新しいスポーツであるにもかかわらず、業界にこうした差別が蔓延っているのは、実に恥ずかしい」

彼女の言う通りだ。ウルトラランニングには克服すべき不平等の歴史はない。歴史の浅い（少なくとも商業的価値が生まれ始めたという意味では）スポーツとして、こうした男女差別のない、正しい状態でスタートを切る機会はあったはずだ。だが、その機会は活かされなかった。

興味深いことに、この調査では選手にどれくらいの報酬を得たいかも尋ねている。年間一万ドル以上を希望すると答えた女性はわずか五一％であったのに対し、男性では八五％。これはザックの指摘にも当てはまるものだ。責任の所在が不明瞭で、報酬に関するルールが定まっていないウルトラランニングという新しいフロンティアでは、選手の価値は、スポンサーの一存によって決まることになる。この男女の格差は、男性のほうが交渉に積極的だということを意味しているのだろうか？　それとも、男性のほうが自分を高く評価しているということなのか？

私の話を頷きながら聴いていたヒラリーは、大学での講義に向かわなければならない時間が迫る中、手短に答えてくれた。「これはジェンダーロールや育ち方にも関わる問題ね。男性は、積極的に高い報酬を求めるべきだと教わっている。私がスポンサーとの契約で好条件を勝ち取れたのも、そう要求し、弁護士にも相談してもらったからよ。そこまでしている女性の選手は少ないと思う」

そう言い終えると、世界トップクラスのウルトラランナーは、急いで職場に向かった。私は荷物をまとめ、支払いを済ませ、ボルダーのダウンタウンの日当たりの良い通りに出ると、ダンガリーの衣装に身を包みカントリー＆ウェスタンの歌をうたう大道芸人の家族や、ヴィーガンファラフェルのレストランの前を通り過ぎ、レンタカーに戻った。

次の目的地はボルダーと同じくウルトラランニングのメッカである、サンフランシスコのベイエリア。私にとって初めての一〇〇キロメートルレースの開催地だ。

6　どん底からの復活

サンフランシスコの空港で、眼鏡をかけ、Tシャツの裾をジーンズにたくし込んだ豊かな黒髪の男性が、固い握手で出迎えてくれた。カリフォルニア・シーンのトップ・ウルトラランナーで、ミウォック一〇〇Kの前回覇者であるゲイリー・ゲリンだ。妻のホリーも一緒にいる。穏やかな口調の彼女からは、内心で夫のことを愉快な人間だと思っているのが伝わってくる。私はこの都市に滞在するあいだ、ふたりの家に泊めてもらうことになっている。ゲイリーは、私がこの本の取材をするのを喜んで手伝ってくれるという。

カリフォルニア北部の海岸山脈の山麓にあるマリン郡に向かう車の中で、ホリーは私に助手席を譲ってくれた。ゲイリーとホリーが住むミル・バレーは、アメリカスギが生い茂る丘の斜面に、見事なベランダ付きの木造家屋が点在するエリアだ。

ここもランニングに縁の深い土地だ。アメリカ最古のトレイルレース「ディプシー・トレイルレース」は、ここミル・バレーのメイン広場から始まった。このレースは七・五マイル〔一二㎞〕のハンディキャップレースで、タイムが遅いランナーからスタートする。勾配がきつく起伏の多いトレイルに沿って正規のルートは定められてはいるものの、ショートカットを取ることが許されている。そのためレースは混沌とするが、見ている側からするとエキサイティングな光景になる。一九〇五年に初開催されたこのレースのゴール地点はスティンソンビーチだった——ここは数日後に開催される、私が出場するミウォック一〇〇Kのスタート地点でもある。

ゲイリーとホリーの自宅の、ふたりが毎日食事をしている二人掛けの小さなテーブルの傍にある窓からは、遠くにゴールデン・ゲート・ブリッジが望める。ゲイリーはこの壮観な眺めが自慢で、毎日のように私に橋を指差してくれた。

家に着くとすぐに、ゲイリーはエプロンをつけて夕食をつくり始めた。料理の腕前はかなりのものだ。彼は何をするにしても完璧なシステムをつくり上げる。そして、そのことを誇りにしている。

ケールやキヌア、ナッツやフェタチーズなどの多種多様な材料を巨大なボウルに入れて混ぜ合わせた料理——私たちはこれをその後の三日間、食べ続けることになった——の他に、ゲイリーは「ゲイリーの有名なエナジーバー」と冗談めかして名付けたエナジーバーを大量につくっていた。かぼちゃの種やスライスアーモンド、ドライチェリー、ダークチョコレートチップ、ピーナッツバターまで、ありとあらゆる材料を正確に計量してつくる、手の込んだ独自のレシピだ。

「ピーナッツバターは油っぽいものじゃなきゃダメなんだ」彼はそういって手首をおおげさにひねり、キングサイズのピーナッツバターの瓶を開けた。「油が足りないときは、ピーナッツオイルを多めに足すこともある」

それから数日間、ふたりの家を訪れた人は、誰もがこのジェット燃料のように密度の高い、レンガのような見た目のエネルギー食品を家に持ち帰ることになった。

ゲイリーは料理をしながら、私がインタビューすべきだと彼が考える地元のランナーたちのことを詳しく教えてくれた。「ゲディミナス・グリニウス。彼は今、絶好調だね。昨年のUTMBでは二位だった。イラク戦争の帰還兵で、PTSDを克服するためにウルトラランニングを始めたんだ。僕は来年、彼がタホ・リムFKTに出場するのをサポートする予定だ。彼のメールアドレスは知っているよ」

「グリニウス？」新聞を読んでいたホリーが視線を上げて言った。「そうだわ、彼とは話をするべきよ」

「壮絶な過去を持つ人と言えば、カトラにも会ってもらいたいな」とゲイリーが言った。「彼女は麻薬の密売人だったんだ。逮捕歴があり、全身にタトゥーを入れ、髪を青く染め、果実食主義者《フルータリアン》で、何百万人ものインスタグラムのフォロワーがいる。二週間おきくらいの猛烈なペースで一〇〇マイルのレースなどのウルトラレースに出場してる。優勝したりはしないし、速くもないけど、大勢の人に感銘を与えてるんだ」

ゲイリーは話を続けるほどに熱っぽくなっていった。

「アダム・キャンベルともぜひ話をしてほしい」と彼はその話を思い出しながら満面の笑みを浮かべて言った。「ハードロックでのレース中に雷に打たれたけど、それでもキリアンに次いで二位でフィニッシュしたランナーさ。最高だろ。彼のメールアドレスも知ってる。連絡しておくよ」

まるで、このスポーツをしている誰もがクレイジーな経歴を持っているみたいだった。過去にトラウマ的な体験をすることが、人がウルトラランニングを始める条件ではないのかとすら思ってしまう。走ることの痛みは、過去の痛みを麻痺させるのだろうか。トレイルを何時間も走り続けることで、絶望や喪失、拒絶などの辛い感情が和らぎ始め、過去の苦しみを客観的に捉えられるようになるのかもしれない。困難な過去を持つウルトラランナーはいくらでもいる。現時点でアメリカ最速のウルトラランナーであるジム・ウォルムズリーは、陸軍を除隊した後に走り始めた。軍隊時代は、核ミサイル操作員として地下の基地に二四時間シフト制で勤務していた。大学時代も優れたランナーだったが、ランニングを再開したのは除隊後に発症したうつ病に対処するためだ。UTMBの現場でようやく会えたウォルムズリーにそのことを尋ねると、彼はそれを思い出して微笑んだ。ウォルムズリーは今では、クールでリラックスした物腰の、スポンサーもファンもいるウルトラランナーのチャンピオンだ。「振り返ると、除隊は僕にとって人生で最高の出来事だったよ」と彼は言った。

ゲイリーの友人でリトアニア出身のゲディミナス・グリニウスの経歴もよく知られている。サウスチャイナ・モーニング・ポスト紙とのインタビューで、グリニウスはイラクでの経験の後、人生の選択を迫られたと述べている。「ウォッカやドラッグ漬けの毎日を送るか、それとも何かまともなことに打ち込むか。それで、ランニングを始めたんだ。何キロ走ったかなんて気にはしなかった。ただ気持ちが良かった。ランニングシューズを履いて走り始めれば、しばらくするとすべてが大丈夫だという気分になった」

もしかしたら、私にはこうした過去の辛い経験が足りず、走ることを通じて乗り越えようとする問題を抱えていないのかもしれない。つまり、良いウルトラランナーになるための条件を欠いているのかもしれない。走っていて困難に見舞われたときに、過去の問題を解決するために自分を火の中に追い込み、試練を乗り越えることで新たな視点を得ようとする強い意欲を持てないのかもしれない。

サンフランシスコのベイエリアには大勢のウルトラランナーがいることがわかった。ゲイリーはこれからの数日間、できる限り多くの地元のウルトラランナーに私を引き合わせてくれるという。その皮切りは、元麻薬中毒者のカトラ・コルベットだ。

ゲイリーは運転しながら、ずっと携帯電話にテキストメッセージを音声入力している。人の声を認識して文字に変換するアプリは、しつけの悪い犬みたいに気まぐれな反応をする。彼は何度も眼鏡をずらし、前方の道路から視線を外して携帯電話の画面を覗き込み、今しゃべったばかりの言葉がどんなふうに変換されたかを確認している。

メールの内容の多くは、電動自転車に乗り始めたことを自転車仲間から責められたゲイリーが、それに反論するというものだった。ゲイリーは行動力のかたまりみたいな人間だ。トップ・ウルトラランナーであると同時に、毎年総勢約四〇人でアメリカ西部からカナダまでの一〇〇〇マイル〔一六〇〇㎞〕の自転車旅行を企画している。彼の最新のおもちゃは電動自転車だ。ゲイリーは説明に苦慮していたが、これは自転車の代わりではなく、車の代わりなのだという。彼は、電気自転車に乗る代わりに、走行距離をこれまでの二倍に増やそうとしている。けれども、誰にもそれを理解してもらえないようだ。

「やれやれ。これを聞いてくれよ」ゲイリーは私に向かって、サイクリング仲間からのメッセージを読み上げた。ゲイリーは電気自転車に乗ることで、みんなを裏切り、ストラバのセグメントをごまかしていると指摘されていた。

ゲイリーは返信メールを音声入力させるために携帯電話に向かって「だから。ピリオド。スペース。僕は電気自転車でそのライドをしたと記録してるだろ。ピリオド」としゃべると、首を振りながら私を見た。「君はカトラを気に入るだろう」と彼は言った。「彼女はワイルドな人だよ」

サンフランシスコ近郊の平凡なロードサイドのスターバックスに車を停め、駐車場を歩いて店に向かった。カトラを見つけるのは難しくなかった。道沿いのオープン席に、鮮やかなブルーのミニスカート、光沢のあるグリーンのトラックスーツ・トップ姿の、ツインテールの赤い髪の女性が座っていた。青いサングラスは彼女のスカートと、膝上に乗っている小犬のジャケットとマッチしている。逞しい脚はタトゥーだらけで、顔じゅうにピアスをしている。二八歳くらいに見えるが、ゲイリーが彼女は五二歳だと教えてくれた。

ゲイリーが、私が本を書くためにウルトラランナーにインタビューしているのだと説明してくれた。けれどもカトラはシャイなせいか、すぐには私に質問する隙を与えず、しばらくゲイリーと彼のランニングについての話をしていた。ようやく私の質問に答え始めた彼女は、以前は素行が悪く、パーティーが大好きな人間だったと言った。麻薬取引で逮捕されたあと、ウルトラランニングを始めたのだという。

「ランニングは私の命を救ったわ。麻薬の世界から足を洗おうとするとき、普通の人は依存症患者の更生施設に行ったりするでしょう。でも私は違った。私は、トレイルを走ることで立ち直ろうとしたの」

カトラはこれまでに一〇〇マイルレース（ステージレースではなく、一回で走り切るタイプのレース）を一三〇回以上も走っている。「一〇〇マイルを月に一、二回くらい走るのが好き」と、彼女はまるでビーチへ行くように言う。ただし、それを簡単だと思っているわけではない。脱水状態になったり、立っているのもやっとといった危険な状態になったりして、途中棄権を余儀なくされたこともある。レース中に抗炎症鎮痛剤を服用して胃潰瘍になったこともあった。

「とにかく頑固な性格なの。何かをしようと心に決めたら、それを実行する。ドラッグを止めたときもそうだった」

当時のボーイフレンドが、麻薬取引の罪をかぶったのだという。彼女は仕事があり、車を持っていたため、刑務所入りを免れた。翌日にジムに行き、トレッドミルの上を歩き始めた。すべてはそこから始まった。

「トレイルに入るといつも気分が高揚するの。たいていは一人で走る。独りの自由が好きなの」

山でピューマに出くわしたときのために、ナイフを携帯して走っている。「このナイフは、トルーマン（彼女の飼い犬）が襲われたときのためのものよ」。トルーマンはミニチュアダックスフンドだ。一緒に走ることもあるが、基本的にはザックに入れて背負って走る。走り始めてから、これまでで通算一一頭のピューマを見たという。「でも、一度も襲われたことはないわ」

郊外のロードサイドにあるありふれたスターバックスのテラスに座っている彼女は、まるで別世界から来た人間のように見える。彼女の生き方や経歴、視点は極端なものだ。その太ももに描かれた頭蓋骨と蝶の羽のあいだに彫られた、「限界を知るのは、危険を冒して限界に挑む者だけ」という彼女の好きな言葉が、その生き様を文字通りに表している。

ゲイリーが腕時計を見ている。スケジュールはタイトだった。これから私たちは、このエリアを縦横に移動して、ウルトラランナーに会わなければならない。その合間に、ゲイリーは慈善活動をする必要もある。計画は細かく組み立てられている。私たちは時間ぴったりに発着する日本の電車みたいに行動しなければならない。

カトラに別れを告げて次の目的地に向かいながら、私は「自分はウルトラランナーに必要なものを本当に持っているのだろうか」という疑問に再び襲われていた。

「さあ、ついた」大きなスーパーマーケットの従業員用駐車場に車を停めると、ゲイリーが言った。真昼間で、全力で照りつける太陽が、カリフォルニアじゅうを白く染めている。車から降りて、裏の通用口から店内に入る。ゲイリーは店員に会釈をしながら通路を縫うように進み、ケーキの箱やトレイの前を急いで通り過ぎていく。私は必死についていった。

店長を見つけた。白衣を着た、くたびれた感じの女性だった。

「こんにちは」と彼女が言った。「賞味期限切れの商品を取りに来たのね?」

ゲイリーは賞味期限切れの食品を店舗から回収して慈善団体に届ける活動をしている。慈善団体はそれを貧しい人々やホームレスに配る。大いに意義のある活動だが、ウルトラマラソンの二日前にするには、体力を奪われすぎてしまうかもしれない仕事だ。

その日の店には賞味期限切れの食品が大量にあった。台車に乗せられるだけを運び出し、それをゲイリーが車の荷台に詰め込んでいく。ロールパン、ケーキ、チーズ。またケーキ。強い日差しで溶けてしまいそうだ。

ゲイリーは最後の品を押し込んでトランクを閉めると、次に会う予定のスコット・ダンラップとの待ち合わせ場所に車を走らせた。彼は、サンフランシスコの流行の最先端を行くようなコーヒーショップのテラス席に座っていた。

私はすでに、特にこの地域に住むウルトラランナーたちが、とんでもない話をすることに慣れてきた。だからダンラップから、ロサンゼルスで行われたジェイ・Zのコンサートの楽屋で、レース前日にジャスティン・ビーバーとケイティ・ペリーにマリファナを手渡したという話を始めても、普通に頷きながら耳を傾けていた。カリフォルニア州では合法であるマリファナは、ウルトラランナーにとって優れたリカバリー手段であるようだ。ダンラップは以前、マリファナを供給するビジネスをしていたという。

「ウルトラレースの疲労を回復する一番の方法は、ソファーでくつろぎながら大麻入りの飲食物《エディブル》を摂り、スターウォーズの映画シリーズを六作観ることさ」と彼は言い、ニヤリとした。私のことをからかっているのかとも思ったが、どうやら真面目にそう考えているようだ。

「それは厳密にはドーピングなのでは?」

「たしかに大麻はドーピング検査の対象になってる。でも、二時間おきにレースでイブプロフェンを服用しているトップ選手もいる。それはドーピングだ。マリファナを吸うことの倫理的な問題?私が出る次のレースでは、五〇マイル〔八〇㎞〕地点からランナーにマリファナが配られる。つまり、大麻がどう扱われるかはレースディレクターの考え次第だということさ。WADA（世界アンチ・ドーピング機構）に準拠するレースに出るなら、私はそのレースのルールを守る」

ダンラップはそう言ってコーヒーを飲んだ。二〇〇四年にWADAがカフェインの使用制限を解除するまで、カフェインも運動能力向上薬だと考えられていた。「ランナーズ・ハイはマリファナ・ハイに感覚が似ている。ランナーズ・ハイは翌日になっても気分がいいところが違うけど、どちらでも刺激されるのは体内の同じ化学システムなんだ」

私たちが走るときに本当に求めているのは高揚感《ハイ》なのかもしれない。ハイになることを求めて、薬物をとる人もいれば、ウルトラマラソンに出場する人も、両方をする人もいる。

質問をするたびに、次々ととんでもない話が出てくる。「ウルトラランニングを始めたきっかけは？」という単純な質問が、9・11のエピソードや凄惨な殺人事件に行き着くことになる。

「トレイルランニングを始めたのは二〇〇一年。シリコンバレーで狂ったように働いていた私は、幸運にもテロリストによる世界貿易センタービル《ツインタワー》への攻撃を間一髪で免れたんだ。このビルではしょっちゅう投資家会議をしていたが、ちょうどその一週間前に仕事を辞めていた。もし辞めていなければ、航空機が激突する瞬間、私はあのビルの中のオフィスにいただろう。顔なじみの投資家はみんな死んだ。私は動揺し、少し休みを取って心を落ち着かせようとした。トレイルランニングを始めたのは、健康を取り戻し、心を満たすような何かをするためだった」

ダンラップが本格的にトレーニングを始めたのは、最初の子どもが生まれた後の四〇歳のときだ。数年後、彼はUSマスターズ・ウルトラランナー・オブ・ザ・イヤーに選ばれた。最近では、全米五〇マイル〔八〇㎞〕選手権の年代別部門で優勝している。ウルトラマラソンの中では距離の短いレースが好みで、今でも定期的にロードレースも走っているという。「一〇〇マイルは大嫌いだ」と彼は言う。「でも、毎年一回は走ってる。この挑戦の旅を続けるためにね」

　昼下がりの太陽が、通りを淡い黄色の光に照らしている。彼は椅子に深く腰掛けた。

「あのイギリス人のことを話してくれ」ゲイリーが言った。ダンラップはうなずいた。

「私は、ランニングシューズ・メーカーのイノヴェイトとスポンサー契約をしたんだ。同社を紹介してくれたのはイギリス人のロバート・ブラウンという才能あるフェル・ランナーだ。彼の本業はブリティッシュ・エアウェイズのパイロットで、ロンドン―サンフランシスコのルートを飛んでいた。サンフランシスコに滞在しているときにはよく現地のトレイルレースを走り、アメリカ人ランナーを打ち負かしていた。私はレースのとき、宿泊場所として彼に自宅のソファーを提供していた。彼はイノヴェイトのクレイジーなランニングシューズを履いていて、私にも一足くれた。私はそれをすごく気に入った。後にイノヴェイトがアメリカ市場に進出してきたとき、私が同社のシューズを履いているのを知って、他のトップ選手に加えて私とスポンサー契約を結んでくれたんだ。私はその後、ロバート・ブラウンが妻を殺害して裏庭に埋めたとして、有罪判決を受けたことを知った」

二日後――。

私はゲイリーの家の玄関ポーチに座っていた。通りは写真のように静まり返っている。午前三時半、一台の車がゆっくりと視界に入ってきて、私の目の前で止まった。歩み寄り、ドアを開ける。車内には、ゲイリーのランニング仲間であるハルがシートに深く腰を下ろしていた。低音量で、メタリカの曲を聴いている。私を見ると、緊張した面持ちで、冗談も言わずにうなずいた。私は車に乗り込んだ。

レースのスタート地点であるスティンソンビーチに向けて、岬を上っていく。到着するとハルは車を降り、レースの準備をするために歩いていった。私は暗闇の中、木造のコミュニティセンターにあるスタートエリアまで、大勢のランナーに混じりながら歩いた。

三〇分後、その間六回ほどシューズの紐を結び直し、ミウォック一〇〇Kのスタート地点であるアーチの下に向かった。四〇〇人ものランナーが身を寄せ合い、ヘッドライトの位置を調整しながらその時を待っている。レースディレクターが椅子の上に立つと、中途半端な歓声が上がった。選手たちは、まだ陽気に騒ぐような気分ではないのだ。

「あと二〇秒」レースディレクターが言った。「楽しい時間を！　カウントダウンの準備はいいかな？　一〇、九、八……二、一、ゴー！」

私は脚を動かし始めた。目標は、体力をできる限り温存すること。特に序盤はそのことに気をつけなければならない。私はこのレースで、これまでの自分の最長走行距離のほぼ二倍の距離を走ることになる。何が起こるかはわからない。どこかを痛めるかもしれないし、痙攣を起こしたり、足が止まってしまうかもしれない。温存が何より大切なので、少しでも険しいところは歩くようにした。有名なディプシー・トレイルを、ほぼ一列で進んでいく。ヘッドライトの長い光の列が、山を横切っている。周りのランナーたちは走りながら話をしている。「ジャックか？　久しぶりじゃないか。調子はどうだ？」。私は黙って走りに集中した。上りの傾斜はすでにかなりきつい。丘に彫り込まれた階段みたいだ。

頂上に着く頃には、すでにかなり明るくなっていた。バグパイプの演奏でランナーたちを歓迎してくれる男性がいる。私たちは彼の脇を遠慮がちに通り過ぎると、下り坂に向かってギアを上げていった。

思っていたより早く、最初のエイドステーションに着いた。スイカが美味しい。何切れかを食べ、先に進む。ゴールデン・ゲート・ブリッジとサンフランシスコの摩天楼を見下ろす岬の頂上に向かって、再びジグザグの道を上っていく。早朝の霧の中で実に美しい光景だが、ほとんど目をやらなかった。石だらけの下り坂では足元に細心の注意を払わなければならないからだ。二番目のエイドステーションは一八マイル〔二九㎞〕地点。無事に到着し、今回はちょっと立ち止まって少し多めに食料を補給した。気分はいい。疲れてはいるが、まだ体力は残っている。胃が少しおかしく、これ以上悪くならないことを願う。走りながら食べる練習がもっと必要だ。

下りでは、石や硬い土の感触が足裏に強く響く。私のシューズはかなり薄い。他のランナーが履いているクッション入りのＨＯＫＡのシューズは、うらやましいほど履き心地が良さそうだ。どこかを痛めるとしたら、足首から下の部分かもしれない。シューズの選択を間違えたようだ。

集団での位置を、ヨーヨーみたいに上がったり下がったりしながら進んだ。緩やかなアップダウンでは何人かを追い抜かせるが、ウォーキングを余儀なくされる区間ではおそらく誰よりも遅い。私と同じく初めて一〇〇Kレースに出場したというカナダ人男性としばらくおしゃべりしながら歩く。「自分の身体にこの距離を走れるだけの能力があるのはわかってるんだ」と彼は言った。「問題は、心がそれを信じられるかどうかさ」

約三〇マイル〔四八㎞〕の地点で、このレース屈指の上り、その名も「心臓破りの丘《カーディアック・ヒル》」が始まった。太平洋の海面を基準にした標高は、一三五五フィート（四一三メートル）に達する。最初は一分走って一分歩くようにしていいのだが、半分くらいまで上ったところでエネルギーが切れた。それを自覚してからは、残りをすべて歩くことにした。それは合理的な判断だと思えた。何よりも大切なのは体力を温存すること。まだ先は長いから無理は禁物だ。

しばらくすると、トレイルの傍に立っていた男性が、「あとひとつ角を曲がれば、このクソ坂は終わるぞ」と声をかけてくれた。苦笑いが込み上げてくる。彼は知っているのだ。果たして、角を曲がったところにエイドステーションがあった。スイカが最高にうまい。ゲイリーに教わっていた通り、スイカをトレイの塩につけて食べる。そうしたら、なんとそこにはゲイリーがいた。

「フィン！」ゲイリーが言った。この状況での再会にふさわしい程度に感銘を受けているようにも、それほど感銘を受けていないようにも見える。「調子は？」

私は首を振る。「死ぬほど疲れてる」

腕時計の計測では、三二マイル〔五一㎞〕地点。距離を考えれば、まずまず体力は残っていると言える。ゲイリーはここでも地元のウルトラランナーと私を引き合わせることに熱心で、食べ物をランナーたちに配るのを手伝っている男性を呼んだ。彼の名前はパディ・オリアリー。

「パディ、こちらはフィンだ。彼はイギリス人だから、君と話が合うはずだ」

「どうだろうね」とパディは強いアイルランド訛りで言った。「なにせ、四〇〇年間の抑圧の歴史があるからな」

とはいえ、彼は微笑んでいた。私は、母親がダブリン出身だと言った。父親も同じくアイルランドのゴールウェイ出身だということも。パディは微笑み、「この辺りはアイルランド系の人間が多いんだ」と教えてくれた。

いつまでもおしゃべりをしてはいられない。前に進まなければ。けれどもコースが野生の花が咲き乱れるなだらかな丘陵地帯に入ると、限界が近づいているのを感じた。平坦な地面の上ですら、きつくなってきた。下り坂では足が痛く、転びそうになる。早歩きでも疲れる。以前にも、フルマラソンの最後に同じような状態に陥ったことがある。とにかく辛い。体全体が「止まれ!」と訴えている。脚が、足が、腰が、文句を言う。腕までもが痛い。

けれども、まだ二八マイル〔四五㎞〕も残っているのにこんな気持ちになったのは初めてだ。おまけに昼間が近づき、かなり暑くなってきている。草深い山腹には花粉が充満し、刀のように鋭い日差しが照りつけてくる。

ウルトラランナーはよく、こうした状態に陥るのがたまらなく好きだと言う。痛みが襲ってくる瞬間、嵐が挑戦してくる瞬間を待ち望んでいるのだ、と。私は、みんなどうかしていると思った。いったいどうしたら、こんな辛い状態に陥りたいと思えるんだ?　気持ちが激しく揺れ動くのを感じた。頭の中で自問自答を繰り返しながら、いっそやめてしまいたいという思いに駆られてしまう。〈自分はこんなことに向いてない。それなのに何をしてるんだ？　もうやめよう。こんなことは無意味だ――〉。困ったことに、その考えは理にかなっているように思える。どう考えても、無意味なことをしているように感じられる。必死に、このレースを走っている理由を思い出そうとする。

ウルトラランナーは、山を征服するという言い方も好む。このスポーツを、自分と山の闘いに喩えるのだ。私は山に目をやった。山はどっしりと構えている。私が草の生い茂るトレイルで苦しんでいるあいだ、静かに、無表情にそこに佇んでいる。山は反撃もしてこない。私も、山と駆け引きをするつもりはない。寝転べば、簡単に友達になれるだろう。

どちらかと言えば、私が戦うべき相手は大会主催者だった。なぜ、彼らはこんなに傾斜のきつい道を上らせようとするのか？　頭にくる。自分たちのレースがいかに厳しいかを知らしめるために、わざと最も難しいルートを選んでいるのだ。ただそれを自慢したいがために。そんなつまらない理由のせいで、こっちは死にそうになっている。

もちろん、レースに出場するのを決めたのは私だ。昨晩、家族にワッツアップアプリで、自分のレース番号の写真に「助けて！」という文字を添えてメッセージを送った。長女のライラは「ふふ、自業自得ね」とコメントした。私が望んでいたような反応ではなかったが、彼女は正しかった。そう、これは私と私以外の誰かとの闘いではなかった。いずれにしても、私は自分でもなぜだかはっきりわからない理由でこのレースを走っていて、最後まで走り切らなければならない状況に置かれている。

ゆっくりと、痛ましいほどのスローペースでマイルを刻んでいく。何人ものランナーが前を通り過ぎていく。そのたびに、せめて数分間は相手に食らいつこうとするが、すぐに力尽きて減速してしまう。私の友好的な一言にぼそっとつぶやくような返事をしながら、ゾンビのように前に進んでいくランナーもいる。冷静に自分を保ち、追い抜く際に私に励ましの言葉をかけてくれるランナーもいる。日曜日の散歩をしているみたいに、住宅ローンや旅行の話をしながら並んで走っているランナーもいる。ベニスのホテルの費用についての話をしながら走る女性ランナー二人に追い抜かれたとき、疲れ切った私は複雑な思いがした。

四六マイル〔七四㎞〕地点から、巨大な丘を下り始めた。下り終えると、折り返してこの丘を真っ直ぐに上っていかなければならない。下りは苦痛だが、少なくとも速く移動できる。折り返して上ってくるランナーのほとんどは歩いていて、私もすでに自分も折り返したら歩くと心に決めていた。すれ違うランナーから、「グッジョブ、グッジョブ」と声を掛けられる。誰もがそう言う。自分が不機嫌なへそ曲がりだとはわかってはいるが、だんだんイライラしてくる。何か他に言うことはないのか？　グッジョブだって？　私はいい仕事なんてしていない。ボロボロになりながら、かろうじて前に進んでいるだけだ。

丘を下り終えると、またエイドステーションがあった。ミウォック一〇〇Kでは、他のウルトラレースの多くと同様、ランナーはマイカップを持参するよう求められる。無駄なゴミを出さないように、エイドステーションでは使い捨てのコップではなく、各自が持参したコップを使うのだ。私のレース用のザックには折り畳み式の小さなプラスチックカップが付属していたので、それで間に合わせることにした。だが実際にレースが始まってみると、このカップは使いにくく、サイズもかなり小さいことがわかった。とはいえやむを得ず、毎回エイドステーションに辿り着くたびに、このカップにチビチビと水やエナジードリンク、コーラなどを入れて飲んでいた。この丘の下のエイドステーションでは、あるボランティアが、薄く頼りないカップに水を入れようともがいている私を見て言った。

「そんなのはカップじゃない。これがカップだ！」

彼は中ジョッキほどもある大きなスチール製の容器をつかむと、テールウィンド〔エナジードリンク〕をいっぱいに注いで私に手渡してくれた。

「ありがとう」私はそれを一気に飲み干した。

予め決めていた通りに、丘を歩いて上っていく。頂上の少し手前で、手首に巻いたGPSウォッチが五〇マイル〔八〇km〕地点に到達したことを示した。正気の沙汰じゃない。一週間の総走行距離でも、こんな距離を走ることはめったにない。私はその場に立ち、両手で頭を抱えて、「クソ！」と吐きすてると、深呼吸をして再び歩き始めた。

長い上りを終えると森に戻り、トレイルは山頂に沿って曲がりくねったアップダウンを繰り返していく。三〇マイル〔四八km〕付近でゲイリーを見かけて以来、小さな上りはすべて歩き、平坦な道や下りはなんとか走ってきた。でも今では、平坦な場所でも走るのに苦労している。残りをすべて歩いてゴールするとどれくらいかかるのかを計算してみた。四時間もかかる。まるで拷問だ。それには耐えられない。できる限り走っていかなければ。

足を引きずるようにして走っていると、頭の中にある考えが浮かんだ。鬱蒼と生い茂る葉の中に、一輪の花が小さな光に照らされている。私の目はそれを捉えた。目の前には丘が迫っている。同じような丘を、このレースで数えきれないほど歩いて越えてきた。そのとき、こんな考えが浮かんだ。〈たいした丘じゃない。駆け上がってみたらどうだろう?〉。残りは一〇〇マイルちょっと。これまでの人生で一番しんどく、疲労を感じている。でも、どうしようもない問題を抱えているわけではない。怪我はしていないし、気分がひどく悪いわけでもない。試しに、思い切ってこの小さな坂を駆け上がってみよう。

私は走り始めた。一歩、二歩……。大丈夫そうだ。よし、もう少し走り続けられるぞ、次の岩まで行ってみよう。あれ、もう頂上についた。そして、そのまま下り始めてる。

私は丘を駆け下りた。すぐに別の上りがあったが、それでも走り続けた。またひとつ。走って上がろう! 楽に駆け上がって頂上に達すると、大股で反対側を駆け下りていく。面白いぞ。また上りだ――。

脚も足も、どこも痛くない。信じられなかった。走り始めたばかりのような気がする。次の丘を勢いよく駆け上がる。まるで一六歳の頃に戻ったみたいだ。地元の森を全力疾走していた、あの頃のように走っている。違うのは、今は一〇〇キロメートルレースの終盤で、カリフォルニアのアメリカスギの森を走っているということだけ。思わず笑いが込み上げてくる。次々と他のランナーを抜いていく。先ほど私を追い抜いたときは、励ましの声をかけてくれたが、「彼は相当に苦しんでるな」と内心では思っていたはずだ。痛みの洞窟の奥にいる、と。

彼らは、脇を走りすぎていく私に「グッジョブ！」と声をかけてくれた。今回は、心から「すごいぞ！」、「信じられない！」と思っているはずだ。

すぐに次のエイドステーションに到着した。ここまで八〇分はかかると見積もっていたが、四〇分しかかからなかった。

「残り六マイルだよ。元気そうだね」とボランティアのひとりが言う。

「EPOを打ったみたいな気分だよ」私は冗談を言う。

「どれにする？」ボランティアが、どの食べ物や飲み物が欲しいかと尋ねてくれた。

残りわずか六マイル〔一〇km〕。最高に気分がいい。エイドは不要だ。このペースなら、あと四〇分でゴールできる。しかも、フィニッシュ地点までは下りだ。何も補給はせずに走り続けた。

それは失敗だった。残り二マイル〔三km〕地点で、再びガス欠になった。最後の一マイル〔一・六km〕は森の中の、難所が多く、傾斜のきつい下り道だ。倒木をよじ登り、前に進む。一歩ごとに、大腿四頭筋が悲鳴を上げている。このレース全体で、一番時間がかかってしまった一マイルになった。とはいえ誰にも抜かれはしなかった。苦しいのはみんな同じなのだろう。

なんとか森を抜け出し、道の少し先にゴール地点が見えた。何人かが楽しそうにしゃべりながら道の脇に立っていて、私の姿を見ると応援してくれた。最後の力を振り絞り、フィニッシュラインを越える。やった。一〇〇キロメートル。身体は反発し、心はくじけそうになったが、一歩一歩、力の限り頑張った。最後の八マイル〔一二・八km〕は飛ぶように走った。あれは一体何だったんだろう？

夕暮れ時の温かさの中、私はゴール地点の近くに座って他のランナーを応援したり、たまたま隣に座った人と、結婚式のほろ酔い客を相手にするみたいに楽しくおしゃべりしたりして甘い時間を過ごした。幸せな気持ちが溢れていた。結局、私は三七五人のスターターのうち七七位でフィニッシュした。タイムは一七時間強だった。

ゲイリーの姿は見当たらなかったが、彼は元アメリカのフルマラソンオリンピック代表選手で、ウルトラランナーに転向した友人のマグダ・ブーレに、準備ができたら私を家まで送ってくれるよう手配してくれていた。帰り道の車中、私は彼女に自分が経験した驚異的な回復の話をした。「二〇マイル〔三二km〕も悪路を走った後で、突然全身に力が漲ってきたんだ。すごく不思議だったよ」。彼女は微笑み返してくれたが、丘の下のエイドステーションで、大きなカップのテールウィンドを飲んでから何かが変わったという話をしても、特に驚いてはいないようだった。

だが私はただ回復しただけではなかった。疲労困憊の状態から、元気溌溂になった。死にかけた状態から、アドレナリン注射をされて興奮して飛び回る競走馬みたいになったのだ。レース後にランナーたちがアップロードしたストラバのセグメントを見ると、私はそのセクションの中で二番目に速かった。

これはあのエナジードリンクの効果だったのだろうか？ それはゴールを意識し始めたときに起

こった。残り一〇マイルの地点に来たとき、あとどれくらい走ればいいかを理解できた。一〇マイルを走るのがどんなものかはわかっていた。だから、リミッターを外してゴールまで突っ走ろうと思ったのだろうか？

レースの途中で言葉を交わしたカナダのランナーは、身体はこの距離を走れるのを知っているが、心がそれを信じられるかが問題だと言っていた。もちろん、心は問題になり得る。ネガティブな考えで頭がいっぱいになれば、走りに支障が出るのは当然だ。つまり、あの肉体的な痛み、激しい苦しみによって、私の心の一部はシャットダウンされていたということなのだろうか？　心が目覚めると、これほど大きな変化が生じるのだろうか？　それとも単に脱水症状で燃料不足になっていて、エナジードリンクを大量に飲んで元気を取り戻したということなのだろうか？　たしかなのは、私からこの話を聞いても、驚くウルトラランナーは誰もいなかったということだ。どうやらウルトラレースでは、このようなことが起こるのは珍しくはないらしい。

翌日、スコット・ダンラップから電話があり、レースのことを尋ねられた。私は残り一〇マイルで起きた奇跡の復活の物語を話した。大きなコップのテールウィンドのことを話し始めようとしたが、彼はただ笑うだけだった。「それは気持ちの問題だよ」。彼はもう一度言った。「すべては気持ちの問題さ」

ともかく、これでUTMBのポイントを四ポイント獲得できた。残りは一一ポイント。ゲーム開始だ。UTMBポイントを得るための次のレースは、ウェールズのアングルシー島周辺で開催される一三五マイル（二一六km）のステージレース。とはいえ、自分の限界を超える新たな領域に再び挑戦する前に、ポイントを目指すのはいったん脇に置いて、私はある国を訪れることにした。そこは、ウルトラランニングが極端でも常軌を逸しているとも思われておらず、まったく普通のことだと思われている国。ウルトラランニングが、普通のランニングだと思われている場所だ。

7　誰もがウルトラを走る国

　車は、霞のかかったダーバンのダウンタウンにある三車線の高速道路を進んでいた。「レースではこの道を走るんだ」クレイグがフロントウィンドウの外を指差す。ランナーとしては、特に好んで走りたいとは思えない場所だ。すでに夜になり、夕方のラッシュアワーも収まっているので、緑の多い郊外のクロフにある彼の自宅まではスムーズに行けた。クレイグがゲートのある私道の前で車を停め、インターホンに話しかけると、ゲートがスライドして開き始めた。大きな樹木が立ち並ぶ奥に、コロニアル様式の屋敷が見える。車を走らせていくと、犬が二匹、吠えながら家から飛び出してきた。

　私は世界最大かつ最古のウルトラマラソン、コムラッズ・マラソンに参加するために南アフリカに来ていた。「究極の人間レース」と銘打ったこのレースは、ウルトラランニングのどのカテゴリーにも当てはまらない。五六マイル〔九〇㎞〕のロードレースであるにもかかわらず、少なくともこの地域では、その魅力は他のウルトラレースをはるかに凌駕している。コムラッズ・マラソンの歴史や規模、特別さの感覚は、あのＵＴＭＢでさえ及ばない。

　クレイグはコムラッズ・マラソン協会の役員で、二七回このレースに出場したことがあるという。ただし、今年はエントリーの手続きに際して生じた問題に抗議するために出場はしない。彼は完璧に整頓された自宅に私を招き入れると、テレビのスイッチを入れ、スポーツチャンネルをつけてから私にリモコンを渡し、「変えたいなら、これで」と言った。

キッチンに入ったクレイグの後をついていく。私は、良いゲストとして振る舞おうとした。南アフリカに滞在する数日間、クレイグが自宅に泊めてくれるのだ。彼は冷蔵庫を開けて覗き込んだ。

「お腹は空いてる？」

「少し」ベジタリアンであることを事前に伝えていたが、覚えてくれているだろうかと思いながら、そう答える。迷惑はかけたくなかった。彼は、妻が残しておいてくれた食べ物の入ったボウルをいくつか引っ張り出した。

「パスタは好きかい？」


コムラッズ・マラソンは、第一次世界大戦の退役軍人ヴィック・クラップハムの発案により、一九二一年に初開催された。戦争から帰還後、日常生活に適応するのに苦労し、軍隊での仲間意識を懐かしんでいたクラップハムは、故郷のピーターマリッツバーグと海岸沿いのダーバンを結ぶ約五六マイル〔九〇㎞〕を走るレースを思いついた。

この案は当初はかなりの抵抗を受けた。そんな距離でレースをすれば人が死ぬかもしれないと批判された。しかしクラップハムは、五六マイルは大戦中に自らの部隊が東アフリカで行った行軍に比べれば大したことはないと考えた。また、このように持久力と意志力を試すことは、戦死した仲間を偲ぶための適切な方法だと感じた。

最終的に彼の思いは実を結んだ。一九二一年、三四人の男たちが夜明けにピーターマリッツバーグの市庁舎から出発した。九時間弱後にゴール地点のダーバンに最初に到着したのはビル・ローワンという男性だった。その時の私には知る由もなかったが、この名前はその後、私にとってとても身近なものになることになる。

このレースは一九二一年以降、第二次世界大戦中を除きほぼ毎年開催されてきたが、南アフリカが国際的なイベントから排除されていたアパルトヘイト時代の末期に、飛躍的に国内での存在感を高めた。応援するオリンピックチームも、国際試合を観戦することもなかったこの国のスポーツ不遇の時代、ナタール渓谷沿いで毎年開催されるこのレースは重要性を増していった。

一九三五年、ロバート・ムトシャリが初めて黒人ランナーとしてこのレースに出場して完走したが、黒人選手の参加が正式に許可され、公式の成績の対象になったのは一九七五年になってからだった。それ以前から参加基準の幅を広げるべきだという声はあったが、アパルトヘイトが終わるのはそれよりもはるか先の一九九〇年代初頭のことである。

「一九七五年になっても、黒人が出場するには国の法律に逆らわなければならなかった」と当時のコムラッズ組織委員長で、自身もこのレースに一二回出場しているミック・ウィンは言う。「レースのコース上のある地域では、交通問題を理由にレースの許可を出すことを拒否した。我々は黒人ランナーを国際ランナーと呼ぶことで、こうした問題を回避した」

私はミックと妻のシェリル（このレースの優勝経験者で、現在はコムラッズの理事長を務めている）と一緒に、ショッピングモールのカフェに座っていた。私がこのレースの歴史への理解を深められるようにと、クレイグが夫妻に引き合わせてくれたのだ。このレースを四五回も完走した記録を持つ七〇代の締まった体つきの精力的な男性、デーブ・ロジャースも同席している。

「コムラッズはいつも、この国がどうあるべきかを最高の形で示してくれた」とシェリルは言う。一九二三年にフランシス・ヘイワードが女性として初めてこのレースを完走していたにもかかわらず、一九七五年が公式には初めて女性ランナーの出場が認められた年でもあった。シェリルは一九八二年にこのレースで優勝している。

公式には出場が禁止されていたにもかかわらず、黒人や女性のランナーは、仲間のランナーの大部分や沿道を埋めた観客から熱狂的な声援を受けていた。コムラッズで三度も準優勝し、アパルトヘイトを声高に批判していたボブ・デ・ラ・モットは、一九七五年に黒人ランナーとして初めて正式にこのレースを完走したヴィンセント・ラカバエレの物語を回想する。だがデ・ラ・モットは、ラカバエレの走りでもっと大きな意味を持つのは非公式で出場した一九七四年のレースかもしれないと言った。その年、ラカバエレはウィッツ大学の白人学生と共に練習に励んだ。学生たちはラカバエレをレース会場まで送り、クルーとしてその走りをサポートした。ラカバエレは一時、先頭を走っていた。「それは南アフリカのスポーツとアパルトヘイトの歴史において、とても重要な瞬間だった」とデ・ラ・モットは語る。「彼は法を犯してレースに出場し、レース番号も与えられていなかったが、先頭に立ち、勝つ可能性も十分にあった」。結局、失速して四二位に終わったものの、「終始励まされ、拍手喝采を浴びた。誰も彼の参加を妨害しようとはしなかった。この日に最も大きな声援を受けた三人は、優勝したデレク・プライス、最年長完走者のライゲ・ブール、そしてラカバエレだったことが、レースの公式記録に記されている」

デ・ラ・モットは著書『Runaway Comrade』(未訳)の中で、一九八〇年代の南アフリカ共和国でコムラッズが果たした役割について次のように述べている。「レースが終われば、黒人の競技者たちは黒人居住区の生活とアパルトヘイトという屈辱に戻らなければならなかった。だが、一一時間の輝かしい時間のあいだ、誰もが同じように扱われ、人種や年齢、性別に関係なく、尊厳と仲間意識を持って走った。それは不安定な時代の人種間の緊張を和らげ、図らずも社会的、政治的な変化の接着剤となり、触媒となったのである」。

デ・ラ・モットによれば、大勢の黒人ランナーがレースに参加するようになったことは、洗濯施設やレストラン、ビーチでの隔離など、他の多くのアパルトヘイトの規則のあり方を問うものになったという。「ゴルフクラブやラグビークラブ、クリケットクラブ、テニスクラブには黒人のメンバーはいなかった。しかし、ランニングは先駆的な成功事例となった。コムラッズや他の週末のロードレースは、ランニング・コミュニティが、いかに南アフリカ社会が平和に機能できるかを示した。人々はその事実に目を向けざるを得なかった」

デ・ラ・モットの当時のトレーニング・パートナーで、ライバルでもあった黒人ランナーのトゥラニ・シビシは、彼のコミュニティは白人ランナーからの援助に感謝していたと言う。「白人はいつも私たちをサポートしてくれたし、交通手段がなかった私たちをレース会場まで送ってくれた。全員というわけではなかったが、私たちはランナーたちから歓迎された。過去に私たちをひどく扱ってきたアフリカーナー〔白人系の民族集団〕も歓迎してくれた」

公式にレースへの出場が認められるという画期的な進歩があったにもかかわらず、アパルトヘイトのために、南アフリカの黒人ランナーたちの生活は一九七五年以降も複雑なものであり続けた。シビシは一九八〇年代、ランニング中またはランニング後に、身分証明書を携帯していないという理由で九回も逮捕されたことがあるという。「考えてみてくれ。どうやって走るときに紙を持ち運べばいいんだ？　とてもショッキングな出来事だった。今でも時々思い出すよ」

一九八五年のある晩、デ・ラ・モットに次ぐ二位でゴールしたシビシは、レースの表彰式の後、白人エリアにいたとして再び逮捕された。一緒にエレベーターを待っていたガールフレンドを残したまま、警察に連行された。シビシはすでに有名なランナーであったため、この事件はメディアを騒然とさせた。デ・ラ・モットはスター紙の記事で、この一件を「極めて不愉快」として警察の横暴さを痛烈に批判した。ミック・ウィンもこの出来事を覚えているという。当時、南アフリカ・ロードランナー協会の会長を務めていた彼は、新聞報道から数日のうちに、内閣の高官から、このような事件は二度と起こさないと確約する電話を受けたという。

デ・ラ・モットは、これはランニングがいかに南アフリカ社会の変化に影響していたかを物語っていると語った。「ランニングは、黒人男性が白人と同等か、たいていの場合はそれ以上の活躍ができることを国民に示す良い機会だった。勝利の瞬間、非難されようのない尊厳を示すことで、ランナーたちはマンデラと同じ仕事を路上でやってのけたのだ」

クレイグはショッピングモール内の大きな通路に立ち、携帯電話で話をしている。彼の電話は一日中鳴り止まない。レースが近づくにつれ、標識の設置からレースエキスポでの物流の調整まであらゆることに関わっているクレイグに、誰もが連絡を取りたがるからだ。加えて、電話をかけてくる人全員に、なぜ今年はレースに出ないのかと尋ねられ、そのたびに話を中断して大袈裟な身振りで理由を説明しなければならない。ここでは、コムラッズに出場しないことのほうが、出場するよりも大きな問題になるらしい。

その間、カフェの角のテーブルでは、デーブ・ロジャースが一九六一年に初めてこのレースに出場したときのことを話してくれている。

「当時はコムラッズを走る者は変人扱いされたよ」と彼は言う。「私は古いテニスシューズで走った。靴擦れして大変だったね。ベテランの選手は、カミソリの刃をハンカチで包んだものを持って走らなきゃならないと言っていた。靴擦れしたら、その部分に当たらないように、カミソリの刃で靴のかかとの部分を少しカットするんだ」

彼が何よりも覚えているのは観衆だった。その年の完走者はわずか九八人だったが、何千人もの人々がランナーを応援するために集まっていた。

「一万人の大観客の前でサッカーの試合をしたことはあった。だがフィニッシュ地点に近づいたら、それまでに見たこともないような大観衆がいた。てっきり、事故か何かが起きたのかと思ったよ。優勝したランナーはとっくにゴールしていたけれど、観衆はまだそこにいた。私は人々が待ちかまえているフィニッシュラインに向かって走っていった。ワールドカップで優勝したような気分だった。まるで魔法だったよ」

昔話に花が咲き、知り合いのランナーの完走回数について語り合っていたら、クレイグが戻ってきて、勘定を済ませた。私たちは集まってくれた人たちに別れの挨拶をし、クレイグの自宅に向かった。到着すると、クレイグの自宅前の私道に太陽が降り注ぐ中、彼が何としても私に引き合わせようとしてくれたもうひとりのコムラッズの伝説的ランナーが私たちを待っていた。今年のレースに出場する最年長のランナー、七八歳のバリー・バーティだ。彼もまたコムラッズの元委員長で、三六回このレースに出場し、二八回完走している。「グリーンDNFまであと二回なんだ」と彼は言う。

私がきょとんとしていると、彼は「冗談さ」と付け加えた。コムラッズ・マラソンでは、一〇回完走したランナーには神聖な「グリーンナンバー」が与えられ、グリーンナンバー・メンバーズクラブに入会できる。これはとても名誉なこととされる。レースエキスポでは、グリーンナンバーを持つランナー専用のVIPエリアも設けられている。バリーは、あと二回DNF（途中棄権）したら合計一〇回になり、「グリーンDNFナンバー」（実際には、そんなものはない）を与えられるとジョークを言ったのだ。

「バリーはコムラッズの生き証人なんだ」とクレイグは言い、水入りのコップが置かれたテーブルを囲んで私たちを座らせた。コップの下には、コムラッズ・マラソンのコースターが敷かれている。バリーが、山のような書類とフォルダーをテーブルの上に置いた。彼はレースエキスポでのこのレースの歴史に関する展示にも関わっており、現在のコムラッズ委員会からレース史の番人役を任されている。バリーがそのことをずいぶんと気に入っているのが伝わってくる。

「コムラッズ・マラソンを走ることは、追悼の行為だ」とバリーは言う。「このレースの本来の趣旨は、忘れられがちだ。だから我々は、それを人々に思い出させたい。人々は雰囲気やチャレンジに惹かれてこのレースに参加する。だが、戦争で亡くなった仲間《コムラッズ》を追悼するというこのレース本来の趣旨が忘れられるべきではない。これは、究極的な人間の犠牲を称えるための〝究極の人間レース〟なのだ」

一九八〇年代にこのレースの人気が大きく高まったのは、一九七六年にテレビ放映が始まったことと、一九八一年から一九九〇年にかけてこのレース史上最多の九度の優勝を飾ったブルース・フォーダイスという若く向こう見ずな長髪のランナーが現れたことが一因である。

フォーダイスが毎年のように先行するライバルを抜き去り、午後の光の中でトレードマークの金髪をなびかせてフィニッシュする姿は、何百万人ものファンを魅了した。レースの参加者数は、同期間で一六四％も増加した。

レース前日の金曜日、エキスポ会場を歩いていると、主要スポンサーのスタッフエリアに座っている白髪のフォーダイスを見つけた。彼は、往年のヒーローとのひとときの語らいやアドバイス、記念写真を求めて列をつくるファンとの触れ合いの時間の合間に休憩を取っていた。疲れているように見えたが、彼は私に少しのあいだ横に座わらないかと誘ってくれた。

フォーダイスに、自身の根強い人気について尋ねてみた。トップランナーとして活躍した時代、かなりの影響を与えたに違いない。

「人々は勝者を愛する」と彼は言った。「ウィンブルドンと同じさ。観客はチャンピオンに声援を送り、新参者には手厳しい。私も、一九八一年に初優勝したときには嫌われた」

その年、彼はアパルトヘイトに抗議して黒い腕章をつけてレースを走った。「あの年、私は初出場で、長髪の学生で、人種差別に抗議していた。トマトを投げつけられたよ」。誰もがこのレースを人種間の融和を示すものとして見ていたわけではないようだ。その年コムラッズは、白人政府によって南アフリカ共和国の建国二〇周年の記念行事のひとつに選出されていた。多くの学生は抗議してレースをボイコットしたが、フォーダイスは優勝すればもっと大きな影響を与えられると考えていた。

スポンサーのスタンドには、フォーダイスに会うための人の列が長くなっている。私はそろそろ潮時だと立ち上がった。彼は、一日中大勢のランナーに伝えていた助言を私にもしてくれた。「ゆっくりスタートして、さらにゆっくり走ること」。それは、私が何度もいろんな人から聞かされてきたアドバイスだった。これは長いレースだ。自分のペースでゆっくり走ればいい。とはいえ、それは若き日のフォーダイスの走り方とは違う。プロチームやサポートクルーが参加し、レース前のトレーニングキャンプが行われ、数千人の国際ランナーが集う現在のコムラッズでも、最盛期のフォーダイスなら優勝争いに加われるだろう。

「去年の上位ランナーのタイムを、自分のベストタイムと比べてみたんだ。もし当時の私がそのレースを走っていたら、準優勝していたことになる」と彼は言う。

世界の他の地域では、コロラド州でアイスクリームショップを営むマット・カーペンターのように、ウルトラランニングの元チャンピオンは引退すると無名の人間に戻る。ウルトラランニングは、世界的に大きく成長しているにもかかわらず、依然としてニッチなスポーツだ。ただし、南アフリカは例外だ。ここでは、このロード・ウルトラマラソンはまさに一年で最大のスポーツイベントになっている。このレースの出場者数がピークに達したのは二〇〇〇年のミレニアム記念大会で、制限時間が一一時間から一二時間に延長されたこともあって、二万人以上のランナーが参加した。現在、南アフリカの主要テレビ局では、一三時間にわたってこのレースを完全中継し、視聴者は六〇〇万人に達する。

このレースには、年ごとに「上りのコース」と「下りのコース」を交互に走るという風変わりな伝統がある。海岸沿いのダーバンから内陸で標高六〇〇メートル（二〇〇〇フィート）のピーターマリッツバーグまでの五六マイル〔九〇km〕を、一年ごとに逆方向に走るのだ。今年は上りのコースだ。

脚を休めるべきなのはわかっているのに、エキスポの賑わいの魅力に惹きつけられて、なかなか会場を立ち去れない。レース前夜、私は世話になったクレイグの家を出て、スタート地点近くのホテルに移っていた。早くホテルに引き上げて、昼寝をしなければ。ロンドンからのフライトで風邪を引いてしまい、南アフリカに到着してからずっと苦しんでいる。今日の午後は眠っておくのが賢明だ。でもその前に、クレイグが様々な仕事を抱える中で設けてくれた、初参加のランナー向けのエリアに立ち寄らなければならない。エリアに着くと、彼がコムラッズのブレザーを着て楽しそうに歩き回っていた。

「フィン」クレイグは私の手を握り、このエリアに立ち寄ったことを喜んでくれた。そして、四〇回以上もの出場歴があるという年配の男性から、スポンサー企業のパンフレットや飲み物、エナジーバーがたっぷり入ったお楽しみ袋《グッディ・バッグ》を配っている女性たちまで、その場にいた全員に私を紹介してくれた。朝食以来何も食べていないことに気づいた私は、粘っこいオーツバーを試してみた。

「ところで」とクレイグが私の肩にそっと手を置き、「君の同胞を紹介させてくれ」と言って、椅子に座っている人物の背中を軽く叩いた。その人物は、満面の笑みを浮かべて振り向いた。スティーブ・ウェイだ。

「やあ」と彼が言った。

スティーブは、太りすぎの会社員で一日二〇本もの喫煙者だった中年男性が、国際的なエリート・アスリートへと驚異的な変貌を遂げたことで、イギリスのランニング界ではよく知られた存在だ。二〇〇六年、三三歳で減量のために地元のランニングレースに参加し始めた頃は、体重一〇五キロとかなり太っていた。だが、わずか三週間のトレーニングでロンドン・マラソンを三時間七分で完走した。

「タバコを吸い、酒を飲み、ひどい食事をしていても、走れることに気づいたんだ。周りを見渡すと、私は陸上クラブのランナーの横を跳ねるように走っている太った男だった」

ランニングの本に書いてあった通りのメニューに従い、本格的な練習を始めようと思ったのは、初マラソンから一年半後のことだった。二年後、再びロンドン・マラソンを走り、今度は二時間三五分でゴール。さらにその二年後、二時間一九分で完走した。驚異的なペースで自己記録を更新する彼のことが、ランニング関連のメディアで記事になり始めた。そして二〇一四年のロンドン・マラソン、四〇歳になったスティーブは、エリートランナーの後方の一般ランナーと同じ位置からスタートし、レース前夜にはキャンピングカーで寝泊まりしていたにもかかわらず、自己新記録となる二時間一六分、イギリス人全選手中三番目のタイムでゴールした。

さらに信じられないのは、スティーブはこのレースを速く走ろうとは思っていなかったことだ。その頃ウルトラランニングを始めたばかりだった彼は、数か月後に一〇〇キロメートルのイギリス記録を破ることを目標としていて、このロンドン・マラソンはその練習のために走っていた。実際、スティーブはその年の一〇〇キロメートルの全英選手権で優勝している。

気がつくと、英連邦競技大会《コモンウェルスゲームズ》にイギリス代表として出場し、二時間一五分台とまたもマラソンの自己ベストを更新して一〇位に入賞した。

「本当にとんでもない話さ」と彼は言う。「僕は学校のクロスカントリー大会のとき、走るのが嫌で仲間と一緒に茂みに隠れていたような人間だったんだから」。彼が「太った男の話」と呼ぶ物語は、何年にもわたって数えきれないほど語られてきたので、よく練られている。とりわけ有名なのは、コモンウェルスゲームズの開催日の夜に、BBCテレビで元サッカー選手のゲイリー・リネカーと、ブロードキャスターのクレア・ボールディングからインタビューを受けたときだ。スティーブはスタジオのソファーに座り、宝くじに当たったばかりの男のように満面の笑みを浮かべながら質問に答えていた。

それから数年が経ち、何度かの怪我や挫折を経験したスティーブは、二〇一四年当時の調子をまだ取り戻せていない。それでも、ウルトラランニングが得意で、山よりもロードを好む彼にとって、コムラッズはうってつけの大会だ。そんなわけで今回、彼は有名な強豪プロチーム「ネドバンク」の一員としてこのレースに初参加していた。

残念ながら、スティーブも私と同じく南アフリカ行きの飛行機の中で風邪を引いていた。私と話をしているときも、トローチの「ストレプシルズ」を神経質そうに何度も口に入れていた。トレーニングは順調だった。目標は六時間を切ること。そうすれば、トップ一〇入りも十分に射程圏内に入ってくるはずだという。

「ここでトップ一〇に入ることができれば、僕のキャリアの中で最大の成果になるだろうね」とスティーブは言った。

「コモンウェルスゲームズよりも？」

「うん、間違いない」

これはスティーブにとって重要なレースだが、斬新かつ実験的な方法を実践するつもりなのだという。タイムやペースを気にせず、心拍数だけを基準にして走るのだ。

「腕時計には時刻すら表示されないように設定してある。見えるのは心拍数だけ。レース全体の心拍数を一四五以下に抑えて走るつもりだ」。これは彼にとって初めての試みだというが、序盤に飛ばし過ぎてしまうのを抑える効果があるだろうと感じている。

「スロースタート、スロースタート」――これまでに何度も聞かされてきたメッセージだ。私が苦手としていることだが、今回はできるかもしれない。そもそも、私にとってこのレースをどれだけ速く走るかはあまり意味がない。体験を楽しみ、完走することを目標にしたい。スティーブの幸運を祈りつつ、ホテルに戻りながらそう思った。


その夜、慣れないホテルのベッドで、なかなか寝付けなかった。風邪が悪化したようで、老人のように咳をしては唾を飛ばしている。身体を右向きにしたり、左向きにしたり、枕をふたつ並べて仰向けになったりしたが、それでも眠れない。

この惨めな状態は、枕元のテーブルで目覚まし時計が鳴るまで続いた。起き上がってアラームを止める。午前三時三〇分。ひどい気分のままバスルームまで歩き、明かりをつけた。眩しい光に照らされた壁一面の鏡に映る自分の姿は、哀れなものだった。目は真っ赤に充血していて、顔もやつれている。〈これはまずいぞ。走るべきではないのかもしれない〉。そんな考えも脳裏にちらついたが、ここで諦めるわけにはいかなかった。

ベッドの横の床にレースキットを並べた。ゆっくりと着替える。ベストのゼッケンには私の名がプリントされている。読み方が難しい名前なので、おそらくほとんどの人は発音してみようとすら思わないだろう。名前の下に記された数字の「〇」は、コムラッズに初出場するランナーであることを意味している。外で私を待っているのは五六マイルのロード。ほとんどが上り坂だ。

ホテルでは早朝から朝食バイキングをしていたので、着替えを済ませると廊下に出てレストランに向かった。少し歩いたところで、慌てた様子で自室から出てきた女性が、私にはちんぷんかんの外国語で話しかけてきた。五〇歳くらいで、ランニングウェアを着ている。動揺した様子で、部屋に入るよう私に手招きした。

私はドアのところで立ち止まった。部屋の中は暗い。「ごめんなさい。あなたが何を言っているのかわからないんです」と私は英語で言った。

「ああ、ごめんなさい」彼女も英語で答えた。「ザックに名札をつけられなくて困ってるの」

それだけ？　彼女はまだうろたえている。私は部屋の中に入り、彼女のランニングザックに名札をつけてあげた。簡単だった。

「できたの？」彼女はまるで私が奇跡を起こしたかのように尋ねた。私はうなずく。

「ごめんなさい」と彼女は言った。「緊張してるみたい」

私は朝食会場に向かいながら、思わず微笑んだ。スタート前の朝、小さな悪魔に直面しているのは私だけではないらしい。

レースはダーバン中心部の大通りをスタートする。まだ暗く、通りも薄汚れているが、雰囲気は盛り上がっている。ランニングウェアに身を包んだ人々が、群衆のざわめきの中で、自分のスタートゾーンを探してジグザグに行き来している。知り合いを見つけて、冗談を言い、背中を叩き合う姿があちこちに見える。ほとんどのランナーは、何度もこのレースを走っている。

私はゾーンBに向かった。フルマラソンを三時間から三時間二〇分のタイムで走ったランナーが該当するゾーンだ。

コムラッズは統計学者にとって理想的なレースだ。出場者の年齢から最も多い職業まで、あらゆる要素が測定され、定量化され、分析される。レース前のエキスポでは、こうしたデータがボードに大量に掲示されている。とはいえ最も重要な数字は、コムラッズ・マラソンの完走回数と、そのタイムだ。タイムが重要なのは、それに応じて大会から与えられるメダルの種類が変わるからだ。この大会ではこのメダルがとても大きな意味を持つことを、私はすぐに知るようになる。

クレイグの家に泊めてもらっていたとき、彼はコムラッズのメダルの全種類が揃っているのはとても珍しいことだと誇らしげに言いながら、そのコレクションを自宅のキッチンカウンターに並べてくれた。私はメダルを眺めながら、それらがとても価値あるものであると自分に言い聞かせようとした。とはいえ私にとって、それは一般的なものよりも小さなサイズのメダルが並んでいるだけのものに思えた。クレイグから、写真を撮りたいかと三回ほど尋ねられた。しばらくして、彼がこちらの反応の薄さに腹を立てていることにようやく気づき、私は携帯電話を取り出して写真を撮った。

メダルの仕組みは次のようになっている。コムラッズでは、上位一〇人のランナーに金メダルが与えられる。エリートランナーは当然、この色のメダルを狙う。トップ一〇に入ると、かなりの賞金が得られるからだ。金メダルを手にするのは、文字通り、押しも押されもせぬ一流のランナーだと言える。

しかし、これが一番希少な色のメダルというわけではない。その栄誉はウォーリー・ヘイワード・メダルに与えられる。これは六時間以内で完走しながら、トップ一〇圏外に終わったランナーが対象となる。通常、六時間を切ればトップ一〇に入れるので、このメダルが誰かに贈られることはめったにない。だから、これは極めて希少なメダルになるというわけだ。

ウォーリー・ヘイワードは、最も偉大なコムラッズ・ランナーだと多くの人から称賛されている伝説的なランナーだ。彼はコムラッズを五度優勝している。一九三〇年に二一歳の若さで初優勝し、このレースの史上最年少記録を樹立した。その後、上りと下りの両方でコースレコードを更新し、六時間以内でゴールした初めてのランナーにもなった。一九五四年には、四五歳で史上最年長優勝者になっている。だがその後、大会への出場停止処分を受けてしまった。

その理由は、オリンピックのマラソン選手であるにもかかわらず、イギリスで開催されたレースに参加するための旅費の寄付を受けとったことだった。これによって、ヘイワードはプロのスポーツマンであると見なされた。当時の陸上大会の多くと同様、コムラッズもアマチュアランナーのみを対象とすることが厳しく定められていた。

その後、出場停止処分は一九七四年に解除された。一九八八年、ヘイワードは七九歳でレースに復帰し、全体の半分のランナーを上回る九時間四四分でゴールした。クレイグはこの年、ヘイワードをわずかに上回るタイムでゴールしたが、ペースを落としてこの偉大なランナーと一緒にゴールしなかったことを今でも後悔しているという。

「その一〇年後のレースで、ウォーリーは私にグリーンナンバーを手渡してくれることになったんだ。」とクレイグは言う。「私がティータイム前にゴールすれば、という条件付きで。彼が、その時間に昼寝をするからだ。私のランニング人生で一番誇らしい思い出の品は、ウォーリーにグリーンナンバーを手渡してもらっている瞬間を写した写真なんだ」

ヘイワードは一九八九年、制限時間まで残りわずか二分弱というギリギリのタイムではあったものの、史上最年長の完走者になっている。

このような経歴を持つウォーリー・ヘイワードに、彼の名を冠したメダル、しかも希少さを意味するメダルが相応しいのは当然だと言える。

次のメダルは銀メダルで、六時間から七時間三〇分のあいだにゴールしたランナーに贈られる。大会前日のレースエキスポには、大会の専門家やベテランランナーが、出場者にどのメダルを狙うべきかをアドバイスしてくれるコーナーがある。私も何人かに尋ねてみたが、そのたびに次のような会話になった。

専門家「マラソンのベストタイムは?」

私「二時間五〇分です」

専門家（かなり感心した様子で）「今年のタイムですか?」

私「いいえ、今年のベストは三時間八分です」
専門家（あまり感心していなさそうな様子で）「十分にシルバーを狙えると思いますよ。練習ではどれくらい走ってきましたか？」
私「今年の一月から、週に約七〇キロメートル程度走っています」
専門家（ほとんど感心していない様子で）「うーん、シルバーを狙いたいところですが、その日の調子次第といったところですかね」

つまり、私は銀メダルの当確線上にいるといったところなのだろう。とはいえ、メダルの色は私にとってそれほど重要ではなかった。とにかく、精一杯走るだけだ。

銀メダルの次は「ビル・ローワン」と呼ばれるメダルで、九時間未満でゴールした選手に与えられる。ビル・ローワンは史上初のコムラッズ・マラソンの優勝者だ。そのときの優勝タイムは八時間五九分。

さらに、一一時間を切った選手には銅メダルが、一一時間以上一二時間未満でゴールした選手にはレース創設者の名前を冠したヴィック・クラップハム・メダルが授与される。

そのあとは？　実は、これ以降のメダルはない。一二時間ちょうどでゴールは閉鎖され、レースは終了する。たとえフィニッシュラインから数歩しか離れていなくても、その時点でまだ走っている人は失格になる。

一二時間走り続けたあとで非完走者の宣告を受けるのは残酷に思えるかもしれないが、私が会った古参のランナーたちからは、この関門でさえ寛大すぎるという声が多く上がっていた。毎年、出場選手の半数以上が制限時間の一時間以内にゴールする。さらに、その大部分は最後の一〇分間でゴールする。もともとこの大会のほとんどの歴史では、制限時間はスタートから一一時間以内だった。出場者数を増やすことと、新しい千年紀を祝うことを目的として、それが一二時間以内に変更されたのは、二〇〇〇年のことである。

この変更を快く思っていないうちのひとりであるクレイグは、制限時間が一一時間の時代に完走できなかったランナーたちのことを例に挙げた。一一時間でこのレースを走り切るには、フルマラソンを四時間四五分で二回連続して走り、さらにその直後に五キロを三〇分で走るのと同じことだ。しかも、ルートには坂が多い。

クレイグは「これは公平ではない」と言う。「今では、三〇回、四〇回完走したというランナーも少なくない。でも二〇〇〇年以前なら、彼らが同じことを実現するのは難しかっただろう」

彼の言いたいことはわかるが、強く賛同する気持ちにはなれなかった。どのような条件であれ、レースの出場回数を積み上げていくのは素晴らしいことだ。それが特別な意味を持つのも、コムラッズならではのことだろう。エキスポの初出場ランナー向けのエリアでは、クレイグの計らいで、初出場するランナーが多くの完走回数を誇るベテランランナーと話ができる場が設けられていた。私は何人かに、なぜ何度もこのレースを走るのかと尋ねた。

四四回の完走歴があるバリー・ホランドは、シンプルに答えた。「私はダーバン出身だ。コムラッズは私のＤＮＡの中にあるんだ」

また、四一回の完走を誇るデーブ・ウィリアムスは、「ゴルフのラウンドをしているみたいなものだととらえている。ゆっくり時間をかけてやるんだ」と語っていた。こんな喩えをする人は、世界中を見渡しても珍しいかもしれない。

エキスポで出会ったケープタウン出身の初出場ランナーの女性は、所属するランニングクラブのランナー六七人がコムラッズを完走しているので、自分もそうすべきだと思ったのだという。具体的な人数がスラスラと出てくるところが面白い。

南アフリカのランナーにとって、コムラッズを走るのは当たり前のことのようだ。コムラッズは、南アフリカのランニングの土台なのだ。このレースがすべての起点であり、他のすべてはそれを軸に回っている。ツーオーシャンズ・マラソンなど、この国を象徴する他のウルトラレースのほとんどは、コムラッズの準備をするためのレースとして始まった。そのため、どれもコムラッズより少し距離が短い。また、コムラッズのおかげで、南アフリカではウルトラランニングが一般的で、主流のスポーツだと見なされている。これは世界の他の地域では見られない現象だ。他の国の人たちが、「いつかマラソンを走りたい」と語るのと同じ感覚で、南アフリカの人たちはコムラッズに挑戦したいと話す。残念ながら、南アフリカの人たちにとっての〝エベレスト〟は、他の国の人たちよりも二倍以上大きいことになる。けれども幸い、私がこれから見出そうとしているように、コムラッズは世界中のどんな一般参加型のレースの影をも薄くしてしまうほど特別なレースでもあるのだ。

8 「バス」に乗って進め

私が辿り着く頃には、スタートエリアには山のように人が集まっていた。自分のスタートゾーンに入るには、サッカースタジアムの満員の客席の中を移動するみたいに、目の前の人たちをかき分けながら進まなければならない。サウンドシステムからは、一九八〇年代のポップスの名曲が大音量で流れている。コーヒーを一ガロンも飲んだみたいな興奮した口調のアナウンサーが、スタートまでの残り時間をしきりに告げ、ランナーたちに準備ができているかと尋ねている。巨大なプロジェクションが、オフィス街や集合住宅を照らし出している。まだ朝の五時過ぎだ。今宵、ダーバンで眠っている者はいない。

そして、レース前の儀式がスタートした。私は、自分がこの儀式を過大評価していたのかもしれないと不安になった。数えきれないほど多くの人たちから、コムラッズのスタート前の儀式で感動の涙を流しながら立ち尽くし、最後の瞬間には鳥肌が立ったと聞かされていた。だから、期待しすぎていたのかもしれない。きっと、自発性がなければうまくいかないのだ。ある感情が湧くのを、事前に予定しておくことはできない。案の定、第一部が始まり、南アフリカの国歌が鳴り響くと、私は鳥肌が立たないかと警戒していた。自分の中のシニシズムが、それを追い払おうとしていた。そんなに簡単に操られるわけにはいかない、と。周りのランナーたちも、音楽を無視しておしゃべりを続けている。

けれども第二部が始まると、私は次第に引き込まれていった。南アフリカの伝承曲を合唱団が歌い、深みのある魂のこもった声が響いた。ランナーたちも身体を揺らしながら歌い始めた。『ショショローザ』と呼ばれるこの曲は、前進を意味し、何世代にもわたるこの国の闘争の痛みをも思い起こさせる。歌声が高まるにつれ、全員が巨大なノイズとエネルギーの塊の中で団結していく。まるで南アフリカの激動の歴史に、一万七〇〇〇人の声が一斉に立ち向かっているかのように。

しかし、これは過去の記憶に浸るときではなかった。起きているのは感情の大きなうねりであり、その目的はみんながひとつになることだった。続いて映画『炎のランナー』のテーマ曲が流れ始めると、群衆から歓声が沸き上がった。陳腐さも感じられるかもしれない演出だが、ランナーたちはオープニング・セレモニーの雰囲気にすっかり包まれている。ヴァンゲリスが作曲したこの有名な曲は、最大の挑戦に乗り出そうとしている私たちの気分を、あたかも自分がオリンピック選手になったかのように舞い上がらせてくれる。私は笑みを浮かべてこぶしを握りしめた。準備は万端だ。

最後の見送りは、雄鶏の鳴き声だった。コムラッズ・マラソンには伝統が色濃く残っているが、これもそのひとつだ。一九四八年、地元ランナーのマックス・トリンボーンがスタートラインで高まる緊張を抑えられず、両掌を口元に立て、大声で雄鶏の鳴き声を真似た。自然に生まれたジェスチャーだったが、その後も毎年、他のランナーたちからそれを求められるようになった。トリンボーンはその後三二年間、周囲の期待に応え、スタート前に「コケコッコー」と雄叫びを上げ続けた。羽毛と雄鶏のベストという出で立ちで現れることさえあった。彼は一九八五年に亡くなったが、その雄鶏の鳴き声はテープに録音され、現在では毎年スタート前に再生されるのが慣例になっている。直後に号砲が鳴り、私たちは走り出した。

我先にとスタートラインを越えようとする人の波に飲まれ、私はすぐにゾーンCのランナーに囲まれる位置まで後退してしまった。なぜそれがわかるかというと、全員がランニングシャツの前後に貼り付けているゼッケンには、他の様々な情報に加えてスタート区分の情報も記されているからだ。とはいえ、スロースタートは悪くない。それは、私が散々大勢の人からそうしろとアドバイスされていたことだ。

早朝の寒さにもかかわらず、沿道の観衆が拍手し、声援を送ってくれる。道幅いっぱいに広がったランナーたちは、一〇キロレースみたいにジグザグに方向を変えて他のランナーのあいだをすり抜けていく。我慢、我慢——。そう自分に言い聞かせる。最初の一マイル〔一・六km〕を九分三六秒で通過。ゆっくりだが、タイムを気にするにはまだ早すぎる。

コンクリートの郊外を縫うように進み、シャッターの閉まった店の前を通り過ぎる。片側三車線の大通りを走り、目のくらむ高さの橋を渡っていく。この日のために設置された露店も見える。周りのランナーの大半は黙って走っている。何人かは、私が初出場者であることに気づき、アドバイスをしたり、どこから来たのか尋ねたりしてきた。私の番号は外国人であることを示しているが、国は特定していない。

「あなたの本を読んだことがあるよ」と、私の名前に気づいて声をかけてくれた人もいた。「アダーナン、頑張れ！」と、なぜか私の名前を完璧に発音して励ましてくれる人もいた。

ルートは都市部を離れ、丘陵地帯へと入っていく。目の前にあるのは、何千もの揺れ動く頭だけ。コンクリートの殺風景な光景に、今日だけは躍動する生命の海が広がっている。スタート地点では先頭から三〇メートルほどしか離れていなかったが、今はかなり後方にいるようだ。振り返ると、白み始めた空が見える。後ろにも人間の大群がいて、見渡す限り遠くまで広がっている。

橋の下を通ったとき、白いフード付きのローブを着た集団が、焚き火を囲み、目を閉じて両手を広げているのが見えた。不気味な光景だ。いったい何者だろう？　私たちの幸福を祈っているのか、それとも永遠の天罰を祈っているのか？

いつのまにか、辺りは明るくなっている。このレースの「ビッグ5」と呼ばれる坂のひとつ、カウィーズを苦労して上っている頃には（コムラッズには坂にさえ、それにまつわる伝承がある）、すっかり日差しが強くなっていた。この坂の上までは、一分間歩いて五分間走るパターンで行くことにする。これから始まる苦闘のために体力を温存しなければ。

歩くのはいいものだ。つかの間、緊張から自分を解放し、周りを見渡して、その瞬間を楽しめる。まだ幹線道路を走っているが、道路脇のコンクリートの街並みは、低木ややせこけた木々、丈夫そうな雑草に変わり始めている。

道路沿いには、残りの距離をカウントダウンする大きな標識が立てられている。「七三キロメートル」、「七二キロメートル」とその数字はまだ大きいが、毎回小さくなっていくのが嬉しい。標識に到達することが、毎回小さな励みになる。

日が昇ると共に、沿道の人だかりは大きくなっていった。音楽が流れ、人々が踊っている。これは巨大なパーティーなのだ。レースのために道路は封鎖され、ランナーたちはヒーローのように応援される。だが私は、これは南アフリカの人たちにとっての良い娯楽になっていることにも気づいた。人々は親切心から応援してくれているが、それはこの馬鹿げた距離に挑戦しているランナーの姿を見るのが楽しいからでもある。沿道に立ったままハンバーガーを食べたり、デッキチェアに座ってビールを飲んだりしながら、走る者たちの苦しみや努力、狂気をただで見物しているのだ。

私の本を読んだことがあるというカナダ在住のランナーと、会話をしながら走る。特に意識しないまま、キロ数を刻んでいけた。この段階では、望ましいことだ。彼は前年のレースに出場したが、完走できなかったそうだ。前回は序盤に飛ばし過ぎて失敗したので、今年は気をつけているという。彼によれば、私たちは八時間一五分前後でゴールするペースで進んでいるという。私は初めてタイムを計算してみた。銀メダルはもう難しいだろう。この色のメダルを手に入れるには相当にペースを上げなければならないが、これ以上速く走るのは危険だと感じる。そこで、九時間以内で完走してビル・ローワン・メダルを獲得することを目標に定めた。これなら無理なく達成できるはずだ。

ほとんどが上りのコースを走り続ける。開けた田園地帯を進み、道路の上に突き出た崖の下を通り、庭でバーベキューや飲酒を楽しむ人たちのいる住宅街を抜けた。

カナダ人のランナーが後ろに下がり始めた。「ペースを上げてる?」彼が少し心配そうな顔をして尋ねてきた。

それまでと同じペースを保っていると感じてはいたが、「少しだけ上がったかな」と答え、「きっとあとでまたどこかで会うよ」と付け加えた。だが、彼とは結局最後まで会わなかった。

三〇キロメートル地点で、初めて疲れの兆候を感じ始めた。大きな上り坂になると、脚が重く感じる。徐々に暑くなり、次のエイドステーションはまだだろうかと思うようになっている。沿道の人たちが、「バス」の話題を始めた。

「もうすぐ最初のバスが来るぞ」みんな興奮した様子で話している。沿道に目をやると、エルビス・プレスリーの物まねをする人が台の上に立っていた。

「タイヤのついた、本物のバスが来ると思ってたよ」と彼が言うと、周りで小さな笑いが起こった。

私はそのバスを目にする前に、その気配を感じ、音を聞くことができた。後方から、大勢が地面を蹴る足音がする。続けて、南アフリカ人の声が聞こえた。「我々は今、最初に飛ばし過ぎたランナーたちを追い抜いている。ペースをコントロールし続けることが重要だ。このバスに乗って、一緒に走ろう。最後まで案内するぞ」

それと同時に、私はバスに飲み込まれた。巨大なランナー集団が、「八時間三〇分」と書かれた旗を背負った、力強く、決然とした態度で走る男を追いかけていく。

ペースメーカーも、コムラッズの伝統だ。このレースでは、ペースメーカーに続く集団を「バス」と呼ぶ。同じバスで走るランナーたちは、歌や掛け声で気分を盛り上げながら、目標タイムを達成するために協力して走る。私は当初、八時間三〇分のペースにまでスピードが落ちていることに少しショックを受けたが、事実を受け止め、しばらくこのバスに乗ることにした。

バスの「運転手」は威勢のいい男だった。常にランナーたちに話しかけ、おだて、励ましている。時折、二〇秒から三〇秒ほど集団を歩かせ、私たちに両腕を頭上にあげたり、ハムストリングスを伸ばしたりする時間を与えてくれた。

エイドステーションでは、バスのメンバーは略奪の限りを尽くす海賊みたいに水をつかみ、コーラを飲み、塩味のポテトをむさぼった。私たちがエイドステーションに近づくたびに、エイドステーションのリーダーが緊迫した様子でチームに指示を飛ばすのが聞こえた。「最初のバスが来るぞ！みんな位置につけ！」

レースが終盤になるほど、エイドステーションの規模は大きくなっていった。道路の両側に一〇〇メートルほども並んでいる。バスがエイドステーションに到着すると大混乱になる。先を行くペースの落ちたランナーたちが振り返り、私たちが突き進んで来るのを恐怖の表情で見ていた。

エイドステーションを抜けると、私たちは再び集団を形成し、リズムに乗って走った。長い行軍を続ける軍隊になった気分だった。それはコムラッズ・マラソンの創始者である退役軍人のヴィック・クラップハムが、一〇〇年以上前に第一次世界大戦中に同志たちと共に経験したこと、そしてこのレースを同志たちの強さと献身への賛辞として後世に残したかったことを思い起こさせるものだった。もちろん私たちが向かう場所は戦場ではなく、ゴール地点であり、シャワーであり、ホテルのベッドである。それでもバスの一員として走ることで、クラップハムの同志たちが体験した大きな苦闘と、それを乗り越えるための仲間意識を垣間見られたような気がした。

中間地点に差し掛かり、ペースを保つのが大変になってきたが、バスの力に後押しされるのを感じた。集団の中にいると、スイッチを切って楽に走れる。仲間たち《コムラッズ》と一緒なら、なんとか頑張れそうな気がする。

「目の前の一キロに集中しよう。残りのことは考えず、この一キロを走るんだ」とリーダーが励ます。良いアドバイスだ。標識はまだ残りが四六キロメートルもあることを示している。疲れていて、こんなペースをそんなに長く続けられないのは確かだ。でも一キロメートルならできる。がんばれ。

「みんなの今日の目標はビル・ローワンだ。このバスに乗っていれば実現できるぞ。さあ、一緒に行こう！」

バスは何人ものランナーに追いつき、追い抜いていった。追いつかれたランナーは、私がそうだったように、そのままバスに加わることが多い。だから、バスの人数はどんどん増えていく。他のランナーとぶつからないようにするのが難しくなってきた。私の側にいる二人の男も、何度も相手にぶつかり、お互いに苛立っている。そのうちの一人が何度もぶつけられ、たまらず叫んだ。

「おい、俺に喧嘩を売ってるのか？」。バスの運転手が肩越しにそれを見て、どこで言い争いが起きているかをすぐに突き止めると、手を挙げて「ヘイ！」と叫び、急ブレーキをかけた。「バスを止めろ！」。全員が前につんのめるようにして足を止めた。

「喧嘩をするなら、バスを降りるんだ」。運転手は本気だった。二人の男をにらみつけている。

「これは愛のバスだぞ」と誰かが叫んだ。

「みんな仲間だ《コムラッズ》」と運転手は続けた。「助け合わなければだめだ。ここではみんなアフリカ人だ。肌の色は関係ない」

二人の男は謝り、和解の握手をした。どちらも冷静さを取り戻している。

運転手は先頭に戻り、号令をかけた。私たちはお互いの間隔に気をつけつつ、なぜか今まで以上に近づきながら走った。「ここは虹の国だ」運転手が言い、胸を張った。「今日は俺たちの日だ。誇りを持とう」。私は胸が熱くなった。私たちは一致団結していた。その間も、キロ数は刻まれていく。

私はそのまま一時間ほどバスに留まり、そのエネルギーと勢いに乗って走っていたが、やがてついていけなくなり、脱落してしまった。一人になったとたん、状態は急速に悪化した。走るのが辛くなり、フォームが崩れ、足やふくらはぎ、腰など、あちこちが痛んだ。なんとか持ちこたえていたが、あとどれくらい走らなければならないかを考えると、気が遠くなった。まだフルマラソンの距離が残っている。すでにこんなに苦しいのに、走れるわけがない。

辛い。走っているのと同じくらいの時間、歩きながら前に進む。誰かが私の名前を呼ぶ声がした。こんなに疲れていても誰かと会話ができるなんて不思議なことだ。そのランナーは私の友人の友人だった。ゼッケンには「ストレッチ」という愛称が書かれている。

「後ろから次のバスが来てる」と彼は言った。「俺たち、このままじゃビル・ローワンも無理だぞ」

「そうなのか？」私は軽いパニックに陥った。プライドが刺激された。銀メダルを狙っていたのに、その次のビル・ローワンも手に入れられず、制限時間ギリギリの銅メダルを目標にしなければならないのか――。私は急に、どうしてもビル・ローワン・メダルが欲しくなった。

「頑張ればなんとかなるかもな」ストレッチが言った。「でも、たぶんダメだろう」

私はペースを上げた。必死になれば、まだ走れると気づいた。痛みや苦しみ、胃の辺りの気持ち悪さ、片方の足指に水ぶくれができ始めたことなどで気力が萎えていただけだったのだ。悪いことばかりに目を向け、自分を憐れんでいた。ビル・ローワンすら手に入らないかもしれないという考えに、頬を平手打ちされたようなショックを受けた。「頑張れ、行くぞ!」

そのまま何マイルも走り続けた。何人も追い抜いていく。路上は意気消沈し、肩を落として歩くランナーでいっぱいだ。次第に、帆に受ける風が止むように、私の背中を後押ししていたエネルギーも弱まっていった。少し歩くことにした。再び走り出すことができない。

ストレッチに追い抜かれる。エイドステーションで、飲み物と食べ物を補給する。ビル・ローワンが遠のいていくのを思い出し、我に返って走り始めた。面白いものだ。数日前まではビル・ローワンのことも、彼の名を冠したメダルのことも聞いたことがなかったのに、今はそのことで頭がいっぱいだ。全身全霊をかけて、このメダルを手に入れようとしている。

しばらくこんな調子で浮き沈みを繰り返しながら走った。残り三〇キロメートルで、ハムストリングスに強烈な痛みを感じた。特に下り道では地獄のように痛むので、コースの途中にいくつも設けられているマッサージステーションのひとつに立ち寄った。スタッフ二人が片脚ずつ、氷を押しつけながら激しく脚を揉んでくれた。「オーケー、ゴー、ゴー」と言われ、再び走り出す。

ビル・ローワンのメダルを手に入れるために九時間以内でゴールできるかどうかを計算しようとするのだが、頭が回らずうまく数字を導けない。全身ユニオンジャックのランナーが、十分に間に合うと言う。「大丈夫さ、必ずできる」これから取引を始めるロンドン市場のトレーダーみたいに、溌溂とした陽気な声だ。

そして残り五キロ、またアレが起こった。ミウォック一〇〇Kのときと同じように、突然、調子が良くなったのだ。何か強烈な薬物を注射されたような感じだ。ゴールが近づいているのを察知して、スイッチが切り替わったのかもしれない。これなら自分に対処できる距離だと、無意識に理解したのかもしれない。脚が急に軽くなり、全身にエネルギーを感じながら、跳ねるように走っていく。余裕の走りで、何人も追い抜いた。平坦な道なのに、ずっと下りが続いているみたいだ。九時間を切れないかもしれないという恐怖とパニックは収まった。もう大丈夫だ。

大勢の観客が待つ、ゴール地点の競馬場に入る。誰かに名前を呼ばれ、嬉しくなって手を振る。ビル・ローワン、あなたは私のものだ。一五分の余裕を残して、八時間四四分でフィニッシュラインを越えた。

ゴールエリアで女性がメダルを渡してくれた。涙がこぼれそうだ。誰かの肩にもたれかかりたい。代わりに彼女の手を握った。彼女は私を強く抱きしめ、私を見つめてくれた。他のランナーたちも、メダルを配るスタッフとハグしている。これが彼らの仕事なのだ。ボロボロになりながらゴールする選手の気持ちと身体を受け止めることが。彼女が私を見て言った。

「大丈夫?」

私は頷く。しゃべったら泣いてしまいそうだったので、何も言わなかった。彼女の手を放し、現実の世界に戻る。彼女は次の感傷的なランナーを受け止める準備を始めた。

午後遅くの日差しの中、荷物の預かり所にゆっくりと向かう。ビル・ローワン・メダルを目標とするバスが、あと数分で九時間というところでゴールした。何時間も走り続けた大勢のランナーが、目標を達成して喜びを分かち合っている。その光景を目にして、それまでこらえていた涙があふれ出した。こんなにもたくさんの人たちによる、とてつもない努力を目の当たりにして、甘く、ほっとした気持ちになった。

その後、食事をし、お祝いのビールを飲んで回復した私は、制限時間である一二時間の瞬間を見届けるためにフィニッシュ地点に戻った。もう暗くなっている。これからゴールしようとしているランナーたちは、夜明け前から過酷なコースを走り続けてきた。私はフィニッシュラインの横の観客席に上り、脚が疲れているにもかかわらず、空に鳴り響く音楽に合わせて身体を揺らしながら立っていた。残された時間はあとわずかだ。天国の門が閉まろうとしているかのようにゴール地点めがけて走ってきたランナーたちが、腕を大きく広げ、歓喜のあまり天を仰ぎながらフィニッシュラインを越えていく。弱り、疲れ果てて、他のランナーの肩を借りながら一緒にフィニッシュするランナーもいる。見ていると、胸に熱いものが込み上げてくる。私はひとりでこの場所にいて良かったと思った。

残り三〇秒。ランナーたちが、最終コーナーを曲がり、最後の直線に入ってくる。一〇〇メートル先のフィニッシュラインめがけて、死に物狂いで走る。アナウンサーがカウントダウンしている……。残り一〇秒、九秒……三秒、二秒、一秒。

その瞬間、音楽は止み、照明は消され、ランナーに背を向けた関係者たちがフィニッシュラインを閉鎖した。あと一歩で間に合わなかったランナーたちが、暗闇の中で地面に崩れ落ち、呆然と立ち尽くしている。トランペットが悲しそうに『ザ・ラストポスト』を演奏し始める。この一二時間、希望や恐怖の中で、あらゆる苦しみを経験しながら、制限時間内にゴールするために努力してきた人々は、横のゲートから外に出ていかなければならない。フィニッシュラインを越えてゴールすることすら許されない。

　このレースを完走するのは簡単なことではない。ポケットに手を伸ばすと、ビル・ローワン・メダルの感触があった。私がこれまでに獲得したメダルの中で一番小さいが、一番価値のあるメダルかもしれない。

* * *

　翌日は、飛行機でイギリスに帰国する予定だったが、その前にクレイグの計らいで、ダーバンで催されたコムラッズ・マラソンの授賞式兼朝食会に招待してもらった。ハムストリングスをひどく傷めた状態のまま、足を引きずるようにして円卓が並ぶ会場に入った。場内は、チームのジャージを着た選手や、ブレザー姿の関係者でいっぱいだった。ここ数日で知り合った何人もの人たちに会釈をしながら、座る場所を探した。トップエリートチームのネドバンクのテーブルに、スティーブ・ウェイの姿があった。隣の席が空いている。

　そこまで歩き、彼の隣に座った。昨日、スティーブが素晴らしい走りをしたことがわかった。彼はニヤニヤしながら金メダルを見せてくれた。心拍数に合わせて走るという計画を守っていたこともあって、最初のチェックポイントである一二マイル〔一九㎞〕地点では一二〇位前後というかなり後方の位置にいたという。二〇マイル〔三二㎞〕の時点でも、まだ九四位。けれども、レース後半で他のランナーがペースを落とし始めると、大躍進が始まった。「七〇キロ地点でも何人も抜いてた。会心の走りだったよ」。最後の大きな上り坂「ポリーショーツ」で一九位から九位と大きく順位を上げ、そのままフィニッシュした。「あの上りでは、みんなかなり疲れてた。でも僕は興奮してたよ。そして、もしかしたらトップ一〇に入れるかもしれないって思ったんだ」

ネドバンクのテーブルが埋まってきたので、私はスティーブを独占するのをやめてその場を離れることにした。四〇代以上としても、初出場選手としても一位だった彼と、大勢の人が話したがっている。どちらも高額の小切手がもらえるので、スティーブは自身過去最高額の賞金を獲得した。私は、なぜ世界のトップレベルのウルトラランナーたちがこのレースに挑戦しないのか、不思議でならない。決まった席がないため、会場内をおもむろに歩き回っていると、女子部門で優勝したカミーユ・ヘロンというアメリカ人ランナーを見つけた。近寄って、話を伺ってもいいかと丁寧に尋ねた。私は自分がジャーナリストで、ウルトラランニングに関する本を書いていると説明した。

彼女は微笑みつつも、私に鋭い視線を向けた。「じゃあ、私と話をすべきね。クレイジーな話があるから」

私は何と言えばいいのかわからなかった。ウルトラランナーと、そのクレイジーな経歴とは？

「具体的には？」と私は尋ねる。

「一六歳のとき――」と彼女は言った。「竜巻で家族が家を失ったの」

彼女が話を続けようとしたとき、授賞式が始まってしまった。だから、カミーユが残りの話をしてくれたのは、数か月後の電話でのことだった。その間、彼女は多忙な日々を送っていた。コムラッズでの優勝に続いて、一〇〇マイルトレイルでの女子の世界記録を一時間以上も短縮するという驚異的な記録を叩き出した。一二時間四二分という彼女のタイムは、男女を問わず一〇〇マイルトレイルの年間最速タイムだった。しかも、カミーユが一〇〇マイルを走ったのはこのときが初めてだった。

さらにその一か月後、彼女は一九九一年にこのスポーツのレジェンドであるアン・トラソンが樹立した一二時間走の世界記録を塗り替えている。

とはいえ、ここでは話題をダーバンで彼女が話し始めた竜巻の話に戻そう。私は興味をそそられた。それが彼女をランナーの道へと導くきっかけになったのだろうか？

彼女は笑った。彼女は、どんな質問をしても笑う。「夫は、私が人生で経験してきた困難を信じようとしないの」と彼女は言う。「大学時代は七回も疲労骨折をした。コーチには才能がないと言われた。でも、私は前向きな人間よ。いつもニコニコしているの。クリスマスが誕生日で、母からも笑ってこの世に生まれてきたと言われてる」

竜巻に襲われたとき、彼女はまだ高校生だった。「竜巻が来るのはわかってたの。でも、前に見たこともあったし、特に対策はしていなかった。ちょうどシャワーから出たとき、父から家を出るぞと言われた。着の身着のままで逃げたわ」

後になって、それは時速三〇〇マイル〔四八〇km〕超の、全世界での観測史上最強の竜巻だったことがわかった。

「地元では四〇人が死んだわ。竜巻が通り過ぎたあとは、原子爆弾を落とされたみたいになっていた」

住む家を失い、その夏のあいだは祖父母の家のソファーで寝た。その辛い経験が、高校の陸上部で良い成績を収める動機になった。結果的に、大学のクロスカントリーチームにスカウトされた。「あの体験は、豊かなモノに囲まれるよりも人生や経験の価値を教えてくれたわ」。だが大学生活は何度も怪我に泣かされ、十分な活躍ができなかった。

「コーチには、この競技に向いていないと言われた」彼女はほんの少し声を震わせた。「でも、自分には何かがあると強く感じてた。私は最速のランナーではなかったし、そのことはよくわかっていた。でも、私はとにかく疲れにくかったの」

カミーユはその型破りな走法で知られている。脚をほとんど上げず、走るというよりクロスカントリースキーをしているか、ローラースケートを履いてツイストをしているように見える。「私の歩き方は独特なの。これは、生まれつき右の大腿骨が内側にねじれているためよ。つまり、私は完璧ではない身体で生まれたということね」

歩き方が左右非対称になるため、身体にかかる力やストレスを減らすために歩幅を調整する必要があったのだという。「だから、足で地面を押すというより、地面から持ち上げるような走り方を編み出したの。これは速くもないし、パワフルでもないわ。二時間四〇分以内でマラソンを走るランナーの中で、五キロメートルのタイムはおそらく私が一番遅いと思う。でも、ウルトラでは違う。私は足で地面をかすめるように走る。一緒に走っている友人たちからは、足音が聞こえない、ホバークラフトみたいだって言われるわ」

大学時代に怪我の問題を抱えたために、カミーユは本格的なランニングをやめた。再びランニングに真剣に取り組み始めたのは、アメリカのマラソンオリンピック代表の選考会レースに向けて練習していた夫から、自分よりも走る量が多いと言われてからだった。

「彼は私のコーチになり、私は骨について学ぶために大学院に戻った」

怪我の問題を解決しようと決心したカミーユは大学院で生理学を学び、骨の回復に関する修士論文を書いた。

「両親は、私の最大の強みは頭脳だと言っている。なぜなら、私は優れたアスリートになるために科学を応用しているから。ロン・ドーズの『The Self-Made Olympian』（未訳）を読んだことがあるわ。彼は特別な才能には恵まれていなかったけど、努力を積み重ね、緻密な計画に従ってマラソンのオリンピック選手になったの」

同じく緻密なアプローチを実践している彼女は、一一年連続で週に一〇〇マイル以上を走り、怪我もしていない。

「私は鉄の脚を持っている」と彼女は言う。

カミーユは長いあいだマラソンに集中して取り組み、ある程度の成功を収めた。全米のレースで優勝し、コンスタントに二時間四〇分以内でゴールしていた。ウルトラランニングに挑戦したのは二〇一三年のことだ。最初の挑戦は南アフリカで開催される五六キロメートルのツーオーシャンズ・マラソンだったが、たいした成績ではなかった。そして二〇一四年、コムラッズに初挑戦した。
「途中まで四位で走ってた。でも、胃腸炎に感染して熱があり、下痢もしていて、意識がもうろうとしていたの。その年ボストンで優勝したメブ・ケフレジギのことを意識し過ぎて、無理をしてた」。結局、最後は八三キロメートル地点で倒れた。

もしかするとウルトラランニングへの挑戦はそれで終わりになっていた可能性もある。だが二〇一五年、ウィスコンシン州マディソンで開催されたマッドシティ一〇〇Kに出場。この大会は、全米選手権も兼ねていた。カミーユは優勝した。アメリカ人の女子選手として歴代三位のタイムだった。

「最高の気分だった。国内レースで初めて優勝できたし、過去八年での世界最速のタイムだったから。帰り道にレースディレクターから興奮した様子で電話がかかってきたわ。そのとき思ったの。私はウルトラマラソンが得意かもしれないって。映画『リトル・ダンサー』の主人公の少年ビリー・エリオットが、初めてバレエを踊ったときみたいだと思ったわ。本当に気持ちが良かった」

その数か月後には、一〇〇キロメートル世界選手権で優勝し、初の全米タイトルも獲得した。その後、アン・トラソンの五〇マイル〔八〇km〕の世界記録を破ると、五〇キロメートル世界選手権でも優勝した。カミーユはまるで、ウルトラランニング界に吹き荒れるサイクロンだった。

おそらく、竜巻、絶えることのない笑顔、すり足のような走り方、科学的なトレーニング方法のなかのどこかに、彼女のウルトラランニングの成功の秘訣がある。「遺伝的なものかもしれない」と彼女は言う。「たとえば、特別なミトコンドリアを持っているとか。いつか科学者に生体データを提供して、なぜ私が疲れないのかを調べてもらいたいと思っているの」と彼女は言う。

彼女は食事のせいではないと言う。「私はオクラホマで肉とジャガイモを食べて育った。普段食べているのもそれよ。食事の内容を専門家に分析してもらったことがあるけど、肉の量に驚かれた。でも面白いことに、私のエネルギーバランスは、身体が必要とするものに合っていることがわかったの」

私はカミーユにビールのことを尋ねずにはいられなかった。最近のレースでは、レース中にビールを一、二杯飲むのが彼女のトレードマークになっている。一〇〇マイルで驚異的な世界記録を打ち立てたときでさえ、走っている最中に瓶ビールを何本も飲み干したりしていた。いったいどういうことなのだろう？

「ああ、その話ね」彼女はいつも以上に笑った。「あれは偶然に始まったようなものよ。一年ほど前、一〇〇キロのトレイルレースを走っていて、先頭のランナーに追いついた。彼は少し動揺してた。女性の選手としては、男性の選手を抜くのはエキサイティングなことよ。レースでは、後半になるほど、男性の選手を追い抜く機会が増える。でもそのレースでは、その選手を追い抜いたあと、軽くめまいがした。暑かったし、次のエイドステーションで椅子にもたれかかって休憩してた。そのあいだに、例の彼に追い抜かされたわ。スタッフは私を生き返らせようと手を尽くしてくれていた。車の中には六缶パックのビールが置いてあった。レース後に飲むためのものだったけど、夫が「飲む？」と尋ねてきた。一気に飲んだら、急に元気が出てまた走り出せたの。すごく調子が良くなって、あの男子ランナーを抜き返した。結局、コースレコードを二七分も更新して優勝したわ」

何か科学的根拠はあるのだろうか？　それともこれはビールの神様が起こした奇跡なのか？

「わからないわ。その前にエイドステーションで食料をたくさん補給していたから、消化のために血が胃に集中していたはず。それがビールのおかげで頭に戻ったのかもしれない」

コムラッズ・マラソンでも、カミーユは残り数マイル地点で夫からビールを受け取り、南アフリカの何百万人ものテレビ視聴者を仰天させた。

「ハムストリングスが硬くなってたの。ビールで緊張が和らいだわ。精神面が落ち着いて、気分が良くなった」

やはり、心は重要だということなのだろうか。もちろんランニングにおける精神面の重要性は昔から知られ、語られてきた。けれども私はウルトラランニングでは、精神面が特に大きな役割を果たしているのではないかと考え始めていた。ただし、心を手なずけ、コントロールする術を学ぶのは想像しているよりもはるかに難しいということを、私はそのあとで何度も痛感させられることになる。

9　究極のフォームを求めて

コムラッズで痛めたハムストリングのために二週間ほどは走れなかったが、そのあとはすぐに練習を再開した。なにしろ、これから一番ハードなレースが控えている。最初に一年間のレース計画を立てたとき、そのスケジュールをネットに投稿したら、「びっくり」、「信じられない！」、「ウルトラランニング界の川内優輝（ほぼ毎週末マラソンレースに出場する日本の有名なランナー）だ」といった反応があった。

ＵＴＭＢポイントは、二年かけて貯めるのが普通だ。そもそも、ＵＴＭＢに挑戦しようと考えるのは、ウルトラマラソンを始めて数年経ってからなのが一般的だ。にもかかわらず、私はウルトラマラソンを始めたばかりなのに、一年でポイントを貯めようとしている。加えて、ウルトラランニングの世界をより深く体験し、理解するために走らなければならないと判断したコムラッズなどのレースにも、いくつか出場することにしていた。コムラッズを終えた私がこれから迎えようとしていたのは、クレイジーな五週間のレース・スケジュールだった。この五週間のあいだに、北ウェールズのアングルシー島の海岸全体を三日間かけて一周する一三五マイル〔二一六km〕レース「リング・オブ・ファイア」（ＵＴＭＢポイント「５」）と、南フランスのピレネー山脈を横断する一〇〇マイルレース（ＵＴＭＢポイント「６」）を走り、そのあいだに、どうしてもその魅力に抗えなかった南ロンドンの小さなレースを走る。

その前年、私はガーディアン紙にトゥーティングで開催されるその二四時間のトラックレース〔自己超越二四時間レース〕についての記事を書くよう依頼され、そのレースを観戦した。ランナーたちがトラックをゆっくりと周回する光景は、最初はかなり退屈で無意味に思えたが、時間が経つにつれて感動的で壮大なものに変わり始めた。ランナーたちはこの何の変哲もない場所で、まるで舞台の上にいるかのように、私の目の前で人生を変えるような経験をしていた。

レースは正午に始まったので、最初の数時間を見てから夜中の三時に見に戻ってみた。ロンドン中が眠っているあいだも、まだ選手たちはそこにいて、無言でひたすらトラックを周回し続けていた。アリーナの空気には緊迫したものも感じられたが、どこか穏やかだった。これはいったい何なのだろう？　私はその場で、いつかこのレースを走らなければならないと決心した。だから今年、私はこのトゥーティングの二四時間レースに出場することにした。

問題はこのレースが、リング・オブ・ファイアを走った二週間後、ピレネー山脈を一〇〇マイル走る三週間前に開催されるということだ。だから私は、リング・オブ・ファイアを楽に走るという計画を立てた。三日間かけて行われるので、毎日ジョギング・ペースで走り、UTMBのポイントを得ることだけに専念する。次に、トラックレースを全力で走る。最後のピレネー山脈のレースは、どんなに疲れていても、山の中の一〇〇マイルを根性で走りぬく。UTMBポイントを六ポイント獲得するためには、どうしてもこのレースを完走しなければならない。だから、必死になって走るはずだ。これが私の計画だった。

このスケジュールを見て、心配して連絡してくる人もいた。レースの間隔が短く、体力を回復できないというのだ。コーチのトムも、怪我をする危険があると懸念していた。当然ながら、今回の私のように短期間で連戦しなくても、ウルトラレースを走り、そのための練習をすることには、ただでさえ怪我のリスクは高い。大きな怪我に見舞われていない私は単に、これまで運が良かっただけなのだ。これからどうなるかはわからない。

あるいは、運が良かったとばかりは言えないのかもしれない。ウルトラランニングの旅を始めたとき、私はすでに怪我の問題を抱えていた。その時点で七年間定期的にランニングをしていて、そのあいだにランニングフォームについての発見があった。きっかけはご多分に漏れず、クリストファー・マクドゥーガルの二〇〇九年の著書『BORN TO RUN 走るために生まれた ウルトラランナーVS人類最強の〝走る民族〟』（近藤隆文訳、NHK出版、二〇一〇年）だ。この本の基本的な主張は、人類の進化は、長距離を走る能力によって大きく促されたというものだ。動物界の中で、人類は暑い日（優れた熱軽減システム、すなわち「発汗」を作用させられるとき）に長距離を走るのが最も得意な種の一つである。少なくとも、自動車や靴、椅子、オフィス、リモコンテレビなどの文明の利器が発明される前の私たちの祖先はそうだった。

マクドゥーガルは同書で、怪我をせずに走るために必要なことは、人間の身体の設計に従った方法、つまりシューズを履かずに走ることだという説得力のある主張をしている。クッション入りの一般的なランニングシューズを履くことが、ランナーが怪我をする原因になっているというのだ。クッション性のあるシューズを履かずに裸足で走るとき、脳は足裏から伝わる地面の衝撃を感じ、すぐに走り方を調整すると彼は言う。

大勢のランナーがこの本に夢中になった。だがすぐに、シューズを履かずにランニングをすることの壁に直面した。裸足で走ればガラスの破片や犬の糞を踏んでしまうかもしれないし、間抜けに見えるかもしれない。それを受けて、あるムーブメントと市場が誕生した。ランニングシューズのデザインが変わり、薄底のものが人気を博すようになったのだ。ランニングの革命が起こった、毎年七割のランナーが怪我をする時代は終わった――と多くの人が思った。だが、実際にはそうはならなかった。

この問題に関する研究が多く行われ、マクドゥーガルの主張とは矛盾する結果が示されるようになった。その中でも最も規模が大きく包括的なのが、二〇一六年にブリティッシュ・ジャーナル・オブ・スポーツ・メディシン誌に掲載されたデラウェア大学のアリソン・アルトマンとハーバード大学のアイリーン・デイビスによる研究だ。同研究によれば、通常のシューズを履いたランナーと裸足のランナーの負傷率はほぼ同じだった。

私の場合、単にシューズを薄底のものに替えるだけではなく、ランニングフォームを学び、体幹を鍛え、ヨガや筋肉の活性化を試し、定期的なスクワットで運動能力を向上させようとする熱意と意欲があるにもかかわらず、ウルトラランニングの探求を始める前の段階で、不安を抱えていた。『BORN TO RUN』を読んでフォームを変え始めて以来、両アキレス腱にうずくような痛みを覚えつつ、マラソンを六回完走していた。だが、この状態でウルトラマラソンを走れるだろうか？　きっといずれかの時点で故障してしまうだろう。そうなる前に、アキレス腱の痛みを治す必要がある。

私が実践していた対処法やテクニックのほとんどは、体幹トレーニングや身体の動かし方を指導してもらっていたジョー・ケリーから教わったものだ。ジョーのライフワークは、人間の身体を、進化の過程で設計された通りにスムーズかつ効率的に動かす方法を見つけること。現代人の身体は、出来損ないの乗り物のようになっていると彼は言う。都市では、ランチタイムに苦しそうに顔をしかめてランニングをするオフィスワーカーをよく見かける。シャワーを浴びて食事を取るときにはエンドルフィンの効果で気分が良くなるのだろうが、走ることそのものを楽しんでいるようには見えない。

私も以前はそうだったからよくわかる。私はランニングが大好きで、身体が温まって動けるようになると、完璧とは言えないまでも、滑らかな身体の動きや、活力、力強さを感じながら走れていた。とはいえ同時に、どこかでブレーキがかかっているような、ホイールが擦れているような、タイヤがパンクして、スポークから常に音が鳴っているような、そんな違和感も覚えていた。問題の原因は、たいていアキレス腱だった。特に、街中でのランチタイムのランニングのときは酷かった。最悪なのは、最初の一マイルだ。ランニングを終えて、午後にデスクから立ち上がろうとしたときにも、痛みを感じた。

「足を引きずってる?」と同僚が言う。

「ちがうよ!」私はきっぱりと否定した。それを認めたくはなかった。「ギャング風に歩いているだけさ」

なぜ私はベアフット走法を諦めなかったのか? 第一、私は実際に裸足で走っていたわけでも、極端なミニマルシューズを履いて走っていたわけでもなかった。ただし、かかとから着地する「ヒールストライク走法」から足裏全体で着地する「ミッドフット走法」(ベアフットの自然な走法と見なされている）へは意図的に移行していた。また、ナイキやブルックスなどのメーカーが製造するランニングシューズではあるものの、最も軽くてクッション性の低いシューズを履いていた。

ヒールストライク走法には戻れなかった。この走法をしてた頃は、それほど走っていないのに怪我をしがちだったからだ。膝や腰など、あちこちを痛めていた。ミッドフット走法に変えてからは、痛むのはほぼアキレス腱だけだった。それに背筋を伸ばし、ミッドフットで着地するこの走法だと、スムーズかつ速く走れるように感じていた。あれこれと努力はしているが、身体がうまくこの走法に対応できていないだけなのだろう。

私は最初にフォームを変えてミッドフットで着地する方法を教えてくれたムーブメント・コーチのリー・サクスビーに相談することにした。数回のセッションのあと、彼は私の身体の可動性の少なさにかなり落胆していた。

サクスビーは、ランニングを始める前にパスする必要があるという一連の基礎テストを実施している。そのひとつは、深く腰を下ろすスクワットを快適に行えることだ。私はここでも絶望的で、腰の高さで身体をふたつに折り曲げてゆっくりと腰を落とすのがやっとだった。

彼は首を横に振りながら、「それでよく走れるな」と言った。

私は顔をしかめ、痛くないふりをしてこの動作をした。オマーンの砂漠で、うずくような痛みはあったものの何とか耐えられたのは、砂の上を走っていたからかもしれない。デヴォンの海岸沿いを三四マイル〔五四㎞〕なんとか走り抜くこともできた。けれども、モンブランの周りを一〇五マイル〔一六八㎞〕も走るのは話が別だ。認めたくはなかったが、大きな怪我をするのは目に見えていた。

デヴォンのレースのあと、状態が悪化していたので強い不安に襲われ、理学療法士に会いに行った。右足のかかとの裏にしこりができていた。見た目も悪く、走るたびにズキズキと痛む。理学療法士は、足首の可動域が狭まっていると言った。他の専門家と同じ診断結果だったが、サクスビーとは違い、治すためにはスクワットを完全にやめるよう指示された。ミニマルシューズを履くのもやめるべきだという。かかとの下にサポートが必要だ、と彼は言った。

その言葉は、足やランニングフォームについて自分なりに深く学んできた私にとって屈辱的なものだった。ミニマルシューズを履けば、足の可動域が広がり、接地感が高まり、脳に走るために必要な情報を伝えられる。クッション性の高いシューズで足を包むのは間違っている。それは足に包帯を巻いて、せっかくの機能を使えなくしているようなものではないのか。とはいえ、かかとのしこりの状態はよいものには見えなかった。

理学療法士は、しこりはそれほど気にしておらず、走るときのアキレス腱の痛みのほうを心配していた。他にも何人かの医師にしこりを診てもらったが、誰もあまり心配していないようだった。それは踵骨棘だと、まるでそばかすか何かみたいに事もなげに診断された。それでも、不安になった私は理学療法士のアドバイスに従い、クッション性の高いシューズを履き、一日三回ふくらはぎをストレッチし、階段の段差を使ってかかと上げをした。

しかし、まったく効果がなかった。むしろ、事態はさらに悪化していた。スクワットやストレッチ、かかと上げは逆効果だった。走る以外にこれらを何もしなければ、少なくとも悪化はしなかった。だからしばらくは何もせず、手に負えない怪我を司る神様か何かが現れて、目覚めたら魔法のように痛みがなくなっていることを願うしかなかった。たいした期待は持てなかった。

イングランド・デヴォン州南部の町トットネスにあるガレージで、小さなジムの真ん中に立っている私の周りを歩きながら、ジョー・ケリーが考え込んでいる。私が抱える問題の真相を究明しようとしているのだ。ジョーは常に研鑽を重ねて、自身のテクニックや治療法に改良を加えている。最新の知識を漏らさずに吸収し、書物を読み、講座を受講し、そこで得たすべてを私に試そうとする。私は実験用のネズミだ。彼が次に何を思いつくのだろう、と考えて思わず苦笑してしまうことも多い。ありとあらゆる滑稽な動作を取らされる。あるときには、顎を一方に突き出しながら、逆方向を見るように指示され、どうしてもおかしくて吹き出してしまった。綿棒で目をマッサージされたこともあるし、携帯電話の画面に表示された何本かの線を見させられたこともある。これがジョーの治療なのだ。

左膝の傷跡をマッサージすることで、少し改善が見られた。ジョーの基本的なやり方は、私に筋力テストを行わせ、治療を施したのち、再び筋力テストをするというものだ。筋力テストの結果に変化があれば、何らかの治療効果があったと考えられる。不思議にも、左足の傷跡をマッサージしたあと、私の筋力は明らかに強くなっていた。ただし、それはアキレス腱の問題を解決しない。

「何か別のことが起きてる」と彼は言い、私について、この室内について、宇宙について、思いを巡らしている。私は明らかに複雑なケースだった。「治療は役に立ってる。だけど、問題の根本を突き止めなければならない」

過去にどんな怪我をしたことがあるかと尋ねられ、左手首を三度骨折したことがあると答えた。それが、突破口を開いた。私は、それはアキレス腱の問題とは無関係だと思っていたのだが、ジョーはこの新事実に興奮していた。さっそく、私の手首を押さえたり突いたりし始めている。その結果、驚くべきことが起きた。私が右手で左手首を握るだけで、脚力が倍増したのだ。過去の左手首の怪我が、私のアキレス腱に生じていた問題の原因だったのだろうか？　だがジョーは確信が持てない様子だった。案の定、その後数週間、走るたびにアキレス腱が痛んだ。

ある日、ジョーは新たに学んだばかりのことを興奮気味に話し始めた。彼はしょっちゅうこんなことを繰り返している。まるでクリスマスに子どもがプレゼントの包みを開けるみたいに新しいテクニックを試し、それを吸収して、次のステップに進んでいく。ジョーの最新の興味の対象は、「アナトミー・イン・モーション」と呼ばれる技法だった。彼は、私を室内で歩き回らせ、その様子を注意深く観察し、「動作」を指示する。私は片足を踏み出し、片腕を上げ、身体をひねる。

「違いを感じる？」彼が尋ねる。感じない。前と同じだ。

「特に感じないよ」と私は言う。だが、彼はこれが役に立つと確信していた。だから、私は試しに毎朝自宅でやってみることにした。

もちろん、これを馬鹿げた話だと受け止める向きも多いだろう。この手の証明されていないテクニックで私が自分（と読者）の時間を無駄にするのはやめるべきだ、と。すぐに手術を受けたほうがいいと考える人もいるだろう。コーチからも、衝撃波療法を提案された（それは少し怖かった）。それでも私には、〝人間の身体は生まれつき走るようにできているのだから、オフィスや車、ソファーに座って過ごしてきたことで生じたねじれを直せば、すべてが自然に解決するはずだ〟という考えが正しいと思えてならなかった。私はいわば、四〇年ものあいだ皺だらけの状態で放置されてきたシャツのようなものだった。ジョーは私にアイロンをかけてこれらの皺を伸ばそうとしている。そのうちのいくつかは頑固なのだ。

それからしばらく経ったある夜、私は電車の中でノートパソコンを広げ、テレビ番組の再放送を見ていた。BBC2で放送されている『ドクター・イン・ザ・ハウス』というシリーズで、ジョーから見るように勧められたものだった。この番組では開業医が数週間、患者の家庭を観察する。手術に一〇分間だけ付き添ったり、痛みを消すための薬を与えたりするのではなく、日常の様子に目を向けることで健康問題の原因を突き止め、それを正すことで問題を解決するのだ。

このエピソードに登場する家族は、幼い息子が湿疹に、父親のレイが慢性的な腰痛に悩まされている。レイは自分のジムを持つボディビルダーだが、二五年間鎮痛剤を服用しているという。背中が常に痛く、長年、熟睡したことがなく、いつも不機嫌だ。医師はこの辛い状況を改善すべく、いくつかの治療法を提案するが、効果は見られない。そこで医師はレイを、アナトミー・イン・モーションという技術を開発した、ゲイリー・ウォードというロンドンの開業医のもとに連れて行く。

クリニックに向かうタクシーの中で、レイは猜疑心に駆られる。「これまで大勢の医師や専門家に診てもらったけど、治らなかったんだ。期待はできないね」

セッションの終盤、レイはウォードの指導に従い、ジョーが私に指示したような動作をした。彼はその治療に興味を持ったようで、自分のジムに戻っても、ウエイトトレーニングをせずに鏡の前に立ってこの動作を繰り返した。ジョーがしているような治療法を主流のテレビ番組で目にするのは、不思議な感覚だった。そして、驚くべきことが起こる。レイは治ったのだ。背中の痛みは完全に消えた。

数週間後、医師が再び訪れると、レイは別人のようになっている。「背中の痛みはなくなった。天にも昇る気持ちだよ」。二か月後のプログラム終了時点でも、痛みは戻らなかった。レイは感極まった様子で言う。「二〇歳くらい若返った気分さ。大げさではなく、人生が変わった。夢みたいだ」

電車の中で、私の切符を確認するために足を止めた検札員が、ノートパソコンに映る番組を見て微笑んだ。「この番組、私も見ましたよ」と彼女は言った。「どうやって背中を治したんですかね。本当にびっくりしました」

私は自分の「動作」に熱心に取り組み、それが効果を生んでいるという確信を深めていった。だがアキレス腱はまだ痛んでいる。ミウォック一〇〇Kまであと約一か月しかない。本格的なランニングも続けている。これ以上先に進むには、あの奇跡の治療者に直接会わなければならない——私はそう決心した。

「アナトミー・イン・モーション」を開発したゲイリー・ウォードは、間違いなく多忙な人物だった。メールを送ると、次のような自動返信メールが送られてきた。

「『ドクター・イン・ザ・ハウス』がテレビで放映されて以来、極めて多忙な状態が続いています。私の指導を求めている人は、新しく開設したウェブサイトをご参照ください。私の講座を受講した他の専門家の連絡先を記載していますので、そちらにお問い合わせください」

だが私は粘り強く交渉し、結局本人に会ってもらえることになった。一週間後、私はロンドン北部の郊外にある彼の家の前に立っていた。

ドアベルを鳴らした。静かな曇り空の日だった。一九三〇年代の二戸建て住宅がひっそりと立ち並んでいる。まるで、この辺りで何も起こらないことに飽き飽きしているかのようだ。少なくとも、私にそう思わせたいのかもしれない。小さな金属製のゲートをすり抜けて出入りする郵便配達員以外に、生命を感じさせるものはない。

扉が開き、ジャージ姿のゲイリーが笑顔で現れると、「どうぞ、入って」と言った。

治療を始める前に、小さな居間にスペースをつくらなければならなかった。ガラスのコーヒーテーブルを片側に寄せ、子どものおもちゃ箱を移動した。革張りのソファーの向かいの壁には、巨大な薄型テレビが掛けられている。私はそれを手伝いながら、動作と、それがランニングフォームにどう関係しているかに興味があると伝えた。

「ランニングフォームの質問は嫌いなんだ」と彼は柔らかく言い、私を少しまごつかせた。

「なぜ?」私は尋ねた。

「くだらないことだからさ」

私は何と言えばいいのかわからなかった。フォームが良いことはランナーの良し悪しを分ける決定的な違いではないのだろうか? 私は良いフォームこそがランニングにとって何よりも大切だと考え、鉱脈を掘り当てるまで何十年もひたすら採掘を続ける人みたいに、それを追い求めてきた。私が最高のランナーになれないのは、フォームが悪いからだと信じていた。

「ケニア人は？」私は反論した。テレビの前のソファーに寝そべっているのではなく、アクティブな生活をして育ったからこそ身につけた素晴らしいフォームを持っているではないか。

彼はケニアのランナーについてよく知らなかったが、フォームは改良の対象にすべきではないと言う。フォームは機能に従う、と彼は言った。身体のすべてのものが適切なタイミングで、適切な方法で機能していれば、どこにも故障がなく、すべてが連動し、構造的に健全であれば、美しいフォームで走れる。なぜなら、人間の身体はそういうふうにできているからだ。

「私はいつも〝なぜ？〟と考える」と彼は言った。「なぜこの人のフォームは悪いのか？　何が原因でそうなっているのか？」

「コーチは頭を前に出して走っているランナーを見て、頭を上げるように指導するかもしれない。理論的にはその通りだ。そのほうが、筋膜の弾性エネルギーをうまく利用できるからだ」とゲイリーは言った。「だがそのランナーの頭が前に出ているのは、前足にうまく体重をかけられないからかもしれない。前足に体重をかけられないほどひどいイボができたことがあり、そのイボがなくなっても、前足に体重をかけないようなフォームで走り続けているといったケースも考えられる。その場合、このランナーに必要なのは前足に体重をかけるようにすることだ。それをやらずに頭だけを上げるように指導しても、別の場所にしわ寄せがいくだけだ」

過去の問題に焦点を当てるのは、ゲイリーのアプローチの鍵だ。私はジョーの治療を受けたときに、手首に注目したことで変化が起きたという事実をゲイリーに伝えた。彼はその話に強い関心を示した。

ゲイリーは紙の上に私の足を置き、左右の足の可動域を測定した。次に、私に手首を持つよう指示した。私が手首をつかんだ状態で再び測定すると、両足の可動域は二倍になっていた。

「人間の身体は複雑なものだが、特定の方法でしか動かせない、骨格と呼ばれる実に単純な構造も持っている」と彼は言う。「そして本来の自然な方向に骨を動かさないと、問題が生じる。構造の型を壊してしまうことになるからだ」

だが、なぜ骨が自然な方向に動かないといったことが起こるのか?

「たとえば、一五歳のときに左足首を捻挫して、左脚に体重をかけにくくなったとしよう。神経科学によれば、二本の指をテープでつなぐと、二時間以内に脳はそれを二本ではなく一本の指として再認識し始めるという。たったの二時間でだ。左足にギプスをはめ、六週間体重をかけられなくなり、右足に体重をかけるようになったような場合、どうなるか。大きな負担がかかるようになった右足は、内向きに回りやすくなる。右足に体重をかけることに慣れてくると、骨盤の向きも変わってくる。左足が回復しても、また前と同じ様に左足に体重をかけられるようになるとは限らない。自然に元に戻るのではないかと思うかもしれないが、人は往々にしてある姿勢から抜け出せなくなり、それを延々と維持してしまうものなんだ」

「アナトミー・イン・モーション」の動作の狙いは、脳に関節のフル可動域を優しく示すことにある。そうすることで、脳は過去に採用したパターン、すなわち古い損傷に対する補償がもはや必要ないと気づくことができる。いわば、それは脳を工場出荷時のまっさらな状態に戻そうとすることだ。もう緊急モードで作動する必要はないと、脳に伝えるのだ。

私の手首を診たあと、ゲイリーは私を廊下に立たせたり歩かせたりして、その様子を撮影した。その画像を見て、私は自分の姿勢がいかに歪んでいるかを知って愕然とした。ただ立っているだけのときも、身体は片側に傾き、首は曲がり、右足は外を向いている。

「人は自分の身体を知覚している。私はそれを〝中心の知覚〟と呼んでいる。私の前で自然な休息の姿勢で立つ人はみんな、自分はその中心を保っていると思っている。でも実際には、歪んでいることが多いんだ」

彼はさらにいくつもの図を描き、私にいくつかの動作を取らせ、大量の指示が書かれた書類を手渡してくれた。彼の自宅を出た私は、思いを巡らせた。ＢＢＣの番組でレイに効果があったような、すべてを即座に治すような魔法のボタンは見つからなかった。ゲイリーは私の足首をぐるぐると動かしてくれたが、それで痛みが消えたりはしなかった。私はこれから、彼に指示された動作を、時間をかけて学び、身体を再調整するための訓練をしなければならない。とはいえ、それは衝撃波療法よりは辛くなさそうだ。私はうまくいくことを願いながら、書類を小脇に抱えて駅まで歩いた。私はこれからたくさん走らなければならない。正常に機能する身体がどうしても必要なのだ。

一週間後、奇跡が起こった。数年ぶりに、アキレス腱に痛みを感じなかったのだ。起床後の最初の数歩も普通に歩けた。いつもの刺すような痛みはない。私の泣き所が、消えたというわけだ。外に出て走るのが楽しみだった。走ってみたら、予想通り、どこも痛くはない。アキレス腱が温まるまで、刺すような痛みを感じて顔をしかめたりすることもない。最初から、跳ねるように走っていける。次の走行も、その次の走行も同じだった。

この話をするうえで問題なのは、私にはそれが一般的に当てはまるものなのかどうかをたしかめる術がないということだ。これはあくまでも私が経験した一件の事例にすぎない。『ドクター・イン・ザ・ハウス』のレイの奇跡的な治療を加えても二件だ。それに、ゲイリーは専門の教育を受けた開業医ではない。アナトミー・イン・モーションを考案し始めたのも、休暇中にフランスアルプスのスキー用品レンタルショップで働いていたときに、スキー靴のフィッティングをしていたのがきっかけだった。

この治療法を裏付ける科学的証拠がないことは無視できない事実だ。ただし、それは私にとっては問題ではない。自分に効果があったのは間違いないからだ。その証拠は私のアキレス腱だ。私にとっては、研究論文よりも、走ってもアキレス腱が痛まないという事実のほうが価値がある。だが、それを他人に勧めることには躊躇してしまう。特に、ランニングフォームを変えたことでアキレス腱の痛みに苦しんでいるという人たちの話をあちこちで聞くたびに、アナトミー・イン・モーションを勧めたくなるのだが、そうすることにためらいを覚える。相手は、その科学的根拠を知りたがるだろう。私が怪しげな治療法を鵜呑みにしているのではないかと訝る人もいるだろう。でも仮にこれがプラシーボ効果で、ゲイリーが私を洗脳することで怪我を治しただけだとしても、私は特にそれを気にしない。数週間、数か月（さらには一年）経っても、私は痛みを感じていなかった。しかし、人に説明しようとすると、相手に信憑性を感じてもらうのは難しくなる。

『ドクター・イン・ザ・ハウス』のプレゼンターであるランガン・チャタジーは、『The Four Pillar Plan（「四つの柱」プラン）』（未訳）という本を上梓している。この四つの柱のうちの一つが動作であり、同書での彼のアドバイスの一部はアナトミー・イン・モーションに基づいている。チャタジーは専門教育を受けた評価の高い医療従事者であり、現役の開業医でもある。そこで私は彼に連絡を取り、アナトミー・イン・モーションを支持する科学的証拠がないことが気にならないかと尋ねた。

「いい質問だ」と彼は言った。「私はエビデンスを探すとき、まずその治療がどれだけ有害かに注目するんだ。たとえば化学療法のようなものの場合は、患者にそれを経験させる前に、十分な臨床試験の証拠に目を通す必要がある」

実は、チャタジー自身にも奇跡的な治癒の経験があった。「長年腰痛持ちだったが、あまり気にはしていなかった。ある日、友人の引っ越しを手伝っていたときに箱を持ち上げたら、ひどく腰を痛めてしまったんだ」

それから数年間、理学療法士やカイロプラクター、整骨師、さらには脊椎外科医にも腰を診てもらった。「まともに仕事もできなかった。スポーツもやめた。それまではスカッシュを高いレベルでプレーしていたのに」

その後、インターネットでゲイリーの動画を見つけ、共鳴するものを感じた。「私たち医師は、根本的な原因に対処するのではなく、症状を抑えることに目を向けてしまいがちだ。だがゲイリーは違った」。ゲイリーの考えを自らの開業医としての治療に取り入れられるかもしれない。そこで、ゲイリーの週末のコースを受講することにした。ゲイリーはこのコースで、チャタジーを事例に選んだ。「ゲイリーは私の右足がよく動いていないのに気づいた。私は右のシューズにインソールを入れていた。回内しすぎていたからだ。シューズを履くたびに律儀にインソールを出し入れしていた」

ゲイリーは右足が内向きになっているせいで足が詰まっているとチャタジーに告げた。そして、私に指示したのと同じような動作をさせた。数日のうちに、チャタジーの腰は良くなった。「右足がうまく使えていなかったので、右の臀筋が機能せず、それで腰が痛んでいたんだ。今ではスカッシュやスキーモーグル、何でもできるようになったよ」

「私は腰を治すために、いろんな専門家に診てもらった」とチャタジーは言う。「だがパラダイムを変えるには、斬新なアイデアが必要だ。エビデンスが集まるまで立ち止まってじっと待っていたら、進歩は後れてしまう。私は患者を助けたい。レイはあのテレビ番組の中で、エビデンスベースの治療を試したが、効果が得られなかった。そういうとき、次に何をすればいいのか？　諦めるしかないのか？」

チャタジーは、腰の問題の原因になっているような過去の怪我は見つからなかったと言う。「私のライフスタイルは、身体を鍛えるものじゃなかった。現代人は座りすぎで、脚を使っていない。靴に押し込んでいるので、十分に足を動かしてもいない」

チャタジーはベアフットシューズと、ベアフットランニングの土台となる理論の支持者でもある。もちろん、すべてはつながっている。おそらくこれがパズルの最後のピースなのだろう。少なくとも、私にとってはそうだ。いずれにしても、私はベアフット式に中足《ミッドフット》で着地しても、痛みを感じなくなった。

「ゲイリーの動作は、自分の身体がどんなふうに機能したがっているのかを教えてくれた」とチャタジーは言う。「足の筋肉がスイッチを入れ直し、右の臀筋が再び機能し始めた」

アナトミー・イン・モーションの中心にあるのは、〝脳が動作を再学習することで、何らかの理由で十分に使われなくなっていた筋肉を再活性化できる〟という考えだ。これは、科学者ティム・ノークスによる有名な「中央調速理論」にも関連している。つまり動作や疲労、身体的ストレスは主に脳によって制御されているが、脳は過保護な母親のようなもので、過度な損傷を受ける前に対象物の機能を停止するというものだ。この母親は忘れっぽくもあり、危険な状況が過ぎてもスイッチを元に戻すのを忘れることがあるようだ。

ゲイリーは、脳が運動パターンを処理する方法について、ニューロ・キネティック・セラピー（NKT）と呼ばれる治療法から多くのアイデアを借りていた。これは三〇年以上前にビッド・ワインストックというアメリカ人が考案したものだ。ワインストックはたまたま、カリフォルニア州マリン郡に住んでいた。これは私がミウォック一〇〇Kに出場する際に自宅に泊めてくれることになっていたゲイリー・ゲリンの家の近くでもあった。そこでレースに出場するために現地を訪れているあいだにワインストックに会いに行き、アナトミー・イン・モーションの仕組みや、なぜ私のアキレス腱の痛みが急に消えたのかを尋ねることにした。

ゲイリー・ゲリンも一緒に来てくれた。私たちは近くのコルテ・マデラという町にある日当たりの良いサラダバーで会った。ワインストックは私たち二人に昼食をご馳走してくれ、車中でずっとNK

Tに懐疑的だと言っていたゲイリーも、すぐにワインストックのことを気に入った。カリフォルニア風の満面の笑みを浮かべるワインストックには、静かな自信があった。ゲイリーと私はワインストックの話にたちまち引き込まれた。

「簡単に言うと、我々は身体の動作を制御している脳内のコンピューターを再起動しているんだ」とワインストックは言った。「NKTのセッションでは、まず患者にインタビューをしてから、その人の動きを観察する。どの筋肉が過度に使われていて、どの筋肉が十分に使われていないかを見定める。次に、過度に使われている筋肉を解放し、十分に使われていない筋肉を活性化させる。これによって、脳の機能不全パターンが再プログラムされる」

「ゲイリー・ウォードは自分の手法と私の手法を組み合わせている」とワインストックは言った。「彼があなたを診断したときに用いたのはNKTだ。これは主に診断ツールなんだ。アナトミー・イン・モーションは、運動制御システムを再教育するために知的に設計された技術だと言える」

私が手首の件のことを話すと、彼は頷いた。「身体のある部分が壊れると、あるべきではない場所に瘢痕組織ができてしまう。筋膜の研究によって、筋膜系は神経系の骨格であるため、切断したり妨害したりすると運動制御が乱れることがわかっている。その影響の大きさを知って驚く人もいる。だが傷が古いからといって、脳がダメージを修復しているとは限らない。脳は、対処策と埋め合わせの方法を学んだだけだ」

他に問題を引き起こす可能性があるのは、スポーツでの怪我、酷使、姿勢の悪さ、コンピューターでの作業、携帯電話だと彼は言う。「近いうちに、〝スマホ首〟の世代が現れるだろう」

私はワインストックに、五年間アキレス腱を痛めていると伝えた。「アキレス腱炎と足底筋膜炎は、ランニングによって生じる最も一般的な外傷だ」と彼は言った。「それなのに、ランナーたちは対症療法を受けている。私が診てきたランナーの中で、これらの怪我の九八%は大臀筋が弱いことが原因だ。大臀筋を使わずに走るなら――これは神経学的な話だけど――力は連鎖的にハムストリングスに伝わり、次にふくらはぎに伝わる。これらの部位が締め付けられることで、足底筋膜が引っ張られたり、アキレス腱に負担がかかったりして痛みが生じるんだ」

私の隣にいたゲイリーは話を聞くほどに納得した様子になり、友人のエリー・グリーンウッドのことを話し始めた。彼女はコムラッズ・マラソンの元優勝者で、ウェスタン・ステイツ一〇〇のコースレコード保持者だが、この一年は怪我に泣かされている。「彼女にこの施術を受けさせたい」とゲイリーは言い、ワインストックに地元のNKT施術者をどこで見つけられるか尋ねた。それは特に難しくはない。世界には四五〇〇人のNKT施術者がいて、その数はますます増えている。

しかし、ゲイリー・ウォードと同様、ワインストックにも自説を裏付ける科学的証拠はない。患者がそのことを懸念した場合、どう説明しているのだろうか?

「自分がすることをすべて科学的証拠に基づいて行わなければならないのだとしたら、私のしていることは今よりも二〇年ほど遅れていただろう」とワインストックは言った。「私は臨床医であり、研究者ではない。みんな神経質になりすぎだ」

科学的証拠を求めることが神経質すぎるのかどうかはわからないが、ワインストックの施術が結果を出しているのなら、人々の支持は得られるだろう。実際、私のアキレス腱も彼の方法が効果をもたらすことを示している。私は彼の施術に出会えたことを嬉しく思っている。

ワインスストックは晴れやかな笑顔で私たちに別れを告げた。ゲイリーは帰り道も興奮しっぱなしで、帰宅するやいなや、妻のホリーにすべてを話し始めた。だが、彼女は疑わしそうな表情で話を聞いていた。私が誰かにこうした話をするときにも、まったく同じような反応が返ってくることが多い。彼女は納得しなかった。証拠は？　傷が身体の動作を妨げる？　でたらめな話に聞こえるわ。ホリーは私たちのことを、まるで〝カルトに入信して、結婚したがっている二人〟みたいに見ている。

だが科学的証拠がどうであれ、私は二度のウルトラレースの後、一〇代の頃よりも不調が少ない状態で走れていた。さらに確信を深めたのは、地元のノーザンプトンに戻り、ウルトラの練習をしている最中ではあったが、弟のゴビンダと五キロメートルのパークランに参加したときだ。

彼とレースをするのは、グレート・ウィルダネス・チャレンジ以来だ。私は前回の雪辱を果たすために、スタートから全力で飛ばして引き離し、一度も追いつかれる隙を与えなかった。走り終えた後で、ゴビンダが言った。「兄さんはこれまで、本や記事でフォームについてたくさん書いてきたよね。だけど正直、兄さん自身のフォームは良いものには見えなかったんだ。でも、今日は違って見えた。ランナーらしく見えたよ」

彼の言う通りだった。これまでは自分が走っている様子を写した写真や動画を見ると、いつも「自分は本当にこんなヘンな走り方をしているのか？」と思っていた。走り方の改良に取り組んでいたのに、実際にフォームが良くなっているという証拠は見つけられなかった。けれども最近、アナトミー・イン・モーションの動作をするようになってからは、良い変化を実感するようになった。アキレス腱が痛まないだけではなく、良いペースを楽に保てるようになった。ウルトラの練習のために長距離をゆっくりと走っているにもかかわらず、パークランを自己ベスト近くのタイムで走っている。

そして私は、アングルシー島一周から始まる、このウルトラレースの冒険全体の中でも最も過酷な一連のレースに文字通り、足取りも軽く備えた。リング・オブ・ファイアはトム・ペインにとって初めてのウルトラマラソンだったが、偶然にもエリザベト・バーンズにとっても初のウルトラマラソンだった。二人とも同じ年に走り、二人とも優勝している。とはいえ、私は二人を真似るつもりはなかった。気楽に走ろうと自分に言い聞かせていた。競争はしない。景色を楽しみ、UTMBのポイントを得る。それが目標だ。

10　なぜこんなに苦しいことを？

アングルシー島の北海岸のどこかにあるレジャーセンターで、誰もいないシャワー室の中で身をかがめ、激しく身体を震わせた。初日を終えた段階で、こんなに疲れているはずはなかった。脚の泥を洗い流そうとして手を伸ばすのがやっとだ。

フィニッシュラインを越えたあと、私はアムルウィッチ・レジャーセンターに入り、体育館の真ん中に山積みされた荷物の中から自分の荷物を見つけ出すと、壁際に寝袋を敷いた。上位でゴールしたので、設営場所は自由に選べた。景色を楽しみながら走ろう、と自分に言い聞かせてスタートし、八位で初日を終えた。コースのほとんどを気持ちよく走れた。余力を残しているような感覚さえあった。ところが、ゴール後は強い疲労感に襲われた。巣から落ちたひな鳥のように弱々しく感じる。

ある程度汚れを落とし、レジャーセンターのプールに向かった。泳ぐのはいいアイデアのように思えたが、いざ水の前に立つとその確信が持てなかった。プールの中には誰もいない。ライフガードをしているティーンエイジャーの少年が二人、ゆっくりと外を歩き回っている。小さなステレオから、ディジー・ラスカルの曲が流れている。水の中に滑り込み、ただそこに立った。ほとんど動けない。身を沈め、腕をスローモーションで動かしながらゆっくりと歩く。プールの端から端まで移動するのに一〇分くらいかかった。ティーンエイジャー二人はひどく退屈そうにしている。私はもう一度、さっきよりも少しだけ速く、水をかき分けながら歩いた。端に辿りつき、水から上がる。もう十分だ。何か食べないと。

体育館に戻り、清潔な服に着替えて身体を温めた。寝袋に入り、持参してきた食べ物を取り出す。座った姿勢のままで食料を口にしながら、大勢のランナーたちが到着し、疲れきった様子で自分の荷物を探し、壁際の場所に引きずっていくのを見ていた。人がこのような過酷なレースに出るのは、快適な場所から抜け出して苦しみを経験し、日常に戻ったときに日々の暮らしに感謝できるようにするためでもある。あるウルトラランナーは、ゴビ砂漠を一週間走ったあとに浴びた熱いシャワーの喜びを語ってくれた。久しぶりに清潔なシーツのベッドに潜り込むときの、得も言われぬ嬉しさについても。とはいえ、このレースで体験する苦しみは悲惨なレベルに達しているようだ。周りのランナーたちは、寝袋にくるまって床に座り、フードをかぶり、タッパーの箱から食べ物をつまんで口に運んでいる。見上げたときに目に入るのは、砂漠の星空ではなく、体育館の蛍光灯だ。

突然、私のそばにいた一人の男が、叫びながら床の上でもがき始めた。足がひどくつっている。この男には二人のサポートクルーがいたが、彼らはただ彼を見て立っていた。男が冗談でそうしているのではないかと訝り、不安そうな笑みを浮かべている。だが、男は本当に苦しんでいた。私は座ったまま呆然として見ていたが、誰も助けようとしないので、起き上がり、男のところに行って、痙攣が治まるまで、彼の脚をまっすぐに伸ばした状態で抑え続けた。

男は首を振りながら、苦悶の表情を浮かべている。「申し訳ない。普段は足がつったりしないんだが」。初日は長かった。ここにいる誰もが、ひどく苦しんだはずだ。私は寝袋の中に戻り、しっかりと身体を密封させた。

　時間が経つにつれ、体育館内はどんどんと混雑していった。そこで少しのあいだ外に出て、これからフィニッシュしようとしている人たちの様子を見に行くことにした。少し気分は良くなっていた。私以外は全員サポートクルーがついているようだった。でも、私にはその価値がよくわからなかった。彼らはただ島を移動し、サポートするランナーが通り過ぎるのを数秒間見守るためだけに何時間も寒い中で立っていなければならない。私はこのレースに自分のために出ている。これは私のプロジェクトだ。誰のためでもないし、何か意義のあることを達成するわけでもない。誰かに個人秘書のように三日間付き添ってほしいと期待するのは、自己中心的なことだと思えた。

　しかし、ゴールした瞬間、フィニッシュラインを越えた瞬間、不思議なことが起きた。様々な感情が込み上げてくる。強烈な体験を終え、大きな何かを乗り越えたような気分になる。そのときひとりでそこにいると、寂しく、がっかりした気持ちになる。大丈夫だよ、と言ってくれる人にそばにいてほしくなる。だからこそ、コムラッズのゴール地点にはランナーを出迎えるためのスタッフが配置されているのだろう。さすがは世界最古のウルトラマラソンだ。ランナーが何を求めているかをよく心得ている。

　とはいえ、ゴールから数時間経過した今、私はもう大丈夫だった。自分の面倒を見るだけで、他のことは気にする必要はないのは気楽でもある。その一方で、まだ走り続けているランナーたちに同情せずにいられなかった。もうすぐ寝る時間だ。彼らはこれからシャワーを浴びて、食事をして、ベッドメイクをしなければならない。

今日は三六マイル〔五八km〕走った。ナビゲーションがこれほど必要だとは思ってもいなかったし、準備もしていなかった。大会要項には、地図を持参してルートをマークしておくこと、スマートフォンにGPXファイルをダウンロードしておくことなどの指示が書かれていたが、私は海岸沿いの道を辿るのはそんなに難しいことではないと高を括っていた。海を左手に見ながら走り続ければいいだけだ、と。だが、実際にはそう簡単にはいかなかった。周りのランナーがいなければ、何度も道を間違えただろう。私はこの日、スコットという男性と、オランダ人の男性とかなりの距離を一緒に走った。スコットはこのレースの出場歴があり、どこに向かうべきかをよく把握していた。だから、できる限り彼についていった。おかげでかなり助かった。スコットのペースはやや速いと感じたが、そのことで逆に良いペースを維持できた。一人だったらもう少し歩いていたかもしれない。二人とリズムを合わせ、最後の二〇マイル〔三二km〕のほとんどを一緒に走った。

途中で二回ほど危い場面があった。まず、約二〇マイル〔三二km〕地点でめまいを覚えた。身体がふらつき、一瞬、このレースはもう終わりかもしれないという思いが脳裏をかすめた。だが一分ほど歩き、ミウォックでのエピソードを思い出して、水をたっぷり飲み、エナジーボール二個とデーツを食べて回復を待った。しばらくすると、再び脚が動くようになった。最初は這うようにしか進めなかったが、次第に辛さが消え、元気を取り戻せた。

もう一回は、残り一マイルの地点で起きた。あと少しでゴールだったので、最後は歩いて行こうと思った。気持ちのいい夕方だった。楽しい気持ちで歩き始めた。だがそのとき、不意打ちを食らうみたいに、突然否定的な考えで頭がいっぱいになってしまった。いったい、こんなことをして何になるんだろう？　ウルトラランニングにも、ＵＴＭＢにも、そのくだらないレースポイントにも、いったいどんな意味があるというのか？　頭の中でネガティブな言葉が溢れている。私はふと我に返り、独り笑いをした。これから毎回、レースでこんな気分に襲われるのだろうか？　ウルトラレースを走る根源的な意味を自問自答しなければならないのだろうか？　「よくないぞ」私は自分に言い聞かせ、理性の剣で邪念を追い払った。「ゴールから一マイルまでのところで考えることじゃない」

ずっと一緒に走ってきたランナー二人は、私の少し先を走っていた。だが、彼らは分岐でどちらに進むべきか迷って立ち止まっていたので、追いついた。最後は歩こうと思っていたが、二人が走り始めたので、ついていくことにした。結局、一緒にゴールまで走った。

もう九時過ぎだ。明日は六六マイル〔一〇六㎞〕も走らなくてはならない。地図にルートの印をつけなければならないし、睡眠もとらなければならない。体育館の自分の居場所に戻った。

その夜はあまり眠れなかった。消灯時間も遅かったし、体育館の半分は明かりがついたままだった。幸運にも、私のいた側は暗くなったし、行きの機内でもらってきたアイマスクもつけている。だが光とは関係なく、脚が痛くて眠れない。何度も寝返りを打ちながら、明日この脚で本当に走れるのかと、不安になってしまう。

午前四時頃、諦めてトイレに行った。もう目が覚めているので、トイレが混む前に行っておこうと思ったのだ。廊下をそうっと歩いていると、蛍光灯の明かりの下で、アイマスクもせず、ロールマットすら敷かずに、硬い床の上で気絶しているみたいに寝ている人たちがいるのが見えた。

トイレから戻ると寝袋に潜り込み、死刑囚のようにその時が来るのを待った。午前四時五〇分ちょうどに、予告通り、大会主催者の一人、クエンティンが不敵な笑みを浮かべて体育館に入ってきた。大会のテーマソングであるジョニー・キャッシュの『リング・オブ・ファイア』を鳴り響かせる携帯電話を、嬉しそうに振り回している。

もう、寝ている人はあまりいなかったようだ。数分もしないうちに全員が起き出し、歩き回り、荷物をまとめ、身体にワセリンを塗り込んでいる。一晩中痛みを感じていたにもかかわらず、意外にも私の脚の状態はそれほど悪くなかった。初日の最後の一〇マイルは、底の薄いシューズで長い距離を走ったせいで足にかなりの負荷がかかっているのを感じたが、足も問題ない。

日が昇り、アングルシー島を一周するこのレースの二日目がスタートした。一〇マイルほど走ると、ヨークシャー出身の男性と、ウェールズ出身のロウリ・モーガンという女性と、リズムを合わせて走るようになった。ロウリはテレビのスポーツ記者だった。ヨークシャーの男性は彼女が誰であるかを知っていて、有名人に会えたことに興奮している。彼は、ロウリがウェールズのテレビ局で取材しているというラリーレースについてあれこれと尋ね続けている。

ロウリはウルトラランニング関連のドキュメンタリーも何本か制作している。北極での三五〇マイル〔五六〇km〕レースに出場した経験もあるという。必要な道具をソリに乗せ、引っ張りながら走るというレースだ。彼女は一七四時間かけて走り切った。その年に完走したのは彼女だけだったという。この北極のレースと比べれば、私が今走っているこのレースは、庭の端まで行って戻ってくるジョギングのように感じられる。

乾いた河床を横切り、孤立した入り江を出入りし、小さな漁港を通り過ぎながら海岸線を進む。太陽が昇り、かなり暖かくなってきている。ヨークシャーのランナーは少しペースを落として後退していった。私は少し無理をしながら、ロウリについていった。彼女は話すのが好きだし、会話をしていると時間の流れを早められる。彼女に、北極圏で経験したようなクレイジーなレースに出たいと思ったきっかけを尋ねてみた。

「自分でもよくわからないの」とロウリは言った。けれども時間がたっぷりあったので、彼女は答えを探りながら走り続けた。「それはウルトラランニングが、私たちを普通なら到達できない場所に連れて行ってくれるからかもしれないわね」と彼女は言った。遠い外国に行くのではなく、普段とは異なる心の状態になれるという意味だ。「ウルトラマラソンは、人を裸にする。北極では、かなりの時間、ひとりで行動しなければならなかった。魂が洗われるような経験だったわ」

ロウリはこちらを見たが、私は彼女についていくので精一杯だった。「こうしたレースで培った強さは、人生の糧になる。たとえば仕事でリストラされたときも、私はそれほど心配しなかった。〝自分はこれよりもはるかに大きな試練を乗り越えてきた〟と思えたから」

女性保護施設でランニングの経験について講演を依頼されたときの話もしてくれた。彼女は、北極に行く前は暗闇が嫌いだったと施設の女性たちに話した。夜に走るのは怖かった。ちょうど一番寒い時期で、寂しかった。自分との戦いが始まった。

「でもレースの初日の夜に、オーロラを見たの。まるで空中の音楽みたいだった。それから、心の持ち方を変えたの。星たちが私のためだけにショーを見せてくれているような気がして、夜が楽しみになった」

講演を終えたあと、ロウリは施設の女性たちに申し訳ないと伝えたという。彼女の場合は自分で苦しい状況に身を置くことを選んだのに対し、彼女たちには選択の余地がなかったと気づいたからだ。「でもあとである女性が近づいてきて、謝らなくてもいい、あなたの話に共感した、と言ってくれたの。彼女は、私が夜にオーロラを見たことを、三人の幼い子どもを連れ、荷物を詰め込んだ黒いゴミ袋二つを持って、夫のいる家を出た夜と重ね合わせてた」

ロウリと小道を進んでいくと、大きな家の私道に出た。デッキチェアで新聞を読んでいた男性が、私たちに気づいて顔を上げた。不機嫌そうに見える。「ここから出ていけ！」彼は突然叫んだ。「海岸沿いの道を探してるの？」と彼の横から現れた女性が尋ねた。ロウリの話に夢中になるあまり、私たちはどこかで道を間違えてしまったらしい。幸い正規のコースからは数百メートルしか離れていなかった。柵を乗り越えていくと、前方にヨークシャーのランナーの姿が見えた。私たちがロストしたのはほんの数分間だけだった。

ロウリはルートに戻るとすぐに、今度はアマゾンで走ったというレースについて話し始めた。「私たちはそのレースの映画をつくっていたの。そしたら、私がスズメバチに何度も刺されてしまった。四〇箇所くらい刺されたわ。舌が腫れてきて、これはまずいと思った。映像はもう十分に撮ったから、次のチェックポイントで棄権しようと思った」

しかし、チェックポイントの係員は彼女の舌を見て問題ないだろうと言った。

「そのとき思ったの。舌が腫れたように感じていたのは、私の気持ちのせいじゃないか、って。もう走りたくなかった。足の爪もはがれていた。でも、ともかく次のチェックポイントまで行くことにした。そこには午後四時までに到着しなければならなかった。暗くなるとジャガーが出るから」

彼女の話はますますワイルドになっていく。その間、私は足を止めて正しい道を進んでいることを確認しようと何度も提案した。少し休んで、呼吸も整えたかった。けれども過去にこのレースを完走した経験のある彼女は、大丈夫だからこのまま走りましょうとしか答えてくれない。

「次のチェックポイントを目指して、苦しみながら走ったわ」彼女は話を続けた。「そのとき、母がくれた葉書のことを思い出したの。荷物をできるだけ軽くするために、食料の包み紙を捨て、歯ブラシの柄を折っていた。でも、この葉書だけは持ち運んでた。リュックからその葉書を取り出した。そこには、〝最大の名誉とは、決して失敗しないことではなく、失敗をしても毎回そこから立ち上がることである〟という孔子の言葉が書いてあった。それを読んだら痛みは消えた。何かが乗り移ったような感覚があった。脚を叩いて確かめたら、痛みが完全になくなっていて驚いたわ」

私はミウォック一〇〇Kで自分が体験した、突然の復活劇を思い出した。葉書の名言を読んだことで痛みが消え去ったロウリの場合、それは完全に気持ちの持ちようで起きた変化だと言える。

しばらくして、私は彼女に先に行ってもらった。自分のペースで走らなければならなかった。小さなコテージの横を通り過ぎ、崖の上を走った。ひっそりとした入り江に続く小道の脇の集落では、一九二〇年代からそこに住んでいるような人たちが戸口に立っているのが見えた。

中間チェックポイントの手前で、小さな町に着いた。舗装路を走り、港を過ぎ、幹線道路に沿って少し戻ると、足が焼けるように熱くなってきた。チェックポイントに着くと、ロウリが二歳の息子を膝に乗せて椅子に座っていた。疲れきっているように見える。主催者に、途中棄権を考えていると話しているらしい。周りは彼女を引き留めようとしている。私も前日に自分が復活したときの状況を思い出し、ロウリに少し歩いてみることを勧めた。けれども息子と一緒に椅子に座っている彼女からは、もう棄権したいという雰囲気が漂っている。たしかに、それももっともかもしれない。まだこれから三〇マイル〔四八㎞〕以上も走らなければならない。しかも、レースは今日で終わりではない。彼女はきっとひどい気分だろう。私もとても辛い。だが私にはUTMBポイントが必要だ。彼女は過去にこのレースを完走したことがあるし、自分が出場したレースについて講演をしたり、映画をつくったりもしている。ロウリに、このレースをどうしても完走しなければならない理由はない。

ロウリには何も伝えなかった。どうするかは彼女の判断に任せるべきだ。私は再び走り始めた。後でわかったことだが、彼女はそのチェックポイントで棄権せず、走りを再開していた。だが結局その日、完走はできなかった。レースの数週間後に彼女に連絡して、事情を聴いた。

「あのチェックポイントで気分が悪くなったの」と彼女は言った。「私の父は医者なんだけど、血液が原因だって言われた。それが気になってしまって、それで諦めたの。棄権したのは初めてよ。決断するまで、頭の中で卓球をするみたいに、やめるべきか続けるべきかを考えてた。やめたら、少なくとも痛みは消えるはず。そして、実際にそうなる。でも、後悔はずっと続くから」

海岸沿いの道に戻ると、かなり辛くなってきた。まだ三〇マイルもある。とてつもなく長い距離に思える。腕時計に頻繁に目をやるが、何の助けにもならない。見る度に、次の一マイルに到達したのではないかと期待するが、全然進んでいない。そのたびに、胃を殴られたような気分になる。見ないようにしようとしても、誘惑に駆られてつい覗いてしまう。それは常にそこにある。私の手首に、良い知らせの可能性、進歩の兆候がある。だがその期待は毎回、無残にも打ち砕かれる。

初日と同じく、例のオランダ人と一緒に走る展開になった。彼は中間地点を越えたあたりで私に追いついた。元気そうだったので、できるだけ長く彼についていくことにした。とはいえ、彼は一緒に走るにはあまり好ましい相手とは言えなかった。思い切って「調子はどう?」と話しかけてみると、鋭い目でこちらを見て、まるで私がまだそこにいるのに驚いたかのような素振りで、「いいに決まってるだろ」と答えた。

他のランナーと一緒に走っているとき、分岐でどちらに進むべきかがわからない場合は、地図を見比べたり、話し合いをしたりするのが一般的だ。しかし、このオランダ人ランナーは、あたかも正しい道を知っているかのように無言で先に進んでいく。あまりにも自信たっぷりなので、最初は彼の後を追っていた。だが何度か道を間違えたので、別行動を取ることにした。

あるとき、彼のかなり後ろを走っていたところ、突然後ろから彼が現れ、大きなストライドで私を追い抜いて行った。どこかで道を間違えたのだろう。「道に迷ってたのか?」と私は尋ねた。

「ちがうさ」彼はそっけなく答えた。

レースの後半、彼があまりにも奇妙でこちらが気まずくなるようなことをしたので、私はどう反応すればいいのかわからなかった。おそらくそれは、ウルトラランニングという競技に潜む野獣のような性質を表しているのかもしれない。純粋なサバイバルという野生的な状態に置かれることで、文明的な振る舞いは重要ではなくなるということなのだろう。あるいは、それは単にオランダ人独特の気質なのかもしれない。

何はともあれ、彼は寂れた石だらけの浜辺で、私の五〇メートルほど先を走っているとき、突然立ち止まり、ランニングパンツを下ろしてしゃがみ、道のすぐ脇で大便をし始めた。私が近づくと、彼は立ち上がってティッシュを取り出し、この世でこれ以上普通のことはないとでも言わんばかりに平然と尻を拭き始めた。あまりにも突然のことだったので、私は彼を避けられなかった。だから、ただそばを通り過ぎた。数分後、彼が追いつき、そのまま私の横を走り始めた。お互い、その件については何も言わなかった。

午後の暖かさは、森に着く頃には夕方の寒気に変わっていた。スタート前、大会主催者のクエンティンは、前年のレースではこの森の中で夜中に道に迷い、道端で寝て朝を待ったランナーが何人かいたと嬉々として話していた。そのことが一日中気になっていたので、暗くなる前にこの森に辿り着けてほっとした。とはいえ私はすでに、独り言を言わなければ走り続けられないような状態になっていた。最初のうちは、時折「頑張れ」と小言で自分を励ましているだけだった。しかし、五〇マイル〔八〇㎞〕地点くらいから次第に語気が荒くなり、怒っているような口調になってきた。「お前ならできる。あと一〇マイルで、このクソみたいなことも終わりだ」。身体じゅうが痛い。筋肉、関節、股間、腰、膝から痛みが滲み出てくる。足を止めれば痛みが治まるのはわかっている。だが、私は走り続けた。なぜなら、この馬鹿げたレースに参加しているからだ。

しばらくのあいだ、私は子どもの頃に覚えて長い間忘れていた歌を口ずさんでいた。それは一九七〇年代後半のことだ。私の両親はインドの精神的指導者《グル》の信奉者だった。家族で、このグルの話を聞くために祭りに行った。焼けるように暑い夏の日で、突然、雷雨に見舞われた。私は五歳くらいだったが、そのときのことを鮮明に覚えている。父に連れられて避難したテントで、インド人の男性が歌をうたっていた。両親が家でよく聴いていたので、知っている曲だった。それでもこの嵐の中で、それは私の記憶に強い印象を残した。『Downpour of the Holy Name（聖なる御名の土砂降り）』というタイトルの曲だ。おかしなことに、なぜか今、私はこの曲を口ずさみ、あのテントの中で感じた気持ちを思い出しながら走っている。それはしばらくのあいだ役に立った。楽に、スムーズに走れ、痛みが和らいでいく。

後になって、なぜあの歌が浮かんできたのか、なぜそれを口ずさむことが役に立ったのかを考えてみた。走りながら、友人から教えてもらったマントラを唱えたり、自分の子どもの名前を何度も繰り返し口にしたりもしたが、どちらもあの歌ほどの効果はなかった。冷たく聞こえるかもしれないが、私は子どもたちのためにこのレースを走っていたわけではない。子どもたちは、私が完走するかどうかなど気にもしていなかった。私は、心の奥底に埋もれていた小さな頃の自分のために、このレースを走っていた。そしてどういうわけか、この歌を口ずさみ、幼い自分とつながることで、私は夢を見ているような状態になった。他のあらゆるものは、どこかに消えていった。

気づくと森を抜け、最後から二番目のチェックポイントに到着していた。六〇マイル〔九六㎞〕地点。あと六マイル〔一〇㎞〕だ。椅子に座り、何か食べようとする。ピーナッツバターのサンドイッチ。まだ八位くらいの位置にいることを思い出す。競争心はまだ残っている。トップ一〇に入りたいという心の声がする。その一方で、順位のことは気にしたくないという思いもある。とにかく完走することだけを考えよう、と自分に言い聞かせる。

立ち上がったが、身体がひどくこわばっている。座るんじゃなかった。前日、私の数時間遅れでゴールしたアイルランド人女性が、元気そうに前を通り過ぎていく。「あとパークラン二本分よ」彼女は明るく言うが、私には返事をする気力がない。

少し進むと、十字路に差しかかった。一人で走っていたので地図を取り出した。自分の手書きの線によれば、まっすぐ進むことになる。けれども、海岸道の標識には左に行けと書いてある。周りを見回すが、誰もいない。主催者の事前の説明によれば、九九％の確率で海岸道の標識通りに進むが、稀に標識とは違うルートを取ることもあるという。今回がそのケースなのだろうか？　問題は、自分が地図に書き込んだ印が信用できないことだった。前夜、体育館で書き込んだのだが、正確かどうかは自信がない。かなり疲れていたし、細心の注意を払っていたとは言えない。悩んだ末、標識に従って左に曲がった。

結局、その道は間違っていた。地図を辿ろうとするが、自分がどこにいるのかわからない。来た道を戻るのではなく、正しいルートに戻れそうな道から近道をしようとした。だが、すぐに完全に道に迷ってしまった。時刻は午後八時頃で、もう暗くなってきた。

寂れた田舎道に立っていると、車の音が聞こえてきた。レンジローバーだ。私は車に手を振った。ドライバーの女性が、スピードを落としながら近づいてくる。私は笑顔で手を振った。だが彼女はこちらに気づくと急にスピードを上げ、私のほうを見ずに通り過ぎていった。

私はかなり怪しげな人間のように見えたのだろう。特に、レースのコースから離れていたのでなおさらだ。さらに進むと、小さな家が見えてきた。家の中には明かりがついている。道を教えてもらおうと、家に近づいた。居間の男が、顔を上げ私を見て驚いているのが見えた。ドアをノックすると、男が出てきて、後ろ手でドアを閉めた。

「何かお困りかな?」彼が尋ねた。

彼は道を教えてくれた。私は、アベルフラウ村のゴールまであと数マイルのところにいた。歩きながら地図をよく見てみると、道を間違えてしまったために、このままゴールを目指せば、最終のチェックポイントを通らずに行くことになると気づいた。チェックポイントを逃すと、三時間のタイムペナルティが課せられる。そこからチェックポイントまで一マイルしかない。関門は午前二時なので、まだ六時間近くある。ゆっくり歩いても一時間で行けるだろう。でも、もう私は力尽きていた。タイムペナルティを受け入れ、チェックポイントには戻らず、そのままゴールを目指すことにした。とにかくフィニッシュしたかった。

三時間のペナルティを課されたことで、あわよくば上位に入賞したいという目論見は潰えた。同時に、頭の中のうっとうしい小声が消えたようで、安堵もした。村に入るまでの最後の一マイルは、長い下りの直線道路だ。辺りはすっかり暗くなっている。強い衝撃がかかり、足が熱くなる。そのとき、奇妙なことが起こり始めた。

ウォーターボトルから突き出たチューブから飲み物を飲もうとしたら、チューブに蓋がついていることに気づいた。このボトルに蓋があるとは知らなかった。蓋は使ったことがないし、外すのも面倒だ。すると、私の周りで何かが弾けるような音が聞こえた。ポン、ポン、ポン。周りを見回す。何かに囲まれているような気がする。暗闇の中で腕を振り回して、それが何であろうと叩き落とそうとした。ウォーターボトルに蓋がついているからだろうか？　もう一度蓋を外してみたが、何も変わらない。

アベルフラウ村は、いつまでたっても近づいてこない。まるで遠くにあるゴーストタウンみたいだ。突然、村に着いた。橋を渡り、何もない静かな通りを進み、灰色の半戸建て住宅を通り過ぎて村役場に到着したとき、ポンという音は消えた。玄関のドアは開いている。中に入った。

そこにはほとんど人がいなかった。シュールな感じがした。みんなどこにいるんだ？　椅子に腰を下ろす。辺りには三、四人がうろうろしている。大会主催者のクエンティンがやってきた。裏に、早くゴールした人のための小部屋があるそうだ。今いる場所には一晩中、到着したばかりの苦しそうなランナーたちが入ってきてバタバタしているので、その小部屋で仮眠を取るのが一番だとアドバイスしてくれた。でも、動けない。幸運だったのは、大会側がパスタを用意してくれていたことだ。もともとは、村で食料を調達するつもりだった。シャワーを浴びて着替え、歩いて地元の店を探し、フィッシュ・アンド・チップスでも買おうと思っていた。しかし、今の私はシューズの紐をほどくのもやっとだった。クエンティンが食べ物の入ったボウルを手渡してくれたが、それを食べるのも一苦労だった。再び身体の震えを感じた。誰かにハグしてほしくてたまらなかった。

馬鹿げた話に聞こえるかもしれないが、荒涼としたホールに一人で座っていると、トラウマになりそうなくらい辛かった。私は何もできなかった。翌日の地図に印をつけることなど考えられなかった。妻のマリエッタにも連絡できなかった。彼女は「完走できた?」というメッセージを送ってくれていた。だが、返信できない。簡単な返事でいいのはわかっている。指に力が入らないわけではなく、頭の中で文章を組み立てられないのだ。着替えもできない。この施設にシャワーはなかったが、リュックには清潔な着替えが入っていた。パジャマまで持ってきている。しかし、私にできたのは、奥の部屋でマットレスを膨らませ、寝袋を敷き、一日中走っていたランニングウェアのまま、その中に潜り込むことだけだった。

眠れない。脚が痛くて、大声で泣き叫びたくなるのを堪えなければならない。水もない。最悪だ。何度も寝返りを打つ。私たちは村のホールの倉庫で、ざらざらした、擦り切れたカーペットタイルの上に積まれたテーブルの下に横たわっている。ここには五人くらいしかいない。他のランナーは、レースを途中棄権したか、地元のホテルに泊まってサポートチームに世話をしてもらっているのだろう。

二夜連続で一睡もできなかった。午前四時五〇分、蛍光灯の眩しい光が叫ぶように私の顔を照らし、『リング・オブ・ファイア』を鳴り響かせる携帯電話を手にしたクエンティンが笑顔で入ってきた。

驚いたことに、立ちあがってみると、それほど悪い感触ではない。もちろん、ひどい気分ではあるのだが、思っていたほど脚の状態は悪くなかった。普通なら、フルマラソンを走ったり、坂の多い海岸沿いの道で六六マイル〔一〇六㎞〕ものウルトラマラソンを走ったりすれば、翌日には歩くのもやっとの状態になる。それなのに、睡眠が取れていないにもかかわらず、私の身体は一晩である種の超回復モードに入ったようだった。まるで、身体が今日もう一回走らなければならないのを知っていて、秘密の蓄えを掘り起こしたみたいだ。どこにそんな力を隠していたのだろう。

荷物をまとめて外に出ると、激しい横殴りの雨が降っていた。ここまで散々辛い思いをしてきたというのに、さらに惨めな気分で最終日の幕開けを迎えなければならないのか。まだ暗い。灰色の家が、無言で、無頓着に佇んでいる。今日は日曜日の朝だ。人々はまだ家でゆっくりと寝ているのだろう。特に、こんな悪天候の日には。彼らは我々に背を向けるように、寝返りを打っているに違いない。

クエンティンの号令を合図に、三日目のレースがスタートした。あと三三マイル〔五三km〕ですべてが終わりだ。タイムペナルティを受けた私にとって、今日の唯一の関心事は、チェックポイントを逃さないように走ること。もし逃してしまえば制限時間以内にゴールできなくなり、五ポイントのUTMBポイントが得られなくなる恐れがある。だから今日はなるべく後ろの位置を保ち、道に迷わないように人を視野に入れながら走るよう心がけた。

アベルフラウ村を出て、空が白み始めてきた頃、小さなビーチを通り過ぎた。大きな波が押し寄せている。駐車場を走り抜けようとしたとき、ウェットスーツを着て車のそばでサーフィンの準備をしている男がいた。彼は驚きの眼差しで、ザックを背負った苦しそうな表情の私たちがひとりまたひとりと幽霊のように静かに通り過ぎるのを見ていた。「いかれてるのは自分のほうだと思ってたよ」と彼は言った。

私は、男の言う通りだと思った。ウェールズの島の周りを、三日間もかけて、知らない大勢の人たちとこの悪天候の中で走ることに、喜びも満足感も見いだせなかった。それは狂気以外の何物でもない。意味がわからない。

それでも、私は走り続けた。ランナー全体の後ろのほうをゆっくりと走っていると、二日目までとは感じるものが違っていた。他のランナーに追いつき、追い抜こうとして躍起になるのではなく、自分のペースでゆったりと旅を体験できる。最初からこんなふうに走っていれば、もっとレースを楽しめたかのもしれない。なぜ、いつも競争を意識してしまうのだろうか？　今日は景色を楽しみ、雰囲気を味わい、ランナー仲間との触れ合いに喜びを感じながら、すべてを受け入れられている。ここが、私が走るべき位置だ。最初の二日間は速く走り過ぎた。後ろを走っていると、ハッピーな気分になれる。

だがしばらくすると、歩きすぎではないかと思い始めた。私がここに来たのは、走るためではないのか。リヴァプール出身の男性二人の後ろをずっと走っていたが、次第に速く走りたくてうずうずしてきた。気分も悪くない。だから、またひとりぼっちになってしまう危険があるのは承知のうえで、次に彼らが歩き始めたとき、一緒に歩かず、そのまま走り続けて前に出た。気づくと、坂を駆け上がっていた。最後の一〇マイルは、一度も歩かずに走り続けた。魔法の復活ボタンが、また押された。ボルトンから来たというランナーも、私と同じように前のランナーを追い抜いていた。私はずっと彼を見ながら走っていたが、ゴールに近づくにつれ、ギアをさらに上げた。残り一マイル地点から始まる坂を駆け上がり、まるで坂ダッシュをしているみたいに彼を追い抜いた。彼は脇に寄って私のために道を開け「いいぞ、スーパーマン！」と叫んだ。「すごいフィニッシュだ！」

スピード全開で最終コーナーを回り、手を振り、叫びながらフィニッシュラインを越えた。ボルトンのランナーも続いてフィニッシュした。彼は大きな笑顔を浮かべながら近づいてきて、「すごかったよ」と言い、私の手を強く握りしめた。「どうやったら最後にあんな力を出せるんだ？」

私にもわからなかった。約一〇分後、リヴァプールの二人のランナーがゴールした。全力疾走しているわけでも、誰かを追い抜こうとしているわけでもない。彼らはこの島を走って一周する体験を求めてここに来ていて、冒険の終わりを味わいたがっているのだ。

そして、あのオランダ人ランナーもやってきた。今日は、残り二マイル〔三㎞〕の地点で彼を追い抜いた。その瞬間、彼は私を見て驚いていたようだった。だがゴールすると、彼は私を見てにっこりと笑った。私たちは握手を交わした。私はついに、彼の尊敬を勝ち得たのかもしれない。ただし、それでも彼は何も言わなかった。

興奮が収まらなかったので、しばらく椅子に座ってその場にとどまり、今この瞬間を満喫した。すべてが終わった感覚や、アングルシー島を走って一周したという満足感、UTMBポイントを「5」ポイントも獲得したという達成感を十分に味わったあと、立ち上がって車まで歩いた。あまりの気分の良さに、このまま三〇〇マイル〔四八〇㎞〕以上離れたデヴォンの自宅まで車でまっすぐ家に帰れるような気すらした。

エンジンをかける。自分の車の中にいるのがおかしな感じがする。何か月も荒野で過ごしたあとで、文明社会に戻ってきたみたいだ。駐車場から車を出し、運転を始めた。だが、足にペダルを踏む力がない。何もかもがスローモーションに見える。周りの車が、私に向かってクラクションを鳴らしている。五分後、私は車を停めると、携帯電話を取り出し、一番近いホテルを探して部屋を予約した。

11　退屈とは無縁のドラマ

四〇〇メートルトラックを二四時間走り続けるレースに出るつもりだと言うと、たいていの人は私の言っていることが理解できないというような困惑した顔をした。そして少し間を置いてその光景を想像し、「とんでもなく退屈そうだね」と言ってくる。

だが、実際にはこうしたレースでは実に多くのことが起こる。退屈だと感じることはまったくない。私はこのレースに不思議なほど惹かれてきた。ありふれた日常と壮大な冒険が融合する点も気に入っている。その舞台はヒマラヤでもジャングルの奥地でもなく、ロンドン南部のトゥーティングにある陸上用トラックだ。このレースは、冒険や悟り、狂気など、求めているものが何であれ、それを探すために地球の果てまで行く必要はなく、目を開けばそれらは今いる場所で手に入ることを教えてくれる。イギリスのロックバンド、アラバマスリーの歌詞に、次のような名言がある。「第三世界のビーチに横たわり、スパンデックスにサイケデリックなズボンを履いて、ヤクを吸い、意識を拡張しているふりをするほど愚かなことはない。意識を拡張したいなら、俺は地元の教会に行って歌う」。私は最後の部分を、「俺は地元の陸上用トラックに行って走る」と置き換えたい。

またこのレースは、テキサス州ロングビューで毎年開催されるコンテストを題材にした一九九七年の優れたテレビドキュメンタリー（後にブロードウェイ・ミュージカルに翻案された）『ハンズ・オン・

ア・ハードボディ』を思い起こさせる。地元の自動車ディーラーが主催するこのコンテストの仕組みは単純で、日産のピックアップトラック「ハードボディ」の新車の車体に参加者が手を添えて立ち、最後まで手を離さなかった者がこの車を獲得するというものだ。陳腐で退屈な光景を想像するかもしれないが、トラックに手を触れた状態で駐車場に立ち続ける男女たちから、観る者を強烈に惹きつけるドラマが始まる。他に行くところもなく、することもない中で、参加者たちはカメラに向かって、そしてお互いに対して心を開いていく。日が経つにつれ、友情や敵意が生まれ、感情が高ぶっていく。参加者の意識は、高揚した状態に達する。屈強な元海兵隊員といった有力そうに見える参加者が力尽きて脱落していく一方で、最も勝つ見込みが薄そうだった参加者が屈せずに立ち続け、肉体的にも精神的にも強さを増していく。

「これはスタミナのコンテストだと言われている」と、出場者のベニー・パーキンスはこのドキュメンタリー番組の中で語っている。彼は二年前の優勝者だ。「でも実際には、これは誰が一番正気を保てるかの勝負なんだ。正気を失った者から負けていく」

その駐車場で、参加者の人生はまるでシャーレの上に置かれ、顕微鏡で覗き込まれているようだ。時間のメスが表層を剥ぎ取り、その下にあるものが解剖されて、明らかになっていく。

トゥーティングの二四時間のトラックレースもこれと似ている。私はこのレースを観戦したときにそれを目の当たりにした。肌寒い曇り空の午後、レース前の説明会にランナーとサポートクルーが集まっていた。そこには、緊張感に満ちたエネルギーが漂っていた。

私の隣に立っていたのは、この陸上用トラックから一マイルも離れていないところに住んでいる、経営コンサルタントのジェイミーという男性だった。ギリシャで開催された有名な一五三マイル〔二四五㎞〕レース「スパルタスロン」を完走したばかりだという。こうした長い距離のレースに出続ける理由を尋ねると、「自分の限界を見つけたいからだろうな」と彼は答えた。「それが見つかったら、やめるよ」。その夜、私は午前三時に観戦のため競技場に戻った。足を包帯で巻いた状態でトラックを歩いていた彼が、「見つかったかもしれない」と嬉しそうに笑った。

レースディレクターのシャンカラ・スミスは、「これは自分対山の闘いじゃない。ここに山はない。これは自分対自分のレースなの」と言う。

彼女は、克服すべき最大の課題は自分自身だという。「このレースは理性で肉体的な苦しみを乗り越えるというより、ハートで理性を乗り越える闘いだと言えるわ。理性を働かせたら、無理だと思ってしまうから」

『ハンズ・オン・ア・ハードボディ』のドキュメンタリーと同じく、この二四時間レースでも、最も印象的だったのは、いかにも強そうなランナーではなかった。たとえば、六八歳のアン・バースだ。彼女は速く走れないし、腰も少し曲がっているが、それでも見事な走りを見せた。他のランナーが時々立ち止まってマッサージをしたり、食料を補給したりする中、立ち止まることなく、黙々と前に進み続けた。最終的に、彼女は二四時間でなんと一一五マイル〔一八四㎞〕を走破した。

レース終了後の歓喜の場に足を踏み入れ、ランナーたちと交流していると、七六歳のパットが彼女の車のフロントシートに座り、足指の絆創膏をはがしているところに出くわした。レースはどうだったかと尋ねてみた。

「もちろん、幻覚を見たわ。いつもそうよ」パットは剝がした絆創膏を車内の足元に投げ捨てながら言った。「いつもは友達と一緒に走って、二人ともかわりばんこに幻覚を見ながら走ってるのよ」

パットはこのレースの最年長ランナーだった。八四マイル〔一三四㎞〕を走り切ったばかりだが、自慢めいたことは言わなかった。「たいしたことないわよ」と彼女は言った。「去年は八七マイル〔一三九㎞〕走ったの」

パットにとって、このレースを走るのはごく当たり前のことだった。これまでに数え切れないほどの二四時間レースを走ってきただけでなく、フルマラソンを四五六回も完走している。しかも、走り始めたのは四〇代後半になってからだ。

「やることがあるのはいいものよ」。なぜそんなにたくさんレースに出るのかと尋ねると、彼女はそう答えた。「だって、土曜日に他に何をすればいいっていうの？」

参加者たちは、どのレースでも終了後に見られる、ランナー同士のありふれた話をしていた。だがそれにもかかわらず、そこには何か特別な雰囲気があった。このレースの正式名称は自己超越二四時間レース。インドの霊的指導者、故シュリ・チンモイの信奉者たちが始めたものだ。彼はかつて「ランニングとは超越であり、我々の内なる心のメッセージである」と語っていた。

その日のレース後、別のランナーに自己超越を経験したかどうかを尋ねてみた。「瞬間的には、間違いなく経験したね」と彼は目を輝かせて答えた。まるで他に言えないことや、言いたくないことがあるかのように。「これは本当にすごいレースさ」と彼は言った。「でもそれは、実際に走ってみなければ理解できないいんだ」

それから一年後、私はこの陸上用トラックまで車を走らせて、これから二四時間走るための拠点を設営していた。テーブルが一つに、デッキチェアが二脚。手作りした大量のエナジーボールを入れた容器、飲み物、イチゴ。妻のマリエッタがサポートクルーを務めてくれることになった。リング・オブ・ファイアで寂しい思いを経験しただけに、このレースにはひとりで向き合いたくなかった。

トラックでの練習はできなかったが、準備のために二四時間走のイギリス代表チームと週末に合同練習をする機会に恵まれた。代表チームの週末の練習場所がバークシャーのユースホステルであることが、二四時間走というスポーツの地位の低さを物語っていた。私たちは二段ベッドで寝て、一部屋六人の相部屋に泊まり、選手は自腹を切って合宿に参加していた。

ユースホステルの包丁の切れの悪さに手間取りながら夕食をつくっているとき、最近開催された二四時間走の世界選手権で三位になった、チームキャプテンのロビー・ブリットンが、この競技の秘訣は今この瞬間に留まることだと教えてくれた。「とにかく目の前の一時間を走り切ることだけを考えるんだ」と彼は言った。「どんなに辛くても、一時間なら走れるとわかっている。だから、ひたすらその一時間に集中する。その一時間が終わったら、次の一時間のことを考える」

この週末合宿では、ユースホステルの裏手にある小さな「教室」で、ムーブメントコーチと栄養士によるセミナーも行われた。合宿環境は恵まれているとは言えないが、これは世界大会に向けて本格的に準備を進めているアスリートチームなのだ。その中には、二四時間走のヨーロッパ・チャンピオン、ダン・ローソンもいる。彼はこのタイトルを獲得した後、世界アンチ・ドーピング機関（WADA）の監視対象選手になった――これは、このレベルの選手にとっては珍しいことではない。彼は冗談半分で、WADAのリストに加えられたことで人生が台無しになったと言う。ローソンは一年のうち半分をインドのゴアを拠点にして生活していて、以前は心の赴くままに冒険をし、走り、星空の下で寝ていたが、今ではWADAがいつでも彼を検査できるように、同機関に一日の行動予定を事前に細かく報告しなければならなくなったという。

チーム全体で、一定のペースでの九〇分間走を二回繰り返した。私は楽にみんなについていけた。そのことは良い自信になった。フルマラソンのベストタイムを尋ねると、チームのほとんどのランナーは私より遅かった。とはいえ、オマーンでエリザベト・バーンズと一緒に走ろうとしたときに学んだように、このスポーツではフルマラソンのタイムは必ずしも重要ではない。

それでも、イギリス代表チームとの週末合宿を終え、九月中旬の土曜日の午後に、曇り空の下でトゥーティングの陸上用トラックの一周目をゆっくり走り始めたとき、楽観的な気分だったのはたしかだ。

最初の数時間は他のランナーと会話をしたり、マリエッタや、日中だけの応援に駆けつけてくれた彼女の妹や甥に、おどけた表情を見せたりと余裕があった。二五分走って五分歩くという無理のないプランにきっちりと従って走った。この段階ではまだ歩く必要はなさそうだったし、一時間ごとに更新され、トラック脇に掲示されるリーダーボードの順位もかなり下のほうだった。けれども、これは事前にコーチと練ったプラン通りだった。これは長期戦だ。賢く走らなければならない。時間が経てば、きっと順位も上がっていくだろう。

もうやめようと最初に決意したのは、レース開始から一二時間が経過した午前〇時頃だった。

〝秘訣は、今この瞬間に留まることだ〟とロビー・ブリットンは言っていた。これはこのレースだけではなく人生全般にも当てはまる、素晴らしいアドバイスだ。それは様々な意味で、幸福の鍵になる。しかし同時に、このレースだけではなく人生全般にも当てはまるように、それを実践するのは簡単ではない。あとどれだけ走らなければならないかを考えないようにするのは至難の業だ。先のことを考えないようにと我慢を続けていると、頭がショートしてしまう。一億光年離れた場所にあるという星を、本気で掴もうとするようなものだ。リタイアという考えが初めて脳裏をよぎったのは、スタートから約九時間後だった。それまではほぼ毎周、マリエッタの前を通り過ぎるときに冗談を言い合っていた。だがその周では、何かが変わったことを彼女に伝え、自分にも言い聞かせるかのように、マリエッタに真剣な目線を送った。

「やばくなってきた」私は言った。走ることが苦しくなり、身体全体に疼くような痛みを感じる。足は焼けるように熱い。「あと一五時間もある」という考えに襲われた。バン！　電気が消えた。私は奈落の底を見つめていた。

二五分走って五分歩くというそれまでのプランを変更し、三周走って一周歩くという、より小さく、扱いやすい数字に切り替えた。私の世界は縮み始めていた。すぐに、二周走って一周歩くようになり、一周走って一周歩くようになった。最後には、半周走って半周歩いた。そして、立ち止まった。

マリエッタから、理学療法士に診てもらうようにと勧められた。トラック脇の部屋に医療チームが待機している。私はそこでマッサージを受けた。しばらくすると気分が良くなったので、再び走り始めた。だが午前二時ごろ、また限界に達した。

「もうやめさせてくれ」――私は夜に、レースに、自分自身に訴えた。すでに棄権したランナーはたくさんいる。なぜ、私は走り続けなければならないのだろう？　やめるべき理由なら山ほどある。紛れもない、正当な理由だ。まず、リング・オブ・ファイアを走り終えてからまだ十分な時間が経っていない。大勢からそう言われた。彼らの意見は正しかった。足が潰れそうだ。自分がスーパーマンではないことを受け入れなければならない。

「キリアンは？」とマリエッタが言う。「彼ならどうすると思う？」。神様、私はキリアンじゃない。彼女にはそんなこともわからないのか？　なぜマリエッタは私に走り続けさせようとするんだ？　走ることを強要されているみたいで、腹が立ってくる。〝三週間後にＵＴＭＢポイントを手に入れるための大切なレースがあるのに、二四時間レースに出てわざわざ身体を壊そうとするなんて意味がない〟というコーチのトムの言葉も蘇ってくる。その通りだ。このレースを走るなんて無意味だった。愚か出場するレースすべてを完走することはできない。そもそも、トラックでの練習もしていない。だった。トムからはそうすべきだと言われていたのに、私は聞く耳を持たなかった。弾力性の強いトラックの表面で身体をコントロールし、安定させるためには、他の路面を走るときとは違う筋肉を使わなければならない。理学療法士に診てもらったら、苦労しているのはそのせいだと言われた。これは気持ちの問題ではない。単に身体が疲れていて、準備不足だっただけなのだ。私はそれを受け入れなければならない。

夜が更けるにつれて、さらに足取りが重くなり、前傾姿勢になっていく。まるで、身体が早送りで老化しているみたいだ。二周歩いて休憩を取るようになり、それから一周歩いて休憩を取るようになった。車のトランクを開けて荷台に座り、シューズを脱いで痛む足をマッサージした。

その前、スタートから数時間が経過した頃のまだ余裕のあった時間帯に、隣を走っていたランナーから、「この手のレースを完走するには心構えが大切だ」とアドバイスされた。彼はウルトラマラソンを走り始めてから四回目までは、完走できなかったそうだ。だが今は、心構えがしっかりしているから大丈夫だという。それは何を意味しているのか？

「ウルトラを走っていると、途中で、もう棄権したい、と思うときがくる」と彼は言った。「そのとき、もう一人の自分が、〝もうやめるべきだ〟と説得してくる。〝もうこれ以上は無理だ〟と。だから、なぜそのレースを走っているかを頭できちんと理解しておくことが大切なんだ。前に進み続けるべき理由についての強い信念を持っておかなければならない。心構えが正しければ、走り切ることができる」

けれども今の私にとって、それは気持ちではなく脚の問題だった。シューズを履き替えてみたが、トラックの弾力性のせいで脚に相当のダメージを受けているので、再び元のシューズに履き替えた。もうだめだ。午前六時頃、マリエッタにもうやめると告げた。痛みが強すぎる。一歩進むたびに、熱い針のむしろのうえを歩いているような痛みを感じる。ミウォック一〇〇Kやリング・オブ・ファイアのときはなんとか最後に復活できたが、今回は違う。完全に限界に達した。彼女にもう一度理学療法士に診てもらうようにアドバイスされたが、無駄だと答えた。ほんのわずかだけ息を吹き返せるかもしれないが、まだ六時間も残っている。もう一周でも無理だと思っているのに、どうやってあと六時間も走り続けられるというのか？

ともかく、理学療法士のところに行った。「とにかく足が痛い」私は言った。「なんとかしてください」。私は診察台のうえに横になった。

「このシューズ、新しそうね」と彼女は言った。「履き始めてどれくらい？」

履いたのは今日が初めてだった。私は雑誌の記事にするため、このレースを究極の試し履きの場にするという馬鹿げたアイデアを実行していた。どのアイテムが長い距離に耐えられるかを調べるための、デュラセル・バニー〔電池メーカーのデュラセル社のマスコットキャラクターのウサギ。デュラセル社の乾電池を背負い、他のウサギと競争して勝つコマーシャルで有名〕になったみたいに。だが、シューズが壊れる前に、自分の身体が壊れるなんて考えていなかった。

「二週間前から」私は嘘をついた。〝レース当日に新しいことを試してはいけない〟というランニング界の鉄の掟を破ってしまったのを認めるのが恥ずかしかったからだ。

理学療法士は驚き、なんて馬鹿なことをするのかという目で私を見て「じゃあ足が痛むのも当然ね」と言い、同情の余地はないという顔をした。

自分に腹が立った。もちろん、新しいシューズを履いてこんなレースは走れない。またヘマをしてしまった。

理学療法士に足をマッサージしてもらい、何とか数マイル歩いたが、午前八時にまた限界に達した。かれこれ六時間、歩いては休みを繰り返している。一時間に二マイルほどしか進めていない。

マリエッタは他に何を言えばいいかわからない様子で、少し仮眠を取ってみたらどう、と言った。あまり説得力を感じなかったが、ともかく車の荷台に乗り込み、寝袋に入って身をかがめた。歩くのをやめて横になり、恍惚とした安堵が静脈を駆け抜けるのを感じるのは至福だった。

でも、眠れなかった。レースが続いているのに、ここで横になっているのは正しくない気がする。私の気持ちはまだトラックにあった。寝袋に入ったまま上半身を起こし、灰色の朝を眺める。マリエッタは紅茶を飲むためにトラックの反対側に行った。トラックには、棄権することなく、まだ進み続けているランナーたちがいる。なぜ、あんなことができるのだろう？　彼らは、まるで時計仕掛けのおもちゃみたいに進み続けている。苦しそうな者もいるが、それでも、早足で歩いたり、足を引きずったり、ジョギングをしながら前に進んでいる。一位のランナーは、まだ跳ねるように走っている。信じられない。それに比べて、なんて私は不甲斐ないんだろう。

マリエッタが戻ってきた。「完走したらいい気分になれると思うわ」彼女が言った。

「無理だよ」私はそうとしか言えなかった。身体は壊れている。選択の余地はない。

私たちの隣に拠点を構えていたのは、カルティックという大柄な男性だった。シュリ・チンモイの信奉者で、スタート七時間後くらいから、ずっと歩いていた。目を閉じていることも多い。彼は私が車の荷台に座っているのを見て、ゆっくりとした足取りでこちらに近づいてきた。「この時点で痛みがあるのは普通だよ。でも進み続ければ、その先に何が待っているかはわからない。たいてい、驚くようなことが起こるものさ」

「もう限界なんだ」私は言った。

「怪我をしてるのか？」カルティックが尋ねた。「怪我をしてるのなら、やめたほうがいい」

「怪我はしていない。でも、身体じゅうが痛いんだ。特に足が。おろしたてのシューズを履いていたから」

カルティックはまっすぐに私を見て、「醍醐味が味わえるのはここからだよ。いま諦めてしまうのはもったいない」と言った。そして優しく微笑むと、足を引きずりながらトラックに向かっていった。

私はそのまま車の荷台に座り、ランナーたちがトラックを回り続けるのを一〇分ほど眺めていた。カルティックと同じように何時間も足を引きずるようにして歩いていたインド人のランナーが、トラックを離れて自分の拠点に戻ってきた。毛布にくるまり、微動だにせずに前方を見つめている。私より辛そうに見える。それでも、まだ彼は競技を続けようとしていた。諦めてはいなかった。

マリエッタが最後にもう一度私を励ました。「ここに座ったままレースを終えるのは嫌じゃない？　トラックでゴールしたいでしょう？　あとひと踏ん張りよ」

私はインド人の男を見て目頭が熱くなった。彼の努力に、ランナーたち全員の努力に。誰もが走り、歩いている。地獄を行く者たちのように、疲れ果て、ボロボロになりながらも、まだ脚を動かしている。自分に語りかけるように歌いながら走っている女性もいる。私は車の荷台から降りた。続けなければならない。なぜなのかを自問することなく、ただ歩き始めた。前かがみになり、頭にフードをかぶって、この戦場に戻った。

一歩一歩が痛いが、ホームストレートのスタート地点に差し掛かり、足元に横線が見えたとき、なぜかその位置から一直線だけジョギングをしてみようという気になった。軽く、弾むように、と自分に言い聞かせながら、ピタパタ、ピタパタ、と小さなステップで走り始める。走っている。周回記録員の女性とすれ違ったとき、私を見た彼女は輝くような笑顔で叫んだ。「アダーナン！　走ってるわよ！　すごい！」

そこで立ち止まるつもりだったが、彼女の熱意に煽られるかのようにしてそのまま走り続けた。もう少しだけ走ろう——。だが、ジョギングは歩くより痛くなく、ボロボロになった足への衝撃も少ないことに気づいた。一周してマリエッタの前を通り過ぎたとき、大丈夫だと思った。もう少し行ける。少し歩いてみたが、痛いのでまた走り始めた。私が通り過ぎると、マリエッタが驚きの表情を見せてくれた。

私はまだ走っていた。ゆっくり、かろうじてではあったが、ぎりぎり走っていた。再び周回記録員たちの前を通過すると、全員、私が走っているの見て心から喜んでくれた。私が数時間ぶりに走り始めたのを知っているのだ。「いいぞ、アダーナン」彼らは歓声を上げた。

マリエッタがにっこりと微笑んで待っていた。カメラを構えている。私は、彼女の前を通り過ぎる瞬間にスピードを上げた。写真写りを良くしたいがために、ちゃんと走っているふりをしたのだ。ところが不思議なことが起こった。きちんと走るのは気持ちが良かったのだ。素晴らしい気分だった。私は脚を引きずってトボトボと走るのではなく、本物のランニングをしていた。まるで脚が深い眠りから目覚め、あくびをして周りを見渡しているみたいだ。〈ボス、おはようございます。どうしたんですか?〉。私は驚き、そのまま走り続けた。前の人を追い抜いていく。リーダーボードの上位に位置しているランナーすらも抜いていった。スピードを出しすぎだろうか?　浮かんでくる疑念を追い払う。目の前の一周のことだけを考える。目の前の瞬間に集中するんだ。

そのまま走り続けた。一二周、三マイル〔五㎞〕ほど走ってから、少し休んだ。マリエッタの前を通るたびに、私たちは信じられないという表情で顔を見合わせた。これまで泣き言ばっかり言って申し訳なかったという思いで、彼女に手を差し出す。いったい何が起きているのだろう。なぜなのかがまったくわからない。スタート直後の一時間と同じくらい新鮮な気分だ。痛みはきれいさっぱり消えている。

三〇秒ほど椅子に座って足をマッサージした。でも、早く走りたくてたまらない。これまで、かなりの時間を無駄にしてしまったので、それを取り戻したい。気がつくと、立ち上がり、走り始めていた。

そのとき、あらゆるものが生き返り、目覚めたような、古いくびきを振り払い、雲の合間から太陽が顔を出したような感覚に襲われた。漆黒の夜を通り抜けて、光の中に入った気分だ。これが自己超越なのか。私は壁を突破した。その向こう側には太陽が輝き、幸せが溢れている。周回記録員たちが歓声を上げ、目の前を通る度に私の名を呼んでくれる。私は彼らに投げキッスをし、感謝の言葉を述べ、大きく微笑んだ。

最後の一マイルは、交通量の多い道で歩行者をかわすみたいに、他のランナーやサポーターのあいだを縫うようにぐんぐんと進んでいった。最後の五分間、私が最終的に止まる位置を正確にマークするために、記録員が並走してきた。だが、彼はついてこれなかった。私に追いつくために、トラックの内側の芝生のフィールド部分を横切らなければならなかった。応援に駆けつけてくれた私の弟が、大声を上げながら追いかけてくる。「ダール、行け！　行くんだ、ダール！」。信じられない。私は、これ以上速く走れないほど走っている。完全に全力疾走だ。レースの終わりを告げるサイレンが鳴った。早すぎる。止まりたくない。もっと走っていたい。今は、走り始めたときよりも気分がいい。

でも、もちろん足を止めた。やった。私は地面に崩れ落ちたが、泣いているのではなく、笑っていた。息を切らした記録員が慌ててやってきて、首を振っている。私の最高のサポートクルー、マリエッタもやってきた。レース前、彼女はなぜクルーが必要なのか疑問に思っていた。あなたに飲み物を渡すためだけに徹夜する人が、本当に必要なの？　飲み物くらい、自分で用意して飲めばいいじゃない？　でも、今はその理由がよくわかった。

レース前、彼女は二四時間つきっきりで私をサポートする予定ではなかった。頃合いを見てトラックを離れ、どこかで仮眠をとるつもりだったという。けれども、結局彼女はどこにもいかなかった。ランナーたちが困難に見舞われながらも挑戦を続けていく様が、あまりにも感動的だったからだ。そこにはランナーの数だけドラマがあった。足元がおぼつかない状態になりながら崖っぷちに立たされ、最後に雲を突き破って青空に辿り着いたのは私だけではなかった。

「人生そのものを見てるみたいだったわ」。私と一緒に、本当に終わったのが信じられないという気持ちでデッキチェアに座っていたとき、マリエッタが言った。「みんな、トラックを回り続けながら浮き沈みを味わっていた。打ちのめされ、よろめき、片足を前に出すのがやっとの人もいれば、飛び回るように走ったり、歌ったり、笑ったり、泣いたりする人もいた。意識を失って倒れても、立ち上がってまた進み始める人もいた。その間ずっと、信じられないほど力強く、張り詰めた空気がその場を包んでいたわ」

私も車の荷台で寝袋に入り、自分のいないトラックでレースが展開するのを見ているときに、同じことを感じた。だからこそ、再び走り始めようと決心した。

「ランナーたちは、プランを立ててレースに臨むの」。父親がレースディレクターを務めていた一九八九年にこのレースが初開催されて以来、全レースを観戦してきたというシャンカラ・スミスは言う。「どれくらいの距離を走るかという目標を持っている。だけど、レースを見守る人たちにとって最も感動的なのは、プラン通りに走れなくなったランナーたちが、それでも前に進み続けようとする姿よ」

一時間後、表彰式のために全員が集まった。私の最終順位は完走者三二人中二八位。一三人が最後まで走り続けられなかった。私は八九マイル〔一四二㎞〕走った。目覚ましい記録というわけにはいかなかったが、重要なのは数字ではなかった。これはトゥーティングのトラックを走ることで得た、貴重な人生の教訓だった。私は果てしなく長い時間の流れの中で、これ以上ないほどもがき苦しみ、痛みを味わった。それと同時に、大切な人とのつながりや支えを感じ、それによって気持ちを高揚させ、心の奥深くに到達して、不可能を可能にする力が自分の中にあることにも気づいた。

いったん限界に達したあと、再び走れるようになったのは、今でも奇跡のように感じる。このレースでは、過去のどのレースよりも深い徒労感を覚えたが、その分、復活したときの手ごたえも大きかった。私はこれからは、「もうダメだ」と自分に言うことはできない。あのような復活を経験したことで、これからは、「疲れた」、「限界だ」などとは言えなくなるだろう。なぜなら、不可能に思えることも可能であり、どんなに苦痛を感じても、復活し、生き返ることができるのだと、今は確信を持って言えるからだ。

そのことを裏付ける証拠は、レースを重ねるごとに増えていった。ウルトラランニングを始めてから、何度も「心が大事」と聞かされてきたが、その意味を完全に理解したのは、このトゥーティングでの二四時間走の後だった。それは、ネガティブなことを考えてしまったり、最後まで走り切るという確信を持てなかったりすることだけではない。心は、一見すると議論の余地のないような考えを突きつけてくる。何より、心は脚の痛み、あるいは少なくともその感覚を生み出すこともできる。しかし、ゴールに近づいていることに気づいたり、他人が懸命に努力する姿に感動したり、感銘を受けるような言葉を読んだりして視点を変えると、痛みは消えていく。それは現実のものかもしれないし、頭の中でつくり出したものかもしれないが、いずれにしても、それは私たちに力を与えてくれる。

科学的な見地から言えば、これは前述したティム・ノークスの「中央調速理論」が示していることでもある。持久走のような極端な運動をしているとき、脳は自分を守るために早い段階で身体の機能を停止させようとする。人間の身体は、突然、目の前に熊が飛び出してくるような緊急事態に備えてエネルギーを蓄えておくために、このように進化してきたのだ。

ジャーナリストのアレックス・ハッチンソンは名著『限界は何が決めるのか？ 持久系アスリートのための耐久力の科学』（露久保由美子訳、TAC出版、二〇一九年）の中で、この説を支持する最も説得力のある証拠をノークスに尋ねたときのことを記述している。南アフリカ人であるノークスは、コムラッズ・マラソンで最終関門である一二時間の直前にフィニッシュするランナーたちのことを例に挙げた。トップ選手ではない一般のランナーたちが、過酷なウルトラマラソンの最後にラストスパートをかける。疲労困憊で、筋肉は損傷し、エネルギーも残っていないはずなのに、全力疾走するのだ。最後にそれだけ走れるのなら、途中でももっと速く走れたはずだ。なぜそうしなかったのか？ とノークスは問いかける。

これは、私がこれまで走ってきたほぼすべてのウルトラマラソンの経験に当てはまっていた。毎回、私の心はもっともらしい理由をつきつけ、強い痛みを引き起こすことで、早い段階で走るのをやめさせようとする。トップレベルのウルトラランナーや過去のトラウマを抱えている人たちが痛みを受け入れ、それをバネにしてさらなる努力をしようとするのとは違い、私は毎回おとなしく傷みに屈服し、自信を失い、ぐったりして、足を止めてしまった。ゴールはもうすぐだと認識し、安全だと感じたとき、心は初めてリミッターを解除し、隠していた力を引き出すことを私に許可した。

数多くのウルトラランナーたちがアドバイスしてくれたように、心に振り回されてしまうのを避けるための最善策は、あとどれだけ走らなければならないかを忘れ、今その瞬間に留まることだ。ハッチンソンは同書で、てんかん治療のための脳手術を受けたあと、三〇代後半で優れたウルトラランナーになったダイアン・ヴァン・デレンの興味深い事例を紹介している。手術後、彼女は自分がどれくらい走ったのかを把握できなくなり、結果として驚くほど長く走り続けられるようになった。手術の後遺症は、日常生活に多くの支障をもたらしたが、彼女を驚異的なウルトラランナーにすることには役立った。なぜなら、臨床神経心理学者が述べているように、「彼女の心は、ゴールまでの距離をほとんど気にしない」からだ。

「彼女は地図も読めないし、コース上での自分の位置も把握できない」とハッチンソンは書いている。「他のランナーのように、残りの距離のことばかりを意識したりはしない」。また短期記憶が乏しいため、その時点までに費やした労力についても深く考えない。「代わりに、彼女は前に進むという目の前の課題に集中せざるを得ず、次の一歩を踏み出すことだけを考えている」

私はもっとヴァン・デレンのようにならなければならない。いつも、残りの距離や時間のことばかり考えて怖気づいているからだ。ゴールが近づき、何とかなりそうだとわかった瞬間に、ようやく息を吹き返す。途中で足が止まるのを避けるには、先のことを考えるのをやめなければならない。効果的だと思えるのは、腕時計を見ないようにすることだ。時間を測定するのもやめる。先のことを考えずに走るのなら、手首で絶えず電子音を鳴らして残りの距離や時間を思い起こす必要はない。リング・オブ・ファイアの最終日では、競争を諦めていたので、腕時計をつけずに走った。当然、走るスピードも遅くなったが、気分は良かった。五分ごとに残りの距離を告げてくる迷惑な友人がいなくなったみたいな安堵感があった。五ドルで買ったカシオの腕時計をつけて走るザック・ミラーのことが思い浮かんでくる。彼も、残りの距離を計算しながら走ったりしない。だからこそ、あれほど大胆に、何にもとらわれない自由奔放な走りができるのだろう。

三週間後には、私にとって初めての一〇〇マイルレースが控えている。最後まで走りぬくための鍵は、先のことを考えず、禅僧のように今の瞬間を受け入れ続けていくことだ。精神世界の指導者で作家のエックハート・トールも、「現在の瞬間を大切にすれば、あらゆる不幸や苦しみは消え、人生は喜びや安らぎと共に流れ始める」と述べている。

もちろん、私の自分の気持ちはあの手この手で邪魔をしてくるに違いない。でも今回こそは、準備ができているはずだと信じたかった。

12　幻覚と感涙

私が自分の挑戦に向き合っていた頃、ウルトラランニング界にも大きな出来事があった。私がアングルシー島を走っていた週末、アルプス山脈ではウルトラトレイル・デュ・モンブラン（UTMB）が開催されていたのだ。それは、史上最高の顔ぶれがそろったという呼び声の高いウルトラトレイルレースだった。ザック・ミラーが、二〇一六年の出場条件を巡る騒動を経てこの大会に戻ってきていた。フランス出身のフランソワ・デンヌとグザビエ・テベナールという二度の優勝経験者である二人のフランス人や、ゲイリー・ゲリンの友人のリトアニア人で、二〇一六年に二位になった元イラク帰還兵のゲディミナス・グリニウスも出場する。私たちの友人であるボルダーのセイジ・カナディを含む、有力なアメリカ人勢も参戦する。誰もが優勝を狙っていたが、大本命と見なされて話題の中心にいたのは、キリアン・ジョルネとジム・ウォルムズリーだった。

ジム・ウォルムズリーは様々な物議をかもしてきた選手だ。数年前、一連のレースで目を見張るようなコースレコードを打ち立ててアメリカのシーンに登場した。二〇一六年に「ウェスタン・ステイツ一〇〇」に出場した際はまだスポンサーがついていない選手だったが、レース前、優勝するだけでなく、コースレコードを破ると豪語した。このレースには長い歴史があり、ウォルムズリーにとってこれが初めての一〇〇マイルレースだったこともあって、その威勢の良い発言はスポーツファンのあいだで論争を引き起こした。彼の言葉に期待を膨らませる者もいれば、憤慨する者もいた。

スタート直後から飛び出したウォルムズリーは、コースレコードを四〇分も上回るペースで疾走した。だがしばらくして、のちに語り草となる出来事が起きた。順調に歩を進めていた九三マイル〔一四九㎞〕地点で、道を間違えたのだ。荒れ果てた道をさまよっていたところをクルーに発見されたときには、苛立ち、意気消沈していた。後続を大きく引き離していたので、コースに復帰して再び優勝を狙うこともできた。だが、そのときにはすでに彼の心の中で何かが消えていた。

「落胆し、気持ちが萎えてしまった」とウォルムズリーはのちに語っている。残りの区間を歩き、コースレコードより四時間近く遅いタイムの、二〇位でフィニッシュした。

翌二〇一七年のウェスタン・ステイツでもレース前に強気な発言をしていたが、またしても有言実行に失敗した。序盤はコースレコード・ペースで飛ばしたが、七〇マイル〔一一二㎞〕地点に差しかかると何度も吐き、一〇〇メートル進むごとに日陰で一〇分ほど横になった。結局、途中棄権に終わった。

「ウォルムズリーは一〇〇マイルでは通用しない」、「生意気すぎる」と言われるようにもなった。それでも、彼はこのスポーツに刺激を与え続けた。出場した他のレースでは、高速タイムを叩き出して軒並み優勝した。私がカリフォルニアを訪れたとき、誰もが彼の話をしていた。「ウォルムズリーは無敵だ」とみんな口々に言っていた。ただし、その前に「一〇〇マイル以下のレースなら」という断りがついた。とはいえ、いずれは一〇〇マイルでも優勝するだろうとも見なされていた。だからこそ、彼が初めて一〇五マイル〔一六八㎞〕のＵＴＭＢに出走することは、特にそのレースが王者キリアン・

ジョルネとの初の直接対決になる事実とも併せて、大きな意味を持っていた。

ジョルネは、二九歳にしてこのスポーツのほぼすべてを制していた。その生い立ちは伝説だ。スペイン・ピレネー山脈の山小屋に生まれ、山岳ガイドをしていた父親の手ほどきを受け、五歳のときにはすでにピレネー山脈の最高峰アネトに登っていた。

最初に熱中したのは、登山やスキーで山を登り、スキーで下るスキーマウンテニアリング（スキーモ）だった。国際大会に出場し、何度か世界選手権を制した。一八歳でマウンテンランニングを始め、二〇〇八年には二一歳でUTMBを初制覇。その後も二度優勝している。ウェスタン・ステイツ一〇〇でも優勝し、今年のUTMBのわずか数か月前には、残り八七マイル〔一三九㎞〕の地点で転倒し肩を脱臼したにもかかわらず、アメリカのハードロック一〇〇（マイル）も制覇している。脱臼した肩を自分で元に戻し、包帯で腕を吊った状態で走り続けてそのままレースに勝った。まさにスーパーマンだ。

二〇一四年には新たな挑戦を求め始め、モンブランやキリマンジャロ、エベレストに至る世界で最も象徴的な七つの峰への最速登頂記録を更新する、「サミッツ・オブ・マイ・ライフ」というプロジェクトを思いついた。

私はこのプロジェクトの最後の峰であるエベレストへの挑戦を終えてヨーロッパに戻った直後のジョルネに、ロンドンでインタビューをする機会を得た。キングス・クロスにある洒落たストリートスタイルのインド料理店に彼を連れて行き、飲み物をとりながら話を聞いた。彼は大きなバックパックを肩に担いで現れた。都会を歩くその姿は、自然に囲まれた生活から遠く離れた場所にやって来て、まごついている男のようだった。

ジョルネのメディア窓口担当者から、彼は人混みが嫌いで、年に数日しか都会にいないと聞いていた。ジョルネは以前、UTMBの開催地であるフランスのシャモニーに住んでいたが、本人曰く「町が大きすぎるし、人も多すぎた」という。シャモニーの人口は約一万人だ。その後、パートナーのスウェーデン人ウルトラランナー、エミリー・フォースバーグと共にノルウェーの人里離れた場所に移住した。

それまでに大きな成果を残してきたものの、ジョルネの最新の挑戦は計画通りにはいかなかった。五月二〇日、エベレスト登頂に挑戦。すでにキリマンジャロ、モンブラン、マッターホルン、デナリ、アコンカグアで最速登頂記録を樹立していた彼にとって、最後の大物へのチャレンジだった。

ロンボク寺近くのベースキャンプを出発し、酸素ボンベと固定ロープを使っても（ジョルネはどちらも使わなかった）通常なら四日間かかる登攀を、速いペースで開始した。だが七七〇〇メートル付近で腹痛に苦しみ、痙攣と嘔吐で数メートルごとに足を止めなければならなかった。それでも前進を続け、午前〇時頃に頂上に到達した。普通なら四日間を要する行程にわずか二六時間しかかからなかったが、新記録達成には至らなかった。ジョルネは諦めて下山するのではなく、中腹のベースキャンプで数日間休んで体調を回復させ、再び登攀に挑んだ。六日間で二度、酸素ボンベも固定ロープも持たずに世界最高峰の山の頂に登ったのだ。

「記録は重要じゃなかった」ジョルネはレストランのメニューに戸惑いながら言った。「僕がエベレストで試したかったのは、アルプス山脈や他の場所と同じように、ロープを使わずにヒマラヤ山脈でも素早く動けるかどうかだったんだ。大掛かりな装備を持たずに、必要最低限なものだけで、あの山の頂上に行けるのか。そして、それは可能だった」

エベレストに挑戦するために、どんな準備をしたのかと尋ねると、ジョルネは「僕の場合、準備は子どもの頃から始まっている」と答えた。

「一歳半のときに初めてハイキングをしたんだ。七時間かけてね」。三歳になると、山頂に登るようになった。両親がスパルタ教育をして、ヨチヨチ歩きの息子を無理矢理に山登りさせたわけではない。彼は山が大好きだった。その愛はさらに大きくなり、彼の人生そのものになった。

「僕はきょうだいと一緒に山で遊んでいただけだ。誰かに強いられたわけじゃない。両親はハイキングをするとき、子どもたちに道を選ばせてくれた。だから僕たちはできるだけ遠くまで行った」。彼は幼い頃から山で自立心を学んだ。母親はよく、大地を感じ、自然とつながるために、夜に裸足で外を歩かせてくれた。

「もちろん、いつも転んで身体じゅうが擦り傷だらけだったけど、楽しかった」。信じられないことに、何千時間も山々を駆け回ってきたにもかかわらず、ハードロック一〇〇に出場する前まで、怪我らしい怪我をしたのはたった一度しかなかった。しかもそれは一八歳のときに、スペインの小さな町で、通りを横断しようとしたときに転倒したものだ。

最近は、年間約一二〇〇時間（一日平均三時間以上）を山でのトレーニングに費やし、獲得標高は毎日平均一六四〇メートル、年間約六〇万メートルに達するという。参考までに言えば、イギリス諸島最高峰のベン・ネビス山の標高は一三四五メートルである。

ただし、優れた山岳ランナーになれたのは、激しいトレーニングのおかげだけではないという。「僕には走るのに適した遺伝子があるんだ」とジョルネは言った。「僕の場合、どんなに夢見てもNBAプレイヤーにはなれない。でも、VO2max［最大酸素摂取量。一分間に取り込める酸素の量を表し、どれだけ速く、遠くまで走れるかの大きな指標になる］のテストを受けたことがあるんだけど、かなり高かった」。これは控えめな表現だ。彼のVO2max値は、九〇㎖／kg／分。これまでに記録された中でも屈指の値で、テストを実施した研究者たちを驚かせた。同じくフィットネスの指標となる安静時心拍数も、三四と異常に低い。加えて、運動後の回復が極めて早いため、毎日ハードな練習ができるのだという。

精神力はどうだろう？「痛みを感じるのが好きなんだ」とジョルネは言う。「痛みを感じ始めても、心配はしない。気にならないんだ。あるいは、痛みが好きだというわけじゃないけど、気にはならないのかもしれない」

ハードな練習に、持って生まれた並外れた身体的、精神的な特性。これらに、幼少期からずっと山で走り回っていたという特異な生い立ちが相まると、なぜ誰も彼についていけないのかという理由がわかってくる。

レースや登山でこれまでに大きな成功を収めてはきたものの、その道のりは決して順風満帆ではなかった。ジョルネは世界最高峰の山々を遊び場に変えてきた。だが、それは危険な遊び場だった。二〇一二年、「サミッツ・オブ・マイライフ」プロジェクトの第一ステージで、モンブランへの最速登頂記録に挑むための訓練をしていたとき、雪庇が崩れ、一緒にいたスキーマウンテニアリングの三度の世界チャンピオンで親友のステファン・ブロスが滑落死した。この事故に大きな衝撃を受けたジョルネは、なぜこうした挑戦に取り組むのかについて疑問を抱くようになった。「ブロスは僕のヒーローであり、友人だった。彼が滑落したとき、僕はその二〇センチ隣にいた。僕は思った。〝なぜ彼だったのか？　なぜ自分ではなかったのか？　彼には子どもがいた。僕が落ちればよかったのに〟って」

一年後、パートナーでスカイランナーの世界チャンピオンであるエミリー・フォースバーグとシャモニー近郊の山中にいたとき、悪天候のために身動きできなくなり、山岳救助隊に救助された。当時の救助隊長は、「我々の再三の要請にもかかわらず、ランニングシューズで山に登る人が増え続けているのは、非常に遺憾なことだ」と憤慨してメディアに語った。

そしてエベレスト挑戦の目前、高名なスピードクライマー、ウーリー・ステックがヒマラヤ山脈で事故死した。このこともジョルネに衝撃を与えた。

「僕も二〇一六年にエベレストに登っていた」と彼は言った。「その年、僕は多くのリスクを取り、今ならしないようなことをしていた。山でリスクを評価するとき、それは様々なことに左右される。そのときの自分の感覚や、自分の能力、さらには人生のどんな段階にいるかも関わってくる。ウーリーが亡くなったあと、僕はそれまでよりも慎重になった」

だがこのような辛い出来事を経験しても、ジョルネは自らを追い込み、壁を打ち破ろうとし続ける。「僕はリスクを取っている。でも、人生はリスクを伴うものなんだ。ソファに座って安全に過ごすのが人生じゃない。誰かに〝愛してる〟と言うことすらリスクになりうる。僕は山で、安全――生きているのは良いことだから——とリスクのあいだの小さな隙間を見つけようとしてる。そこは自分の限界を見つけ、挑戦できる場所なんだ」

今、ジョルネの目の前にある挑戦は、レースへの復帰であり、ジム・ウォルムズリーをはじめとする世界最高峰の山岳ランナーとの対決だ。この五年間はＵＴＭＢに出走していなかったが、強豪たちが軒並み参戦している状況を見て、どうしても出場しなければならないと思ったという。

そんなわけで、私がアングルシーの村役場で震えながら自分を憐れんでいたとき、アルプス山脈では史上最高レベルのトレイルレースが繰り広げられていた。序盤はジョルネ、ウォルムズリー、そして身長一九三センチの長身のフランス人、フランソワ・デンヌが先頭グループを形成し、コースレコードを大幅に上回るペースで飛ばした。観戦者によれば、途中でウォルムズリーが「遅すぎる」と言い、三度の優勝経験者ジョルネが「いや、速すぎる」と答えたという。

だが最初に仕掛けたのは、中間地点を過ぎた頃に前に出たデンヌだった。このレースでも後半に苦しんだウォルムズリーは後退。大きなフランス人をジョルネひとりが追走する展開になった。結局、デンヌは最後までジョルネにプレッシャーを与え続け、一九時間強でシャモニーに帰還した。三度目のＵＴＭＢ制覇となり、ジョルネと並んでこの大会のレジェンドの仲間入りを果たした。

ジョルネは一五分遅れの二位。ウォルムズリーは八〇マイル〔一二八㎞〕あたりで失速したが、なんとか持ちこたえて五位でゴールした。これは彼にとって一〇〇マイルでのベストレースになった。

ザック・ミラーはこの年は怪我に悩まされていたこともあって一度も優勝争いには加わらなかったが、それでも快走を見せて九位に入った。セイジ・カナディは前回のＵＴＭＢのときとは違い転倒も縫うような怪我もしなかったが、不調で五〇位に終わった。本人曰く、これはウルトラマラソンでの過去最悪の結果だった。

最終的に、ＵＴＭＢはその大げさな前評判通りの見ごたえのあるレースとなり、世界最大のトレイルレースとしての地位をさらに確固たるものにした。来年は、私がこの偉大なランナーたちと同じ舞台に立つ番だ。だがその前に、ピレネー山脈で行われる小規模なレース、「一〇〇マイル・シュ・ド・フランス」であと六ポイントを獲得しなければならない。

私にとって、それはこれまでで一番の不安を感じるレースだった。まず、これは私にとって初めての山岳レースになる。暗闇でレースをするのも初めてだ。そもそも、一〇〇マイルレースも初体験になる。さらに、五週間で三度走るウルトラレースのうちの最後のレースでもある。

友人のトム・ペインと、今は彼の妻になったレイチェルも出場する。ふたりもこのレースで、来年のＵＴＭＢに出場するための最後の六ポイントを獲得しようとしている。ただし、準備は私よりはるかに徹底していた。レースの数か月前、トムとレイチェルはコースの下調べをするために全ルートを試走していた。スタート前夜、フォントロムのカフェで、トムは思っていたよりもかなり難しいコースだったと話してくれた。「ＵＴＭＢより難しいよ」と彼は言った。そのときの私には、聞きたくない言葉だった。トムは私に、三五時間くらいでのゴールを想定しておくといいだろうとアドバイスしてくれた。「君の力なら、もっと速く走れるかもしれない。でも、長めの時間を想定しておくほうがいい。最悪の事態としてね」

レースのゴール地点は地中海沿岸のアルゲレスの砂浜だ。午前一〇時がスタートなので、三四時間で走るとすれば、二日目の日没にゴールできる計算になる。フィニッシュ地点としては申し分ない。ザックをその場に投げ捨ててそのまま海に飛び込める。

私はその光景を、レース中に何度も思い浮かべながら走った。〝波に身を任せる前に、必ずポケットから携帯電話を取り出して砂浜に置いておくこと〟と繰り返し自分に言い聞かせた。とはいえ、先のことを考えすぎてはいけない。目の前の一歩に集中しなければ。

レース当日の明け方、フォン＝ロムー郊外にある体育館のそばで、トム、レイチェルと一緒に約三〇〇人のランナーたちとスタート地点に立った。ほぼ全員が、これから走る山々に慣れている地元のフランス人の男女だ。そわそわしながらその場で脚を動かす。あのトムでさえ、不安そうな顔をしている。いつもの彼の陽気さを、雲が覆っているみたいだ。

地元の要人が鳴らしたショットガンを合図に、レースはスタートした。ランナーたちは森を抜け、快適なトレイルを進み、村を出て山へと入っていく。私は最近の連戦の影響を恐れていたが、案の定、脚がすぐに疲れてきた。足首や大腿四頭筋が軋み、もう文句を言い始めている。〈おい、まだ始まったばかりだぞ〉と私は心の中で脚に語りかけた。〈今は眠っていていてくれ。後で力を出してもらわなきゃならないんだから〉。

それでも、序盤は楽にマイルを刻んでいけた。ほとんどが下りの道を、城壁を潜り抜け、兵士が配置されたエイドステーションを通り過ぎながら走る。約七マイル〔一一㎞〕地点で険しい上りに入った。山登りだ。ここは歩くことしかできない。なるべく脚への負担を減らそうと、手で岩や草を引っ張りながら上った。どうやらトレイルランニング用のポールを持っていないのは私だけのようだ。そのことで早くもネガティブな気持ちになっている。頑張っているつもりではあったが、準備不足は否めない。この手のレースを走るうえで何が大切か、肝心なことを、まだまったく理解していない。とはいえ、私はそれなりの位置を走っていた。ポールを持ったランナーも何人か追い抜いた。レースの序盤にしては、息が荒すぎると思える人も多い。

登攀の途中で何度か絶景が望めた。所々で立ち止まって写真を撮る。こうした小さな休息、緊迫した状況下での束の間の息抜きが、長い目で見れば助けになるはずだ。

最初の山の頂上を越えると、初めての本格的な下りが始まった。他のランナーは勢いよく下っていくが、まだこの山に慣れていない私は、不安定な足取りで用心しながらゆっくり進んでいく。先に行かせればいい。スピードを出しすぎて転倒し、怪我でもしてしまえばすべてが終わりになる。安全に下ることが何より大切だ。スピードは気にしなくていい。

とはいえ、他人の目には哀れな姿に映ったはずだ。他のランナーに次々と追い抜かれながら、恐る恐る次の一歩を踏み出している。下り終えると、長い間人が住んでいなかったような古い農家の外にピクニックテーブルが設置されただけの、簡素なエイドステーションがあった。椅子に腰を下ろし、パンとチーズを手に取る。そろそろ再び走り始めようかというときに、レイチェルが到着した。私を見て驚いていているようだ。

「もっと先にいるんだと思ってた」と彼女は言った。

「抑え気味に走ってるんだ」私は半分嘘をついた。たしかにペースは抑えていた。だが、この険しい道をこれ以上速く走れるとも思えなかった。

立ち上がり、走り始めた。また別の山を上る。頂上近くでレイチェルが私に追いついた。元気いっぱいに見える。尾根を一緒に走った。再び、柔らかい地面の、ギザギザの岩やグラグラした石の多い下りに入った。また何人ものランナーに追い抜かれる。みんな、軽快で小刻みなステップを踏むか、足元の悪さをものともせずに石や岩を砕くように踏みつける大きく力強い足取りで進むかの、どちらかのテクニックを使っている。

レイチェルは私よりも下りが苦手そうだった。私が丘のふもとにある次のエイドステーションを出発したときにも、まだ姿を現さなかった。

再び上り。同じような展開が続く。少なくとも、上りは下りからの休息になる。上っている最中は追い抜かれることも少ない。二〇マイル〔三二㎞〕地点を過ぎた。まだ大丈夫。序盤だとはいえ、気持ちも落ち着いている。日差しは徐々に夕暮れ時の黄色に変わりつつある。夜が近づいている。

このレースには大きなエイドステーションが三つ用意されている。そのうちの最初の一つは、ヴェルネ＝レ＝バンという小さな町に設置されている。この町には午後七時前に到着した。ゆるやかな下り坂であるにもかかわらず、歩いている選手も多い。彼らを追い抜きながら力強く走った。私の得意な路面だ。私はやっぱりロードランナーなのだ。他の人を追い抜くと力が漲ってくる。私は使命に燃える人間のように町のメイン・スポーツセンターに足を踏み入れた。野球で言えば、一塁到達だ。気分もいい。

マリエッタと、応援に駆けつけてくれた友人のシャーロットの姿が見える。パスタやケーキ、ピーナッツなどをむさぼるように食べる私の脚を、マッサージセラピストのシャーロットがマッサージしてくれる。全部まとめて胃の中に詰め込む。予定よりも長く滞在してしまったが、おかげでエイドステーションを出ようとする頃には、スタート直後のようなフレッシュな気分になっていた。夜間の走行に備え、ジャケットを着て、ヘッドライトを頭に装着した。恐怖に立ち向かう準備はできている。

出口に向かって歩いていると、レイチェルがいた。彼女も出発の準備をしている。野性的な瞳をしている。恐怖を感じているようだ。「あとはボトルに水を入れるだけ」と彼女は言った。

「先に歩き始めてるから」と私は言った。「次の上りは大きい。すぐに僕に追いつくよ」

彼女は何も言わずに頷いた。だが、このレースで彼女の姿を見たのはこれが最後だった。一方のトムは、マリエッタによれば五位でここを通過していったという。彼は、はるか彼方を走っているのだ。


町の明かりが見えなくなった頃、ヘッドライトの調子がおかしいことに気づいた。最初は、スマート機能か何かが作動しているのかと思った。それは最新型のライトだったからだ。しかしすぐに、電池が切れていると気づいた。バカみたいだ。レースに出る度に、基本的なミスをしてしまう。電池をテストしなかったなんて信じられない。予備の電池は持っていたが、六時間しか持たない。幸い、主催者が各ランナーに用意していた予備のライトも持っている。だが、そのライトは旧型で明かりが弱く、そのうえそのライトの電池もチェックしていない。

結局、予備の電池とライトでなんとか一晩、持たせることができた。けれども、ライトが切れて山で動けなくなるかもしれないという強い不安に襲われ、通りすがりのランナーたちに予備の電池をもらえないかと何度か頼んだりして、時間と労力をかなり使ってしまった。

ライトをつけ、ヴェルネ＝レ＝バンの町の外れから山に上り始める。ここはレース最大の上りだと言われていたのをうっすらと覚えていたので、腰を落とし、スローなリズムで歩を進めていく。暗闇でのハイクアップはそれほど難しくなかった。ゆっくり動いているので、足を踏み外す心配はない。だが暗いと思考がネガティブになってしまう。不吉な予感がする。たまに、トレイルの脇に座っているランナーとすれ違う。ただ休んでいるだけだが、暗闇の中から突然現れるその姿は、何か恐ろしい試練を生き延び、やつれて怯えている人のように見える。

ひたすらに上り続ける。容赦のない険しさだ。二〇分おきに歩くのを止めてその場に腰を下ろし、二分間の休憩を取ってから再び脚を引きずるようにして歩いた。六〇歳くらいの男性が、同じようなパターンで進んでいた。私たちは何度か近くの場所で休憩を取った。お互い無言のままそこに座って闇を見つめ、また歩き続けた。頑張れ、と自分に言い聞かせる。一歩ずつ。

上り続けていると、風が吹き始めた。最初は頂上に近付いているからだと思っていたが、すぐにそれは単に高度が上がっているからだということに気づいた。頂上はまだかなり先なのかもしれない。ジャケットと汗だくのTシャツのあいだから、冷たい風が入り込んでくる。アメリカのランナー、ディラン・ボウマンがUTMBでの体験談を書いたブログ記事を読んだことがあるが、彼によればそのレースでの唯一の失敗は、寒さを感じた瞬間に服を十分に着込まなかったことだという。山で一度体温が下がってしまうと、元に戻すのは難しくなる。立ち止まり、ザックから出した服を重ね着してから歩き続けた。

二時間近く歩いて、ようやく勾配が緩くなった。前方に光が見え、人の声が聞こえてくる。暗い穴から這い出すようにその場に行くと、一〇代の若者たちが身を寄せ合うように大きな焚き火を囲んで座っていた。これはエイドステーションではなく、ちょっとした休憩所だ。若者たちはスペイン語を話している。次のエイドステーションまであと五キロほどだという。

「ここからは上り？」私は尋ねた。「それとも下り？」

「上り」という答えが返ってきた。私は落ち着いている。上りか下りかは関係ない。何であれ、目の前の道を進むだけだ。上りでも問題ない。

とはいえ、ありがたいことに、そこから先の傾斜はかなり緩やかだった。疲れていてるので走れないが、速足で歩き、一時間ほどでエイドステーションに到着した。

身を引き裂くような強い風に吹かれながら、石造りの建物に近づく。窓には明かりが灯り、長テーブルを囲んで座っているランナーたちが見える。中に入って空いている席に座り、向かい合った二人の男に微笑みかけた。彼らは私を無視して食べ続けている。腹は空いていないものの、テーブルに置いてある紙の皿から適当に食べ物を見繕う。ポテトチップス。ケーキ。少ししか皿に盛れなかったのでおかわりが必要だが、手が伸びない。コーラを飲み、両手で頭を抱える。一瞬、絶望に襲われた。

もう無理だ。急に気分が悪くなり、弱気になる。崩れ落ちそうになるのをなんとか堪える。ザックをつかんで椅子から立ち上がる。これ以上、ここに座っているのは危険だ。このまま走るのをやめたい、このまま暖かい避難所にいたいという気持ちに負けてしまいそうになる。チョコレートを手に取り、外に出た。どの方向に進めばいいのだろう？　わからない。誰にも聞けない。激しく震えながらその場に立っていると、濡れたシーツみたいな風が叩きつけてくる。動かなければ。

進むべき方向を示す反射板が見える。それに従って走った。平坦な尾根伝いの道が続く。星が空を満たしているが、ヘッドライトが照らす地面に目を向けなければならない。チョコレートを食べたら、むせてしまった。気持ちが悪くなりそうだったので、吐き出して前に進んだ。

しばらくなだらかな道が続いたが、すぐに石の多い下り斜面になった。急斜面は日中でも難しいが、夜になるとさらに危険だ。岩や木の根に足を取られて、転倒しそうになる。一分に一回くらいの割合で転びそうになり、バランスを取らなければならない。細心の注意が必要だ。他のランナーに追い越されていく。みんな難なく下っているように見える。ついていこうとするが、他の選手の足取りが確かなのに、私だけ足元がおぼつかず、置いていかれてしまう。

それから一時間後、ありがたいことに道は平坦になり、曲がりくねりながら山の端に向かっていった。良い走りができたが、まだ岩や木の根につまずいてしまう。道の片側は五〇〇フィート〔一五二m〕もの崖になっているので、恐ろしい。つまずくたびに酔っぱらいのコメディアンになったような気分になったが、次第に笑いごとではないと思うようになった。一分ごとに、下手をしたら転んで崖下に落ちてしまうかもしれない状況で走るなんて。

レース開始から一九時間後の早朝五時ごろ、まだ暗い中、五五マイル〔八八㎞〕地点にある二つ目の大きなエイドステーションに到着した。私は着実に前に進んでいた。トムとレイチェルは最初の四〇マイル〔六四㎞〕が一番大変だと言っていた。その言葉が正しければ、私はすでにこのレースの山を越えたことになる。いけそうだという手ごたえを感じる。午後遅くにはビーチに辿り着けるはずだ。すべてが計画通りに進んでいる。

シャーロットが再び脚をマッサージしてくれた。だが、腰筋が痙攣し始めてしまった。苦しそうに顔をしかめていると、それを見たスタッフが、医務室に行けと言う。医務室の中では、膝をひどく切った男が点滴につながれていた。誰かに殴られみたいに意識を朦朧とさせている男もいる。医師は私の腰を診察した。筋肉が炎症を起こしているという。彼は首を横に振りながら、棄権すべきだと言った。私は、足や大腿四頭筋、足首のほうがもっと痛むし、うまく食べられなくて苦労していると言いたかったが、ぐっと堪えた。このままレースを続けたいと伝えると、医師は筋肉にクリームを塗り、鎮痛剤をくれ、続行を許可してくれた。

エイドステーションを出発する前、別のスタッフから、すぐに大きな上りがあると警告された。しかも、そのあとで急な下りがあり、さらに上りがあるのだという。彼は「すごくきついよ《ムイ・ドゥロ》」とスペイン語で言った。トムはここからコースは楽になると言っていたが、どうやらまだいくつかの登山が待ちかまえているようだ。だが、それはこれまでのようにきついものではないはずだ。

「その二つの上りが終わったら、後は楽になる？」私は彼に尋ねた。そうだ、と彼は答えたが、あまり自信がなさそうだった。

「あと二つ、大きな上りがあるらしい」と私はマリエッタに言った。だが、今の私ならそれに対処できる。こうして、エイドステーションに到着してから一時間後、食事をして元気を取り戻した私は、暗闇に戻り、海を目指して再び走り出した。

夜明けまでの時間が、永遠に感じられるほどに長い。次の上りはきつかった。警告しておいてもらってよかった。とがった岩をいくつも乗り越えなければならない。頂上に到達し、下りを走っていると、ようやく太陽が顔を出し始めた。日の光があれば走るのが楽になりそうだ。何人かを追い越しながら軽快に走る。ライバルを抜き去るジム・ウォルムズリーになった気分だ。下りの道を、ただ小走りするのではなく、次第にペースを上げながら走っている。絶好調だ。スタートから二四時間近く経過した時点で、上り調子になっている。すごいぞ。

次のエイドステーションでも、まだエネルギーが溢れていた。そこにもマリエッタが来てくれていた。

「元気そうね」彼女は言った。最高の気分だった。ぐずぐずせず、ザックを背負って再び出発した。最後の大きな上りが待っている。

あのスタッフは正しかった、この上りは「すごくきつい《ムイ・ドゥロ》」。上に行くほど急になる。すべりやすい泥と草ばかりで、手でつかめるものが何もない。あるランナーから、なぜポールを持っていないのかと尋ねられた。ひたすら上へと進む。頂上は一向に見えてこない。木々のあいだから空がちらりと見えそうな気がするが、道は曲がりくねり、また別の方向に向かって上っていく。

もちろん、最終的には頂上に辿り着いた。はるか遠くに海が見える。みんなと一緒に立ち止まり、景色を眺めた。海はずいぶん遠くに見える。

一〇分かけて岩だらけの尾根をよじ登ると、これまでで一番小さなエイドステーションがあった。水とコーラが置いてあるテーブルがひとつあるだけだ。それからコンクリートの急な下りの道が続いた。みんなスピードを上げ、飛ぶように大きな歩幅で下っていく。同じようにやってみようとしたが、大腿四頭筋が痛くてできなかった。

もう何時間も下っているようで、上りになってほしい気もする。けれどもいざ上りになれば、短くても相当に辛いだろう。このレースで初めて、本当に苦しいと感じた。完走できないかもしれない。この辺りの道はなだらかで、ほとんど平坦なのだが、走ろうとしてもすぐにゆっくり歩いてしまう。その場にへたり込み、マリエッタに電話した。

「ヘッドライト用の新しい電池が必要かもしれない――」私は言った。もう午後五時だ。なのに、スペインとの国境沿いにあるル・ペルテュスの町にある最後の大きなエイドステーションが近づいてくる気配はない。「もう一晩走りつづけなきゃいけないかもしれないから」。パニックになりそうだった。限界寸前だ。「あなたは頑張ってるわ」と彼女は言った。「とにかく動き続けて」。起き上がり、頑張って歩き始める。一五分後、ようやくエイドステーションに到着した。

マリエッタが急いで椅子を用意してくれた。もうお馴染みとなった、食事とシャーロットのマッサージというルーティンを始める。私の計算と、ドアの外の標識によれば、残り一五マイル〔二四㎞〕。ゴールまであと一息だ。ここからが本当にコースが楽になるのなら、午後九時半までにはビーチに着けるはずだ。日は落ちているが、問題ない。まだ海に浸かる時間はあるかもしれない。マリエッタに、ゴール地点でタオルと着替えを用意しておいてほしいと頼む。

マリエッタとシャーロットは、ゴールまで残り六マイル〔一〇㎞〕地点にある、最後から二番目のチェックポイントで待っていてくれるという。そこには、午後八時には到着できるはずだ。ふたりに手を振り、バナナを頬張りながら出発した。弾むような足取りを感じる。結局、一〇〇マイルはそれほど遠くないのかもしれない。たとえ山の中のコースであっても。

日差しはまだ暑い。ルートは道から外れ、乾いた埃っぽいトレイルを上り始めた。ザックに装着したハイドレーションのチューブからスポーツドリンクを飲もうとするが、うまくいかない。ザックを降ろし、チューブを取り付け直してもう一度試してみたが、やはりうまくいかない。全部分解してやり直す。水がなければこれ以上進めない。そして原因に気づいた。ハイドレーションにエアポケットがあったのだ。ハイドレーションを開け、エアポケットを外した。その際に、スポーツドリンクの半分をこぼして身体じゅうにかけてしまった。ザックを背負い、再び歩き始める。だが二分後、また飲めないことに気づいた。いったいどうなってるんだ？　振り返ると、ランナーの一団が丘を上ってくるのが見えた。落ち着こうとするが、気が動転している。どうしてこんなに暑いんだろう？　土の塊の上に腰を下ろし、手に持ったハイドレーションをいろんな角度から眺めてみた。すると、逆さまになっていたことに気づいた。正しい向きでチューブを取り付けると、今度はうまくいった。立ち上がり、進み始める。

丘は思っていたより長く続く。頂上はまだかと思いながら、上り続ける。歩くスピードを上げ、少しジョギングをした。「なんだ、この程度か？」私は大声で言った。「これだけ？　この小さな丘だけ？　こんなの楽勝さ」

しかし、小さな丘は続いた。私の強がりは空しく響いた。冷静に考えなければならない。残り一四マイル〔二二㎞〕は、かなりの距離だ。後ろの集団に追いつかれた。五人の男が、一列になって無言で歩いている。私もこの列の後ろについて、足並みを合わせ、次のエイドステーションまで歩いた。そこには綺麗な身なりをした二人の老婦人がいて、強引にヌードルスープを勧めてきた。私は夕方の暖かい光の中で、少し無理をしてそれを食べた。これが最後の上りに違いない。しかし、エイドステーションを出発すると、道は大きく曲がり、木々のあいだを抜けて大きく険しい上りの道に向かった。信じられないという気持ちで周りを見回す。他のランナーはまったく気にする様子もなく、丘を上り始めている。

「気を強く持つんだ」とランナーのひとりが言葉をかけてくれた。私は気合いを入れ直し、みんなと一緒に上に向かって歩を進めた。

頂上に到着したのは、それから一時間ほど経った夕暮れ時だった。燃えるような夕焼けが見える。空は聳え立つピレネー山脈の上で真っ赤に輝き、別の方角にある地中海の上でピンクに染まっていた。立ち止まり、絶景を堪能した。この時間帯に頂上にいられたのは、ある意味で幸運だったのかもしれない。空気は冷たく、新鮮だ。これほど壮観な夕日は見たことがない。とはいえいつまでもここにはいられない。前に進まなければ。

マリエッタが待つ、次のチェックポイントまでの時間を計算してみる。あと一時間くらいだろう。次の一マイルはとてつもなく急な下りが続いた。日が暮れる前でよかった。このボロボロの足で、暗闇の中でこんな難しい斜面を下るのは想像するだけで恐ろしい。

しばらくして未舗装路に出た。暗くなってきたのでヘッドライトを装着する。走ろうとしたが無理だった。早歩きができれば十分。もうすぐチェックポイントに着くはずだ。

闇、木々、静寂の中を走る。道は山の周りを取り囲むように曲がりくねっているが、決して下っていくようには見えない。八時を過ぎ、そのまま走り続ける。九時になったが、まだチェックポイントの気配はない。時折、腰に手を当ててゆっくり歩いているランナーの脇を通り過ぎる。着実な足取りで進むランナーに追い抜かれたりもした。でもほとんどはひとりだった。それから、何かが見え始めた。

もうすぐだと思いながら走っていると、前方にチェックポイントが見えた。窓に明かりのついた建物があり、その前で何人かがヘッドライトをつけてうろうろしている。腕時計を見た。九時一五分。時間的にもそろそろ着いてもおかしくないころだ。だが、チェックポイントだと思った場所に到着しても、そこには何もなかった。ただの漆黒の闇だ。背筋がぞっとする。さっき見えたと思ったものは、幻覚だったのか。何もない。家の形をした岩さえない——もしあったら、まだ気分はマシだっただろう。

身震いしながら走りを再開する。少し行くと、また何かが見えた。窓明かりのある建物だ。だが再び、その場に着いてみると何もなかった。唖然として立ち尽くす。恐ろしい。

三度目を覚悟しながら走った。この状況を受け入れよう。前に進もう。もうじき着かなければおかしい。下の谷のどこかに、アルゲレスの町明かりが見えてくるはずだ。なのになぜ、こんなに真っ暗なんだろう？　分厚い沼のような闇しかない。私は正気を失っているのだろうか？　タイムワープか何かにはまり込んでしまったのか？

前を行くランナーの姿が見えた。そのランナーが、トレイルの頭上に掲げられた巨大な木のアーチの下を潜り抜けていった。アーチには「ようこそ……へ」と地名が書かれているが、木の枝が邪魔でよく見えない。ともかく、それは町の入り口に違いない。チェックポイントはすぐそこだ。

だが、そのアーチが見えた場所に着くと、そこには何もなかった。

私はそのまま走り続けた。この山から早く抜け出さなければ。数分後、風にはためくテントが見えた。用心して近づいた。本物だった。扉を開けて中に入る。室内にはテーブルがあり、食べ物が置かれていた。チェックポイントだ。

座るのは危険だった。動き続けなければならない。マリエッタとシャーロットはいなかった。おそらく、ゴール地点に向かったのだろう。この場所は、彼女たちの小さなレンタカーで来るには遠すぎたに違いない。私はゴールまでの距離を思い出そうとした。ここから六マイル〔一〇㎞〕だったか、それとも六キロメートルだったか？　チェックポイントにいたボランティアの一人に聞いてみた。

「キャーンズ」と彼は言った。私は彼が何を言っているのかがわからず、呆然とその場に立ち尽くした。何と言った？　カンゼ？　キロメートル？

「フランス語？」と私は尋ねた。

彼は頷いた。「一五キロメートル」

冷たい風が私の頭蓋骨を吹き抜けた。

「一五だって?」私は口ごもり、思わず出口に向かった。

「出発かな?」戸口で、笑顔の男に声をかけられた。

「ええと、そうだよ」私は自分でも何をしようとしていたのかがよくわからないまま、そう答えた。

「右に向かって進むんだ。次のチェックポイントまであと五キロだよ」

「丘はきつくない?」私は尋ねた。

彼は首を横に振って言った。「そうでもないな。でも大丈夫さ」

数分後、私は何度も足を滑らせながら、トゲのある茂みに足を引っかけて転ばないように気をつけて前に進んでいた。そして、道に迷ってしまったことに気づいた。数人の男たちが私の脇を駆け抜けていった。しばらく彼らの後を追っていたら、目の前の丘の上に光が見えた。男たちを呼び寄せようとしたが、彼らは逆の方向に行ってしまった。私は光の方向に進んだが、やがて光がないことに気づいた。丘もない。ただ空があるだけだ。

生きて帰れないかもしれない。周りを見渡すと、家々の明かりが見えた。ベランダにはトレイを持ち、ランナーに飲み物を手渡している人たちがいる。みんなおしゃべりをしていたり、ロッキングチェアに座っていたりする。これは幻なのだろうか。身動きがとれない。

突然、女性ランナーが目の前に現れ、歓声を上げた。後ろから男性のランナーがやってきた。二人はキスをして抱き合い、フランス語で興奮気味に話をしている。私は気づいた。この二人は幻じゃない。本物だ。この二人から離れてはいけない。彼らは今の私にとって唯一の希望だ。私は藪をかき分けるようにして突進し、走り始めた二人をぴったりと追いかけ始めた。何があっても彼らの近くにいなければならない。私は二人の背中で視界をいっぱいにした。それ以外のすべては無視した。

二人は岩だらけの急斜面を素早く下っていく。私は女性の後ろを追いかけた。彼女の足元だけを見て、同じステップを取りながら走った。彼女は速かった。大腿四頭筋がズキズキと痛むが、離れるわけにはいかない。ぴったりと背後につき、接着剤のように視線を彼女に固定した。

私たちは下り続けた。後になって、地元ではこの丘が「死の下り坂」と呼ばれていると知った。それくらいの難所なのだ。しかも通常、人はここを夜中ではなく日中に下る。他のランナーを何人も追い抜いた。みんな、飛ぶように走る私たちを見て、立ち止まり、びっくりしている。そのとき、不思議なことが起きた。大腿四頭筋の痛みが和らぎ、足は軽快になった。幸福感が押し寄せてくるような温かさを感じる。突然、心が穏やかになった。私は、今、この瞬間に完全に没入していた。

フランス人のカップルは、日曜の午後の散歩をしているみたいに淡々と会話をしながら走っている。私は静かに集中しながら、二人を追いかけた。丘はとても険しく、ところどころにロープが張られている。だが私は怯まなかった。フローの状態に入っていた。これまでにないくらい集中している。最高の気分だ。

ようやく、小川と小さな村が現れた。午後一一時三〇分。道を歩いていると、車のドアが開き、マリエッタとシャーロットが出てきた。ついに最後のチェックポイントに来た。信じられない。

マリエッタとシャーロットは何時間も前からここで待っていて、ボランティアといろいろな話をしていたらしく、みんなが私のことを知っていた。彼らは私が到着したのを見て喜んでくれている。椅子に腰を下ろした。本当に、これで残り六マイル〔一〇㎞〕だ。周りの人に、あとは平坦な道を走るだけでいいのかと尋ねてみた。きっと、最後は楽な道のりでゴールに行けるようになっているはずだ。だけど、はっきりとした答えは返ってこない。

ヌードルスープを食べたあと、席を立ってみんなに別れを告げた。マリエッタとシャーロットに、「ゴールで会おう」と言った。

緩やかな坂を半マイルほど下っていく。これまで乗り越えたきた道のりのことを思えば、楽なものだ。ところがそのとき、道路脇にレースの標識が立てられているのを見つけた。矢印は、高いところにある木々の方向を指している。冗談だろ？　しかし、それは本物だった。ルートはそれまでの道から外れて、上りの小道に入っていく。もうひとつ越えなければならない山があるのだ。

深呼吸をして、パニックにならないようにした。現実を受け入れよう。一歩ずつ前に進むんだ。もうスタートから三七時間以上も経過している。もはやタイムに意味はないし、何位でゴールするかも気にする必要はない。はっきりしているのは、とにかく目の前の道を進んでいけば、最終的にはゴールに辿り着けるということだけだ。

そして、その通りになった。日曜日の午前一時四五分、私はビーチの隣にあるマリーナに続く階段を下りた。海沿いの道を走る。ゴールはすぐ近くだ。フィニッシュラインの上にあるアーチが見える。そこをめがけて走り、足をもつれさせながらゴールした。私は立ち止まった。やった。ゴールタイムは三九時間五三分。そのままそこに立っていた。何も起こらない。誰からも何も言われない。その場所は閑散としている。

年配の男性ふたりが、笑顔で現れた。ひとりが首にメダルをかけてくれ、コンピューターの画面に表示された私の結果を見せてくれた。約三〇〇人の出走者中、九三位。彼は小さな冷蔵庫の扉をスライドさせて開け、飲み物を勧めてくれた。好きなものを選んでいいよ、と彼は言った。何でもいい、と私は答えた。彼は微笑んで一本を手に取り、私に手渡した。

マリエッタが来て、私を抱きしめてくれた。私たちはやった。すごいぞ、私たちは見事に成し遂げたんだ。

ゴールしたら涙が溢れると思っていたが、そうはならなかった。すべてが穏やかに感じられた。荷物をまとめてホテルに戻り、風呂に入って眠った。翌朝、ホテルのバルコニーに座って外の景色を眺めていた。時刻は午前九時四七分。レースの最終関門である四八時間が間近に迫っていた。ランニングシャツにゼッケンをつけた男性が、ザックを背負い、駐車場を走り抜け、階段を下りてマリーナに向かっていた。日曜日の朝の散歩をしているカップルが、彼の苦しく不安そうな顔を見ながら、そのまま歩いていく。彼はあたりをきょろきょろと見回して進むべき方向を探し、それを見つけて走り続けた。彼が走り去って行くのを見ていたら、涙がこぼれてきた。

私には、彼がここにたどり着くまでにどんな経験をしてきたのかがわかった。彼の目を見れば、それがよくわかった。彼がこれからゴールしようとしていることを想像したら、もう涙を堪えられなかった。むせび泣く私の脳裏に、レースの様々な記憶が蘇ってきた。死ぬかもしれないと思った瞬間、もうひとつ山を越えなければならないことに気づいた瞬間、休憩を終えてザックを背負い再び出発した瞬間、マリエッタから元気そうだと言われたこと、シャーロットが脚をマッサージしてくれたこと、エイドステーションの親切なスタッフが甲斐甲斐しく世話をしてくれたこと、最後にフランス人のカップルが後ろを走らせてくれたこと――。それらはすべて、あの男の顔にも現れていた。強さも、努力も、優しさも。だから、私は泣いた。

トムとレイチェルは？　ふたりは早い段階で私のレースから姿を消した。彼らは、私よりもさらに辛い思いをしていたことがわかった。

私たちは日曜日の午後、同じマリーナのそばのカフェで落ち合い、ビールを飲みながらお互いの苦闘を振り返った。

トムはいつものようにスタートから飛ばして先頭付近の位置を保ち、レースの大半は順調だったという。「ル・ペルテュにある最後の大きなエイドステーションを出たときはまだ四位か五位くらいで、そのままゴールできると思ってた。でも、次の下りで膝がかなり痛み始めたんだ」。〝死の下り坂〟に到達する頃には、ほとんど膝を曲げられなくなっていた。「走ろうとすると痛みが強すぎて、歩くしかなかった」

残りはポールを松葉杖代わりにして、ほぼ片足で走った。痛みがひどく、一時は道路脇に横になって一〇分間仮眠を取った。「痛みから解放されたかったんだ」。激痛のため、海岸沿いの最後の一キロを走るのに三五分もかかった。

ゴール後は医療テントに連れて行かれ、その後八時間、折り畳みベッドに横たわっていた。そこに、マリエッタが現れた。

「まるで野戦病院よ」と彼女は言った。「たくさんのランナーが金属製の折り畳みベッドの上で、毛布をかぶって寝ていたわ」。彼女はトムが毛布の下にいるのを見つけた。やつれ、唇は青く、目を閉じていた。「死にかけている人みたいだったわ」

「途中で何度も目を覚ましたんだ」とトムが言った。「そのたびに、咄嗟に自分がどこにいるのかを思い出せなくて混乱したよ。それでも、地面に立たなくていいだけで幸せだった。マリエッタが来て、ホテルに連れて帰ってくれなかったら、どれくらいあそこにいたかわからない」

一方のレイチェルは、まだ凄まじい体験の余韻が残っている様子で、自分の話をするときもうつろな目をしていた。彼女は私のすぐあとでヴェルネ＝レ＝バンにある一番目に大きなエイドステーションを出発し、強風の中、長い上り坂に向かっていった。だが、ウェアを重ね着することなく上り続けたため、頂上に着く頃には低体温症になってしまい、大会スタッフからストップをかけられた。彼らはレイチェルのゼッケンを外し、山頂の小屋のベッドに寝かせた。彼女は五時間後に目を覚まし、レースに復帰したいと主張した。

「続行するのは難しいと言われたわ。でも私は彼らに、やめるのはもっと難しい、って言ったの」とレイチェルは笑う。しかし、彼女は憤慨しているようにも見えた。「私の言っていることがわかる？　私は棄権するためにここに来たんじゃない。途中でやめるわけにはいかなかったの」。レイチェルは以前に二度、ＵＴＭＢレースの抽選に応募し、落選している。そのため、今年はポイントを取って応募さえすれば、自動的にエントリーが保証されることになっていた。彼女はそのチャンスを手放すつもりはなかった。

五時間も寝ていたため、制限時間ギリギリのタイムで走ることになった。それでもレースを続け、残りの時間は力強く走り、四四時間でゴールした。こうして私たちは三人ともポイントを獲得し、UTMBへの出場権を手に入れた。トムはエリートランナーとしての出場権を手にした。私はポイントを獲得すればメディア枠での出場が約束されていた。

「シャモニーに向かって、乾杯」トムが言った。これからもう一度、正気の沙汰ではない挑戦を繰り返すという現実を目の前にして、私たちはあまり気の乗らない口調で「乾杯」と言い、グラスを合わせた。

13　王国からの挑戦者

シャモニーのＵＴＭＢのスタート地点にトップランナーが居並ぶ光景を目にするのは感動的だ。彼／彼女たちはみな、山の岩から削り出したような鍛え抜かれた体躯を持つ、驚異的なアスリートだ。

しかし私は、レース前の派手な宣伝や、このスーパースターたちがいかに優れているかという話題を耳にし、誰もが彼らを世界最高の持久系《エンデュランス》ランナーと呼んでいるのを聞いていると、何か腑に落ちないものを感じる。ランナーで混雑したＵＴＭＢのスタート地点の広場を捉えたカメラが上空から急降下し、走り出す瞬間を待ちかまえるトップアスリートがいる最前列に沿って水平移動《パン》するとき、考えずにはいられない。もし彼らが世界で最も偉大な持久系ランナーなのだとしたら、なぜ彼らは全員白人なのか？　ケニア人ランナーはどこにいる？

主要なロードマラソンや、国際的なクロスカントリー、オリンピックのトラック一万メートルなどの従来の長距離レースを見てみれば、一部の例外を除き、トップに君臨しているのはほぼ全員、東アフリカ出身のランナーであることがわかる。マラソンでは、ケニア人とエチオピア人が、他のスポーツでは類を見ないほど圧倒的な強さを誇っている。たとえば二〇一七年には、上位一〇〇傑のうち、男子マラソンでは九二人、女子マラソンでは七六人が東アフリカのランナーだった。だがウルトラランニングでは、東アフリカのトップランナーは皆無に等しい。

コムラッズ・マラソンは数少ない例外で、ケニア人やエチオピア人が参加することもある。ただし、あまり良い成績は収められていない。コムラッズや南アフリカの他のウルトラ系のロードレースは、スタート地点の最前列が白人ばかりではない世界でも稀有な大規模のウルトラマラソンである。南アフリカの黒人のトップランナーたちは、同国のウルトラランニング文化を受け入れている。しかし、ウルトラトレイルランニングの世界では、黒人ランナーの姿がほとんど見られないのが現状だ。

そんなことを考えながら、私はある計画を練り始めた。悲惨な結果に終わる可能性もあるが、うまくいけば、ケニア人ランナーとウルトラランニング界の両方に大きな好影響を与えられるかもしれない。そう、誰も彼らをウルトラランニングの世界に導こうとしないのなら、私がその役割を買って出ようと思ったのだ。

ケニア人ランナーを説得して、何人かにマラソンよりも長い距離のレースを走ってもらう——それが私のアイデアだった。最近、特にアメリカでは、トップレベルのウルトラランナーには、トラック競技やロードレースから転向した選手が増えている。だから、うまくいく可能性は十分にあるはずだ。また私は、ウルトラランナーのトップランナーの多くが、若い頃に障害物競走〔三千メートル障害〕のスペシャリストであったという興味深い傾向にも気づいていた。たとえばザック・ミラーもそうだし、ジム・ウォルムズリーもそうだ。ご存じの通り、障害物競走は水濠などの障害物を飛び越えなければならないトラック種目だ。若い頃から、ただ走るだけではなく障害物に対処することで力を発揮してきたランナーが、のちに野山を駆け回るウルトラランニングの世界で活躍するようになるのはもっともだと思える。

そして、ケニア人が他のどの種目よりも他国の選手を圧倒している種目があるとすれば、それは障害物競走である。オリンピックの男子障害物競走では、同国が出場をボイコットした大会を除いて、一九六八年以降の全大会でケニアの選手が金メダルを獲得している。このことからも、ケニア人ランナーが走りながら障害物に対処することに長けていると考えていいはずだ。また、起伏のある地形を走ることに関して言えば、ケニアでもエチオピアでも、選手の練習場所のほとんどは丘陵地の未舗装路だ。これもウルトラランニングを走るうえで理想的だと言える。

しかし、ケニアのランニングの中心地であるイテンで、ウルトラマラソンを走ってみないかと尋ね始めたところ、ランナーたちはウルトラマラソンというスポーツそのものに戸惑っているようだった。「五〇マイル〔八〇㎞〕も走るだって？」。まるで、私が彼らをだまそうとしているのではないかというような目を向けられた。「そんなことは可能なのか？」。二時間四分というマラソンのベストタイムを持つダンカン・キベットは、当初は興味を示した。私は、まずは五〇マイルのレースを走ってくれるランナーを探していた。「何日かかるんだ？」彼が尋ねた。マラソンは二六マイル〔四二・一九五㎞〕だ。これはその二倍以下の距離にすぎない。「何日もかけて走ったりしない。一日で走るんだ」と私は説明した。とはいえこのやりとりは、五〇マイルという距離が、彼らが普段走っている距離からいかに大きくかけ離れているかをよく物語っていた。

だが、最大のネックはお金だった。すぐに、「賞金はいくらなのか？」という疑問をランナーたちから投げかけられた。ほとんどのウルトラレースの場合、答えは「ゼロ」だ。UTMBでさえ、優勝者に賞金を提供していない。[2]

ケニアでは、有望なマラソンランナーはエージェント（通常はヨーロッパ人）と契約する。エージェントはランナーが海外のレースに出場するサポートをし、その見返りとして賞金の一部を受け取る。だがウルトラランニングでは賞金が得られないため、ランナーを探すエージェントもいない。ケニアに優れたランナーが多い主な理由は、レースで良い成績を収めることが、生活を変え、貧困から逃れ、家族やコミュニティを助けるための手段になっているからだ。ヨーロッパの中規模なシティ・マラソンで得られる少額の賞金でさえ、ケニアでは大金になり、選手の人生を変え得るものになる。彼らにとって、報酬は走ることの極めて重要な動機付けになっている。この国のランナーたちは、走るのが好きだからという贅沢な理由でランニングをしてはいないのだ。

とはいえ、ウルトラランニングというスポーツが成長するにつれ、選手が収入を得られる機会も増えている。一部のエリート・ウルトラランナーは、エージェント経由で多額のスポンサー契約を取り付けており、トップランナーを招致するために賞金を出す大会も増えている。プロアスリートのようにランニング中心の生活をしていながら、海外のマラソン大会に招待される機会がなかなか得られない大勢のケニア人ランナーにとって、ウルトラランニングはその才能を発揮する新たな活躍の場になるかもしれない。

ウルトラランニング界の誰もが、私のアイデアに賛成してくれるわけではなかった。私がケニア人ランナーのスポンサーになることを打診した、ある大手トレイルランニング・アパレル企業の幹部は、はっきりと反感を示した。彼は私宛のメールに、ケニア人がウルトラトレイルランニングに参入しないことを強く願うと書いていた。

「トレイルランニングが魅力的なのは、興奮があるからであり、各選手一人ひとりにリアルな物語や、人間性、感情、価値観があるからだ。彼らはケニア人のような、速く走るためにつくられた〝機械〟ではない」

私は彼の反応にショックを受け、こう返信した。「ケニア人のランナーたちにも、信じられない物語があります。彼らは人間であり、機械ではありません。素晴らしい人たちです。彼ら一人ひとりにも、〝リアルな物語や、人間性、感情、価値観〟があるのです」

彼は、彼らが機械ではなく人間であるのはわかっていると前言を撤回した。問題は、ウルトラランニング界のブランドが、ケニア人ランナーそれぞれの物語に注目した興味深いコンテンツをつくろうとしていないことだという。それこそが、まさに私が有名ブランドのトップである彼に、オファーしていたことだった。しかし、彼に関心がないのは明らかだった。

ケニア人のトップランナーが出場すれば、ウルトラランニング界にとって様々な面でプラスになるだろう。UTMBのスタートラインで、ジョルネやウォルムズリー、ザック・ミラーらの隣に何人かのケニア人選手が立っている光景を想像してみてほしい。それはさらなる興奮と競争をもたらすはずだ。もしウルトラランナーたちが最高の持久系アスリートと見なされたいのなら、最高の相手と競争しなければならない。世界の強豪同士が真っ向から対決するのは、エリートスポーツ界では当たり前のことだ。ウルトラランニングが真のグローバルスポーツになるためには、世界一の長距離走大国の

2　二〇一八年、UTMBは初めて、上位一〇名の選手に賞金を提供した。一位の賞金は二〇〇〇ユーロだった。

選手を受け入れ、歓迎する必要がある。

幸い、一部を除けば、ウルトラランニング・コミュニティはおおむね私の計画に好意的だった。私は、ケニア人選手がウルトラレースに出場するための費用をつくるために、クラウドファンディングのページを立ち上げた。ゲイリー・ゲリンとセイジ・カナディも、真っ先に出資すると約束してくれた。ザック・ミラーもこの計画を伝えると興奮し、ケニアのトップランナーとレースをするのが楽しみだと言った。一緒に練習するために、彼らをバー・キャンプに招待してもいいとまで申し出てくれた。ジム・ウォルムズリーも同様の反応をしてくれたが、自身の体験からロードやトラックの選手がウルトラランニング、特に一〇〇マイルレースに適応するのには時間がかかるのを知っているだけに、慎重な意見も述べた。「ケニア人ランナーが優秀なのは間違いない。誰を選ぶかにもよるけど、彼らがウルトラレースで圧倒的な力を発揮する可能性は十分にあるだろう。だけどマラソンを二時間八分で走る選手を連れてきて、ただウルトラレースを走るだけで、簡単に勝てるというわけじゃない。適応のための時間が必要になるだろうね」

結局、私のオファーを引き受けてくれたのは、まさにマラソンのベストタイムが二時間八分のフランシス・ボーエンというケニア人ランナーだった。フランシスは、ウルトラトレイルレースに出場したあらゆるランナーの中で、おそらくマラソンのベストタイムが史上最速のはずだ。それだけでも、ワクワクする挑戦になる。私が彼を最初に出場させるのに相応しいレースとして選んだのは、イングランドのバッキンガムシャー州で開催される「ウェンドバー・ウッズ五〇（マイル）」。一〇〇マイルの周回コースを五周するレースなので、最初のウルトラで道に迷うリスクも減らせる。準備期間は四週間ほどしかないが、フランシスはケニアでいつもより長い距離の練習走行をしてレースに備えるという。

一一月の肌寒い朝、ヒースロー空港でフランシスを出迎えた。そのまま、イギリス滞在中の彼を自宅に泊めてくれることになったロンドンのランナー夫妻の家に向かった。電車の中で、彼はこれから何が自分を待ち受けているのかがまだはっきりと理解できない様子で、距離について再び私に尋ねた。夫妻の家に着き、別れ際、私はフランシスに新しいトレイルシューズやザックなどの新品の道具を渡し、レース前のこれから一、二日のあいだに試してみることを勧めた。

まだ寒く、ようやく太陽が昇り始めた頃、私たちはレースのスタート地点である野原に車を停めた。ハンドルを握っていたのは、ケニアに滞在していた頃からフランシスを知るトム・ペインだった。トムは今日のレースにクルーとして参加してくれることになった。野原の霜は雪のように厚く、車から降りて地面を歩くとザクザクと音がする。フランシスは面白がり、真っ白な野原に立っている自分の姿を写真に撮ってほしいと言った。こんな光景を見るのは、人生で初めてなのだという。

レース前の受付をするために歩いて移動していると、周りの人がフランシスに気づいて二度見しているのがわかった。このような地元のウルトラレースに、ケニアのエリートランナーが現れるのは稀有なことだ。四三歳という年齢ではあるが、フランシスには本格的なアスリートであることを感じさせる風貌があり、その黒い肌と相まって、彼が何者であるかは一目瞭然だった。私たちがゼッケンをつけるのを手伝い、スタート地点に案内しているときも、彼は落ち着いていた。これは大きなレースではない。トムとふたりでフランシスのギアを持って野原に立ちながら、少々大げさなことをしようとしているのではないかという気がしてきた。喩えるなら、村の自転車レースのスタート地点に、クリス・フルーム〔ツール・ド・フランスで四度の総合優勝経験をもつケニア出身イギリス国籍の自転車選手〕がバッテリー式のヒートパンツを穿いて現れ、二人のアシスタントがその脇で自転車を手で支えているようなものかもしれない。

フランシスは寒さを好んではいなかった。冷たくて足先の感覚がないと言い続けている。けれども太陽は出ているし、今日はいい天気になりそうだった。私は彼に、最初から飛ばして独走したりせず、一周目は先頭のランナーの後ろについていくようアドバイスした。レースの感触をつかみ、スピードを出しすぎるのを防ぐためだ。フランシスは私の言っていることの意味がよくわからないとでもいうような目でこちらを見ていたが、とにかく頷き、「わかったよ」と言った。

号砲が鳴り、四〇〇人ものランナーが一斉に走り出した。私はスタート地点の一〇〇メートルほど先でその様子を見守っていた。目の前をランナーたちが通り過ぎていく。フランシスは意外にも集団の真ん中あたりにいて、あやうくその姿を見落とすところだった。私の指示の意図を取り違えていないといいのだが。

トムと車の中に戻り、コーヒーを飲んだ。トムは今日のレースの展開を楽しみにしている。フランシスが今日優勝すれば、来年カリフォルニアで開催されるビッグレース、「ザ・ノースフェイスエンドュランスチャレンジチャンピオンシップ五〇マイル（ノースフェイス五〇）」への出場条件を満たすタイムを出すことになるだろう。これも今日のレースと同じく五〇マイル〔八〇㎞〕レースだが、一万ドルの優勝賞金が出る。カリフォルニアでエリート選手たちと闘うために、まずは今日のレースで結果を出さなければならない。

「もし彼が今日速く走れば、ちょっとした騒ぎになるだろう。世間の注目を浴びるぞ」とトムが言った。すでに何人かのジャーナリストからフランシスについての問い合わせがあった。まだできるだけ目立たないようにしておくつもりだったが、SNSでもすでにかなりの話題になっていた。私の目論見通り、ウルトラランニング界はこの新しいケニア人ランナーに興味をそそられているようだ。

約一時間後、周回コースの最後に設けられているテントに向かった。ここは、チェックポイント兼リフレッシュエリアになっている。もう太陽が顔を出している。ほどなくして、拍手の音が聞こえてきた。遠くから、最初のランナーがこちらに向かって走って来るのが見える。フランシスではなかった。けれども、彼はそれほど遅れてはいなかった。私が言った通りに、先頭ランナーの後ろにいた。ランナー二人の後ろにつけ、三位で走っている。彼はテントに到着すると、笑顔で椅子に座った。まるで、朝のジョギングから戻ってきたみたいに。バナナと補給食を手渡す。トムはボトルに飲み物を継ぎ足している。

「寒いよ」彼は言った。

「それだけ？　あとは大丈夫？」私は尋ねた。

「うん、大丈夫」先頭の二人が二周目に向けてテントを出発したのを見て、フランシスは慌てて立ち上がり、後を追った。彼が去った後、トムと顔を見合わせた。フランシスはかなり余裕があるように見える。計画通りの、順調な滑り出しだ。

二周目もまったく同じ展開だった。上位三人が、一周目と同じ順位でテントに到着した。フランシスは余裕があり、リラックスしているように見えた。

三周目、フランシスが最初に現れた。途中で仕掛け、先頭の二人を抜いていたのだ。こちらに向かって走ってくるその姿は、力強く、まだ余力を残しているように見える。すでに三〇マイル〔四八㎞〕も走っているのに、ほとんど汗も掻いていない。だが、フランシスは何かがおかしいといった様子で私たちに手で合図をしている。彼はテントに戻ると、椅子に腰かけた。

「どうした?」私は尋ねた。

「もうやめる」と彼は言った。「つま先が痛いんだ」

なんだって? つま先? 「大丈夫さ」と私は言った。「君は素晴らしい走りをしてる。あと二周だぞ」。フランシスは、頭がおかしくなったのかという目で私を見た。まるで私が、彼の言葉をまったく聞いていなかったと見えたとでもいうように。フランシスは頭を左右に振り、今度は念を押すみたいに私を真正面から見つめ、「つま先が痛いんだ」と繰り返した。

「フランシス、これはウルトラランニングだ。ウルトラランニングではどこかが痛くなるのは珍しくない。それでもみんな頑張って走り続けるんだ」。後続のランナー二人がテントにやってきて、すぐに再び出発していった。トムはフランシスとまったく同じシューズの、サイズが〇・五センチ大きなものを持ってきていたことに気づき、急いで車に取りに走った。

私はフランシスに、優勝賞金一万ドルのカリフォルニアでのレースのことを話した。今日良いタイムを出せば、カリフォルニアでそのレースに出られる。優勝すれば、賞金を手にできる、と。

「無理だよ」と彼は言った。「つま先が痛いんだ」。シューズを脱いで、足指を見せてくれた。どこも悪いようには見えない。

トムが戻ってきたが、フランシスは新しいシューズを試すのを拒んだ。「身体は大切にしなければだめだ」とフランシスは言った。「無理して続けたら怪我をするかもしれない」

トムもカリフォルニアでのレースの話をした。フランシスはじっとトムを見つめ、「つま先が——」と噛んで含めるように言った。「痛いんだ」

これ以上、トムと私にできることはなかった。フランシスがバナナを食べているあいだ、私たちはただじっとそばに座っていた。本人曰く、最初は寒さでつま先の感覚がなくなり、それから下りの着地時につま先がシューズに当たって痛くなったのだという。何度も苦しみながらウルトラレースを完走し、苦労して彼をこのレースに出場させた身としては、あまり聞きたくない言葉だった。テントの中を見回すと、中位の順位で走っている大勢のランナーがいた。二周目を終えたばかりのランナーもいる。シューズを脱ぎ、水ぶくれを確認し、足を引きずりながらテントの中を歩き回っている者も多い。それでも、みんな元気よくシューズのひもを締め直し、テントを出てレースに復帰していく。

一〇分後、私たちは車に向かい、ロンドンへの帰途に就いた。

フランシスがケニアに帰国してしばらくのあいだ、私は彼が走るのをやめたときのことを考え続けていた。それはある意味で、マラソンとウルトラの違いを物語るものだった。マラソンでは疲労と闘わなければならない。筋肉は疲れて反抗し、心も闘いを挑んでくる。だが、通常はそれだけだ。しかしウルトラマラソンではあらゆる種類の問題が起こる可能性がある。そしてたいてい、実際にそれは起こる。途中で痛みを経験することは、まず避けられない。単なる疲労ではなく、痛みを伴うのだ。

　しかし、それは良いことなのだろうか？　私の目には、フランシスは問題の兆候を感じると、すぐに匙を投げたように見えた。そしてそんな彼に、苛立ちを感じたのも事実だ。だが実際には、彼は自分の身体の声に耳を傾け、理性的で分別のある対処をしただけではないのだろうか？　フランシスは、自分の身体が生活の糧であることを知っている。プロのランナーとして、怪我を負う危険は冒せない。だから、走るのをやめたのだ。

　またこの一件を通じて、私はケニアのトップランナーの走法についても考えさせられた。以前、マラソンの元世界記録保持者ウィルソン・キプサングがインタビューで、「マラソンを走っているとき、どのくらいの時点から苦しみを感じ始めるのか？」と尋ねられ、笑顔で「最後の一キロメートル」と答えていたのを覚えている。冗談を言ったのか、質問を軽く受け流そうとしたのかはわからないが、いずれにしても私は、ケニア人ランナーは快適なゾーンで走ることを重視しているのではないかと思った。もちろん、彼らも疲労を感じているはずだ。だが、とてもスムーズに走っているように見えるのも事実だ。その走法はよく「エフォートレス」と表現される。おそらくケニア人ランナーは、走っているときに、他のランナーが感じているような苦しみを味わってはいない。

私のムーブメントコーチであるジョー・ケリーは以前、長距離走を「持久走《エンデュア》（エンデュランス・ランニング）」と表現するのは適切ではないと言っていた。この言葉は、苦しみに対処し、耐えながら走ることを連想させるからだ。彼は、「効率走（エフィシエンシー・ランニング）」のほうが適切だと言った。なぜなら、長距離を上手く走るには、苦しみと闘い、耐えることよりも、エネルギーや身体を効率よく使うことを重視すべきだからだ。そして、ケニア人はそのことを得意としている。しかしウルトラでは、距離が長く、地形にも起伏があり、変化に富んだ様々な状況に対処していかなければならないため、効率を最優先した走りを維持するのは難しくなる。

それにおそらく、ウルトラでは苦しみたいと思っている人が多い。そもそもそれが、人がウルトラマラソンに惹かれる理由なのかもしれない。ウルトラランナーは、レースの難しい部分を嬉しそうに話すし、それを体験するのを楽しみにしている節がある。アメリカ人ランナーのティモシー・オルソンは、UTMBで四位に終わった年のインタビューで、「僕はレースを通じて辛い状態に陥り、それを克服するのが好きだ。ウルトラレースでは毎回、どん底を味わうような体験をするものだ。だが必ずと言っていいほど、次のレースでそれよりもさらに暗く深い場所に連れていかれる。まったく驚きだよ」と嬉しそうに語っている。

大学教授のパム・R・セーラーズは、哲学雑誌フィロソファーズ・マガジンに掲載されたエッセイで、著名な心理学者アーノルド・クーパー博士の論文「ザ・サイコロジー・オブ・ランニング」を引用し、人が長距離走を走る動機には「自己愛的《ナルシシスティック》かつ自虐的《マゾヒスティック》な欲求」があると指摘し、それは「人間の肉体の一般的な限界をはるかに超えた距離を走ることによって、見事に満たされる」と述べている。

ナルシシズムはひとまず脇に置くとして、ウルトラランニングと、ウルトラランナーが走っている最中の苦痛から得る快感は、たしかにマゾヒズムの定義の一部に当てはまる。セーラーズはエッセイの中で、友人のシカゴ・マラソンの応援に行ったとき、レース後に配られたナイキのカードに「血まみれの乳首はトロフィーだ」と書かれていたのが印象的だったと書いている。そしてウルトラランニングでは、ランニングシャツで擦れた乳首から血が滲むのは、苦痛のほんの始まりにすぎない。

ペンシルベニア大学の心理学教授ポール・ロジンは、虚偽の脅威的体験によって生じる苦痛から得られる喜びを、「良性のマゾヒズム」と呼んでいる。ロジンは「悲しむことの喜び」と題した論文の中で、苦痛を克服することが「〝肉体を精神で乗り越える〟喜びを導く」と述べている。ロジンがこの論文で例として挙げているのは唐辛子を食べることや悲しい映画を観ることだが、彼は私に、それは長距離走の喜びにも同じように当てはまると語った。ある人にとっての自己超越は、別の人にとっての良性のマゾヒズムになるというわけだ。また彼は「快楽的逆転」という言葉も使っている。私は個人的に、この言葉のほうが好みだ。

私は多くのウルトラランナーから、レースの苦しみによって、普段の快適な生活や退屈な日常を抜け出し、大きな何かに挑戦している感覚が得られると聞かされていた。生きている実感を味わえる、と。前述した、あまりにも過酷なために開催二五年間で一〇人しか完走者がいないというテネシー州の一〇〇マイルレース「バークレー・マラソンズ」のドキュメンタリー番組では、あるランナーが「人生は、苦しみが多いほど豊かになる」と率直に語るシーンがある。

しかし、ケニアの片田舎で普段から厳しい生活を送っているフランシスにとって、ランニングに痛みや苦しみを見出そうとするのは、それほど魅力的なことではなかったのかもしれない。だから痛みの洞窟を一マイルも進むことなく、レースを棄権し、荷物をまとめて母国に帰ったのだろう。

レース後ほどなくして、私は自分の身体の動きを確認してもらうために、再び施術師のゲイリー・ウォードに会いに行った。フランシスが途中で走るのをやめたという話をすると、ゲイリーはプロのスポーツ選手が自分の身体をとても大事にしていることがよくわかるエピソードだと言って感銘を受けていた。話を聞いただけで鳥肌が立ったという。

私は、ある問いについてあらためて考えなければならないと思った。ウルトラランニングを始めてから、周りから何度も尋ねられてきた質問だ。たいてい、それはランナーではない人から尋ねられる。一〇〇マイルのレースを走ったと話すと、みんな少しぞっとしたような表情をして、こう言う。「そんなに長い距離を走るのは、身体に悪いんじゃないの?」

ピレネーでのレースの後、私はしばらくまともに歩けなかった。レースの最終日の夜、それまでの二日間ほとんど眠っていなかったにもかかわらず、またイブプロフェンを飲んでいたにもかかわらず、脚が痛くて眠れなかった。それから何か月も経った今でも、神経を損傷した足先には、ピンや針が刺さっているような痛みが残っている。五五マイル〔八八㎞〕地点で腰筋を診てもらった医師からは、炎症を起こしているから棄権すべきだと言われた。だが私は聞く耳を持たず、残りの四五マイルなそれでも走り続けた。医務室には、私よりずっと状態が悪そうなランナーがたくさんいたが、みんな〔七二km〕を走り続けようとしていた。

ウルトラマラソンでは、鎮痛剤を飲みながら走るランナーも多い。私は二四時間のトラックレースで、それを目の当たりにした。クルーは当たり前のようにランナーに鎮痛剤を手渡していた。

イギリスのウルトラランナー、ロビー・ブリットンは、これはウルトラランニング界が抱えている由々しき問題だと言った。「初めて一〇〇マイルレースに出たとき、他のランナーが、〝普通の鎮痛剤ではもう効かなくなったから、処方薬を手に入れなければ〟と言っていたのをよく覚えてる。ウルトラレースの最中にイブプロフェンを摂るのはとても危険だ。ましてＮＳＡＩＤｓ〔非ステロイド性抗炎症薬〕を進んで服用する人がいるなんて信じられない。危険なだけだ」

実際、それは腎臓に問題を引き起こし、腸を傷つけ、心臓発作のリスクを高めることが研究で示されている。痛みは、身体からの〝スピードを落とせ〟というサインだ。だが、ウルトラランナーはそれを無視する。自分の限界を見つけ、目標を達成し、レースに勝つことには役立つかもしれないが、健康には良くない。

また、転倒したり、痛み止めが必要になるまで筋肉に負荷をかけたり、無理をして走ったりせず、比較的無傷でレースを終えたランナーでさえも、必ずしもダメージが残らないわけではない。二〇一二年、心臓医でランナーのカール・ラヴィーとジェームズ・オキーフは、適度なランニングは健康に良いが、過度に走ると健康上のメリットが薄れ、場合によっては逆に低下する可能性があることを示した研究論文を発表し、物議を醸した。ラヴィーらは当初、過度なランニングの量を週に二時間半以上と定義していたが、その後さらに研究を重ね、週五時間以上に修正した。もちろん、ウルトラランナーはそれ以上の時間を、多くの場合一日で走る。

ラヴィーとオキーフの主な懸念は、激しい運動によって心臓が傷み、心臓周辺の組織が硬化することだった。オキーフはこのテーマで行ったTEDトークで、こう述べている。「運動は健康にとっての良薬になる。だがどんな薬でもそうであるように、適量というものがある。量が不足していればメリットは得られないが、多すぎると有害になる。ときに、それは致命的になる」

オキーフは、紀元前四九〇年にペルシャとの戦いにギリシャが勝利したことを伝えるため、マラトンからアテネまで走り、その直後に絶命した、マラソンの起源となったファイディッピデスのエピソードを例に挙げている。また、書籍『BORN TO RUN』の登場人物で、メキシコのタラフマラ族と共に暮らし、走ったアメリカ人ウルトラランナー、ミカ・トゥルーにも触れている。彼はその優れた走りから「カバーヨ・ブランコ（白い馬）」と地元の人々に呼ばれたが、二〇一二年、ランニング中に五八歳で死亡している。

「検死をしたところ、瘢痕組織で肥大し、肥厚した心臓が見つかった」とオキーフは言う。「私は心臓医として、患者に理想的な食事やライフスタイルを提案することを仕事にしているが、マラソンや極端な持久系運動は推奨できないという結論に達しつつある」

恐ろしいことだ。ただし、オキーフが「極端な運動」を、極端な強度と持続時間の運動と定義している点に注目すべきだ。たしかに、ウルトラランニングは持続時間が極端に長くなり得るが、強度は通常、かなり低い。ウルトラレースでは、参加者はその大半を歩く場合が多い。

オキーフは「適度な運動」は健康に良いとし、「強度を抑えれば、一日中運動していても問題は起きないと考えられる」と述べている。この抑えた強度とは、具体的には一マイル〔一・六㎞〕一〇分ペースを指している。これはウルトラマラソンとしてはかなり速いペースだ。

「ウルトラマラソンは健康に悪い」という結論を導くことの問題点は、これらの研究の多くがマラソンを対象にしているという点だ。マラソンでは、レースや練習の大半が一マイル一〇分を切るペースで行われるが、ウルトラマラソンはそうではない。

リバプール・ジョン・ムーア大学による二〇〇九年の研究では、ウルトラマラソンの「レイクランド五〇（マイル）」と「レイクランド一〇〇（マイル）」に参加するランナーを調査した。その結果は、オキーフの主張と一致するものだった。

被験者のランナーは全員、それまで二年以上マラソンやウルトラマラソンに出場していたが、心臓に問題はなかった。最終的に四五人中二五人がレースを完走した。年齢は二四歳から六二歳。血液検査で心臓トロポニンIを測定し、レースの前後に心電図（ＥＣＧｓ）を取った。

レース後、二五人のランナーのうち二一人の心臓トロポニンI値が有意に上昇し、うち三人は心臓の大きな損傷を示唆するほど高いことがわかった。オキーフによれば、トロポニンI値が上昇するのは、心筋の組織が死んだことを意味する。「通常なら、直ちになんらかの処置を取るべき値だ。なぜならそれは一般的に、心臓発作が起きていることを意味するからである。ただしこの場合は、微小な断裂に過ぎない。一度だけならたいした問題ではないし、数日後には治る。だが何度も繰り返せば、心腔が損傷してしまう」

レイクランドのウルトラレースのスタート時の被験者の心電図は、アスリートに一般的に見られる健康な心臓の典型的な特徴を示していた。しかし、終了時には五〇％以上の心電図に有意な電気的変化が見られた。その中には安静時や運動時の心電図ではあまり見られない奇妙な変化もあった。

この研究を実施したジョン・ソマウルー教授は、この結果は「五〇マイルや一〇〇マイルを連続して走るのは心臓に良くない可能性があることを示唆している」と述べている。

しかし、ランニングシューズをゴミ箱に捨てるのはまだ早い。他の多くの研究では、これとは反対の結果が出ているからだ。オーストラリアのバララット大学による二〇一三年の研究によれば、ウルトラランナーの寿命は平均的な人よりも最大で一六年も長い。ファディ・チャーチャー博士が率いたこの研究は、長距離走が人体のテロメアに与える影響に基づいている。

「細胞内のテロメアは、シューズ紐のプラスチック部分（アグレット）に似た働きをする構造体である。つまり、遺伝子をほつれから守ってくれる」とチャーチャー博士は説明する。テロメアは加齢とともに短くなり、短くなるほど病気にかかりやすくなる。「テロメアを長持ちさせるために、できることがある。私たちは、ランニング――それも、たくさんのランニング――がテロメアに驚異的な効果をもたらすことを発見した」

この研究では、週に四〇キロメートルから一〇〇キロメートルを走るウルトラランナーは、テロメアがそうではない人と比べて一一％長いことが明らかになった。これは平均寿命を一六年延ばすことに相当するという。

「今回の研究の被験者になったウルトラマラソンランナーの平均年齢は四三歳だった」とチャー

チャーは述べている。「我々の結果によれば、彼らの生物学的年齢は二七歳である」

二〇一四年、カリフォルニア大学の理学療法・リハビリテーション学教授であるマーティン・ホフマン博士は、一二〇〇人以上のウルトラランナーを対象に、自己申告に基づいた様々な健康問題に関する調査を実施した。その結果、ウルトラランナーは、非ウルトラランナーの集団よりも健康であり、実質的にほぼすべての深刻な医学的問題の有病率が低く、年間の病欠日数も少ないと結論づけた。私がウルトラランニングと心臓発作を関連付けた研究について尋ねると、彼は納得していないと答えた。「現在のところ、ウルトラランニングが長期的に健康に悪影響を及ぼすことを証明する十分な証拠はない」と彼は言った。

フランシスが知っていたように、どこかが痛み始めるということは、身体が何らかのダメージを受けていて、走るのを止めるべきだと告げていることを意味する。だが、健康を第一の目的としてこのスポーツをしているウルトラランナーは少ない。私たちは、ウルトラランニングは肉体を過酷な状況に追い込むものであり、それが必ずしも健康に良いことばかりではないのを知っている――怪我をしたり、山から転落して足を失ったり、テニスボールほどの大きさの水ぶくれができたりするリスクがあるのはもちろん、そうでなくても身体に相当の負荷がかかることを。問題は、それをウルトラランナーが気にするかどうかなのだ。

ホフマンは最近、二〇一四年の研究に続いて、さらに一三九四人のウルトラランナーに興味深い質問を投げかけた。その質問とは、「もし、ウルトラマラソンは健康に悪いということが絶対に確実だとしたら、このスポーツの練習やレースをやめますか？」というものだった。

七四%のランナーが「ノー」と答えた。

フランシスはウェンドバー・ウッズでのレースを途中棄権してしまったが、私は東アフリカの優れた持久系アスリートをウルトラランニングの世界に導くというアイデアを簡単には諦めきれなかった。そして、ケニア人ランナーをアメリカのウルトラトレイルレースに出場させるというプロジェクトを継続させようとしていた。そんな折、幸運にも、私の初の著書『Running with the Kenyans』の読者であるコニヤース・デイヴィスというアメリカ人男性が、この企画に協力したいと申し出てくれた。

コニヤースはカリフォルニアに住んでいて、すぐにでも行動を起こせるという。そこで私たちは、カリフォルニア州ソノマ郡の五〇マイル〔八〇km〕レース「ソノマ湖五〇」をターゲットにすることにした。昨年この大会（ちょうど、私がアメリカでミウォック一〇〇Kを走る数週間前のことだ）を制覇したのはセイジ・カナディ。ケニア人ランナーが初めて走るウルトラレースに相応しい、タフな挑戦になるだろう。

今回は成功の可能性を高めるために、二人の選手に出場してもらうことにした。ひとりは、再挑戦を強く望んでいたフランシス。もうひとりは、リスパー・キマイヨという女性ランナーだ。私はリスパーが二〇一三年のエディンバラ・マラソンで優勝したあとに初めて彼女に会い、以来ずっと連絡を取り合ってきた。彼女のマラソンのベストタイムは二時間二九分だが、さらに興味深いのは、二〇一六年にドーハで開催された五〇キロメートル世界選手権で優勝していることだ。つまり、彼女はウルトラランニングの世界チャンピオンのひとりなのだ。

そのことがほとんど注目されていないという事実は、ウルトラランニング界で五〇キロメートルのロードレースの位置づけの低さを物語っていた。ソノマ湖でのトレイルレースで勝てば、はるかに大きなインパクトを与えられるだろう。

しかし問題があった。このレースには賞金が出ないのだ。このままでは、二人のランナーは、スポンサーシップのチャンスを得たり、新たなフィールドで活躍したりすることで様々な可能性を切り開くといった、大きな夢を抱くことが難しい。そこで、彼らの練習費用として少額の手当を出し、かつレースで優勝または入賞すれば少額のボーナスを払うという契約を結ぶことにした。

しかし、残念ながらそれは実現しなかった。フランシスは怪我をし、集中的な理学療法を受けたにもかかわらず、レースの数週間前になっても痛みが引かなかったため、出走できなくなった。そしてレースのわずか一週間前、私たちがクラウドファンディングを実施してウルトラランニング・コミュニティに資金援助を募り、ポッドキャストで様々な関係者を招いてインタビューを行い、このプロジェクトがどれだけ意義深いかをあらゆる手を尽くしてウルトラランニング界に訴えたあと、リスパーから、出場を辞退する旨のメッセージが送られてきた。エージェントからローマ・マラソンに招待された、というのが理由だった。

ローマで優勝すれば一万ユーロの賞金が得られる。しかもそれはロードマラソンという、ケニア人ランナーが最も慣れ親しんでいる種類のレースだ。彼らは朝食をとるみたいに、こうした大都市のマラソンレースに出場する。出場する理由を友人や家族にわざわざ説明する必要はない。ごく当然のことだからだ。マラソンの二倍もの距離を走り、しかも賞金も出ないという不可解なウルトラマラソンに出るのとは違う。

しかし、私がウルトラランニングから学んだことがあるとすれば、それはどれだけ絶望的に見える状況でも、立ち上がって前に進む方法はどこかにあるということだ。コニヤースと私は、選手のエージェントも交えて話をしなかったことが失敗の原因だったと気づいた。

そこで、リスパーのエージェントと話をしながらプロジェクトを進行させた。次に彼女が出場するのにふさわしいと思えたウルトラレースは、ノースフェイス五〇だった。ウェンドバーでフランシスが途中棄権しようとしていたときに、トムと私が「このレースに勝てば、優勝賞金のあるノースフェイス五〇に出られるぞ」と言って説得を試みた、あのレースだ。このレースの優勝賞金は一万ドル。私たちは話を進めていった。

ケニアのランナーと一緒に何かに挑戦することの利点は、彼らがどんなレースでも勝てると信じていることだ。それは傲慢さとはまったく別の、純粋な自信だ。もちろんそれは非現実的であることも多いが、彼らは失敗しても自分を責めたりはしない。ただ立ち上がり、再び挑戦する。ケニアでのレースでスタート直後から大勢の選手が猛烈な勢いで前に飛び出していくのは、誰もが本気で優勝を目指しているからだ。

いずれにせよ、リスパーはノースフェイス五〇に出ることに意欲を示し、エージェントからもゴーサインをもらった。彼女曰く、過去にウルトラランニングが市民権を得ている南アフリカでトレーニングしていた経験があるため、他のケニア人とは違い、このスポーツのことをよく知っているのだという。だからこそ、五〇キロメートルの世界選手権にも出場した。「カタールに行って、ウルトラランニングが好きになった」と彼女は言う。

フランシスにはもうエージェントがいないことがわかったが、話をするたびに、ウルトラランニングへの興味が急速に薄れていくのを感じた。結局、彼は他の誰かを探してほしいと言った。年齢的に走り続けられるのはあと数年なので、ロードレースに戻りたいのだという。

それを知ったリスパーのエージェント、アントニオが、彼と契約しているエチオピア人ランナー、モハメド・テマンはどうかと提案してきた。モハメドは二時間一二分のマラソンのベスト記録を持つトップレベルのランナーであり、しかもリスパーと同じく、すでにウルトラランニングのレースで目覚ましい結果を残していた。二〇一五年に、コムラッズ・マラソンで準優勝しているのだ。

リスパーもモハメドも、ウルトラで結果を出したのはロードレースだが、ふたりならウルトラトレイルに問題なく対処できると思えた。私にはケニアとエチオピアの両方で走った経験があり、現地の選手がほとんどオフロードでしか練習しないのを知っていた。ノースフェイス五〇のトレイルは路面が平坦で、走りやすい。ふたりにとって問題にはならないはずだ。準備期間は六か月もある。私たちは目標に向かって動き出した。

しかし残念ながら、ウルトラランニングの神様はつれなかった。私たちは、ソノマ湖のレースにフランシスとリスパーと出場させるために資金援助を約束していてくれた大勢の人たちに、その資金をリスパーとモハメドをノースフェイス五〇に出場させるために出資してもらうようお願いし、ビザや飛行機の手配、エントリーの手続きなどにも奔走した。モハメドはレースの一週間前にカリフォルニアに到着したが、そこから一五〇マイル〔二四〇㎞〕しか離れていない場所では、カリフォルニア州史上最悪の山火事が起きていた。一方のリスパーは、ナイロビでアメリカのビザが下りるのを待ちながら合宿を続けていた。ビザが下りればすぐにでも飛行機に飛び乗れる状態だった。

ビザは最後まで下りなかった。けれども、そのことはたいした問題にはならなかった。なぜなら結局、レースは中止になったからだ。山火事の煙が海岸線に吹き付け、レースが行われるはずだったサンフランシスコのベイエリアやマリン岬（私がミウォック一〇〇Kで走ったのと同じ岬だ）では人々がまともに呼吸できないような状況だった。住民は当局から屋内に留まるよう勧告されていた。屋外でランニングをするなどもってのほかだ。ましてや、五〇マイルレースなど開催できるわけもない。

それでも、私たちは、すでにアメリカにいるモハメドが出場できるレースが他にないかを調べようとしていた。私たちはダウンを拒むボクサーのように、よろめきながらも、なんとかパンチを繰り出し始めた。コニヤースが、自身の出身地であるフィラデルフィアで、ノースフェイス五〇と同じ日にシティ・マラソンが開催されることに気づいた。優勝賞金は一万ドル。大会運営者に連絡すると、喜んでモハメドを出場させてくれるという。

しかしネットでは、同じ週末にメリーランド州でアメリカ最古のウルトラマラソン「JFK五〇（マイル）」が開催されることを指摘する声が上がり始めていた。ウルトラマラソン界の人たちは、「モハメドはこのレースに出場すべきだ」と言った。ノースフェイス五〇を走る予定だったザック・ミラーも、計画を変更してJFK五〇に出走することになったという。私たちにも同じことができるかもしれない。大会運営者に連絡すると、モハメドを出場させることを快諾してくれた。

しかし、モハメドはすでに、フィラデルフィア・マラソンを走りたいという気持ちを固めていた。まともな賞金が出ることも大きかったが、慣れ親しんだマラソンを走りたいという思いも強かった。

エージェントのアントニオは、JFK五〇の賞金の少なさに困惑していた。計算が合わない。どうしてJFK五〇では優勝賞金がたったの一〇〇〇ドルなのか？「五〇マイル〔八〇㎞〕も走って、たったの一〇〇〇ドル？」。彼は信じられないといった様子だった。

これは私がケニアでウルトラレースを走るランナーを探していたときにも何度も遭遇した、いささか不思議な反応だった。彼らは、まるで賞金は距離に応じて増えるべきだとでも考えているようだった。同じ原理を当てはめれば、一〇〇メートル走の選手はほとんど賞金が得られなくなる。

それでもアントニオは、「クラウドファンディングの資金提供者たちはモハメドがウルトラマラソンを走るのを見るためにお金を出してくれたのだから、賞金の多寡に関係なく、その意図に従うべきだ」と言った。とはいえ、実際にレースを走るのはモハメドだ。私は経験上、本人が心から走りたいと思っていなければ、人はウルトラマラソンを走れないのを知っていた。気が乗っていないモハメドをなんとか説き伏せて走らせたとしても、いい結果は期待できない。ザック・ミラーのような強敵を相手に走らなければならないのならなおさらだ。

結局、私たちは顎にもう一発パンチを食らわなければならなかった。コニヤースは両レースが開催される東海岸までの航空券の値段を調べ、それがアメリカで年間最大の旅行週間である感謝祭の前の週末であることに気づいた。どちらのレースに出場するにしても、飛行機代が数千ドルもかかる。プロジェクトの資金はかなり前から底をついていて、コニヤースはすでにかなりの自腹を切っていた。

最終的に、モハメドはカリフォルニアで山火事の影響を免れた地域で開催された、地元の小規模なマラソンレースに出走することになった。様々な混乱に見舞われて右往左往したあとだっただけに、先頭を走っていたモハメドがコースを間違えてタイムをロスし、結局トップから数秒遅れでゴールしたのは特に驚くべきことではなかった。彼の慰めとなったのは、エチオピアに持ち帰る賞金五〇〇ドルと、目まぐるしく波乱に満ちたカリフォルニア旅行の思い出、そしていくつかの新しい友情だった。この新しい友情の相手には、アーノルド・シュワルツェネッガーも含まれていた。なぜかシュワルツェネッガーがレース後の表彰式に現れ、何百羽もの感謝祭の七面鳥を参加者に無料で配っていたのだ。これは私が思い描いていた結末とは違っていた。とはいえ、まだこのプロジェクトは終わっていないのかもしれない。コニヤースは、来年のレースでの再挑戦について今から話し始めている——。

14　知られざるフェルランニングの世界

しばらく、エリザベト・バーンズの近況が聞こえてこなかった。連絡をして、まだＵＴＭＢを走るつもりなのかを尋ねてみた。彼女はこのレースにエントリーし、オフィシャルのスタートリストにも名前が載っていた。だが九か月前にサハラ・マラソンに出場して再び優勝を果たして以来、彼女がレースで活躍したという噂は耳にしなかった。

「レースには出ない」と彼女は言った。「今はウルトラマラソンを休んでいるの。回復のためにね」

詳細を知るために、彼女に会うことにした。ロンドンの肌寒い朝、カフェのテラス席で、つもる話を聞いた。ふたりでテムズ川沿いを走ってから、彼女の人生には様々な出来事が起こっていた。

「何が悪かったのか、今でもよくわからないわ」と彼女は言う。「でもとにかく、サハラ・マラソンのあと、本当に疲れ果ててしまった。一週間経ってもほとんど歩けなくて、一日中ベッドで横になってた。心も魂も砂漠に置いてきたみたいで、すっかり気が抜けてしまったの」

私と最後に会って以来、彼女は夫と別れ、別の男性と付き合い始めたがうまくいかず、元夫と一緒に経営していたビジネスを一人で引き継ぎ、ランニングコーチになるための訓練を始め、高地でのトレーニングキャンプを何度も主催し、ロッキー山脈での六日間レースに出場し、スウェーデンを三六〇キロ走った後、ヒマラヤで二度目のエベレスト・トレイルレースに出場していた。疲れているのも無理はなかった。

「たしかに、短期間にいろんなことがあったわ」と彼女は認めた。エベレストでのレース後に風邪を引き、数週間も完治しなかったという。そのため練習がまともにできず、翌年のサハラ・マラソンに向けた調整に苦労していた。血液検査を受け、栄養学に関する情報を読み漁った結果、完全菜食主義者《ヴィーガン》になった。

ウルトラランナーにヴィーガンが多いのには驚かされる。トムとレイチェルもヴィーガンだ。ヴィーガンのウルトラランナーで最も有名なのは、ウェスタン・ステイツ一〇〇を七度制覇しているスコット・ジュレクだろう。他にも大勢いる。グーグルの検索窓に「why are ultra runners（なぜウルトラランナーは、〜なのか）」と入力すると、オートコンプリート機能によって予測表示される語は「vegan（ヴィーガン）」だ。

以前は肉をよく食べていたという。「ステーキも魚も大好きだったし、毎朝卵も食べていたの」。ほんの数か月前のことなのに、今ではおかしな話だと思えるとでもいうように、彼女は笑いながら語った。「元に戻ることは想像できない。もう、肉を食べるなんて考えられないわ」

エリザベトの新しいパートナーであるノルウェーのウルトラランナー、ソンドレ・アムダールもヴィーガンだ。「彼には影響されたわ。私の視野を広げてくれた」。彼女自身は今回のUTMBを走らないが、エリートランナーの一人としてこのレースに出走するソンドレのためにクルーとして参加する予定だ。

「動物性タンパク質とがんや心臓病などとの関連を示す研究結果をたくさん読んだの。父は心臓病、母はアルツハイマーを患っていた。だから、六〇代になったら、私も同じような病気になるかもしれない。そして思ったの。〝人生は短い。このままオフィスの椅子に座っている場合じゃない〟って」

彼女は、ヴィーガンになる前は、病気にかかるかどうかはコントロールできないという考えに囚われていたという。「でも、ある程度はコントロールできると気づいたの。一般的には、ヴィーガンになるのは簡単じゃないわ。誰だって、楽しみを手放したくはないから。ベーコンを食べるのをやめるなんて想像もできないという人もいる」

では、なぜこんなに多くのウルトラランナーがヴィーガンなのだろう？

「ウルトラを走る人には、変化を受け入れるマインドセットがあるからだと思う。私にとって、肉をやめることは人生全体から見れば小さなことだった」

ウルトラランニング界においてヴィーガニズムの大きなライバルと言える食事法が、ＬＣＨＦ（低炭水化物・高脂肪）ダイエットだ。通常、これを実践するには肉をたくさん食べる必要がある。その基本的な理論は、「体内に蓄えられた脂肪には無限と呼べるほどのエネルギー源があるが、それを利用するのは難しい。そのため、炭水化物の摂取を制限して脂肪を多く摂取することで、身体が脂肪を燃焼しやすくする」というものだ。私も、パレオダイエットと呼ばれることの多いこの食事法に興味を抱いてきた。これは原始人の食生活に近い、人間の身体に適した食事法だと言われている。ベアフットランニングと同様、私はできる限り自然なアプローチに惹かれる。しかし、私にとってこの食事法には二つの問題があった。一つは、肉をたくさん食べなければならないこと。生まれながらのベジタリアンで、これまで一度も肉を口にしたことのない人間にとって、これは問題である。ＬＣＨＦ

はベジタリアンでも実践できるとされているが、実際には非常に難しい。もう一つは、脂質を多く摂ると気分が悪くなることだ。走りたくなるというより、横になりたくなる。

スコット・ジュレクにもそのことを尋ねたことがあるが、彼ははっきりとこう言った。「あれは長期的な健康のための食事じゃないね。砂糖や加工食品をカットするから、最初のうちは結果が出る。でも、大量の肉を食べ続けることが長期的には健康に良くないことは、研究が示している。人は手っ取り早い解決策を求める。でも、ヴィーガニズムは時の試練に耐えてきた。炭水化物は悪者じゃない。パレオダイエットを実践している人ですら、レースの日には炭水化物を摂る。脳にはブドウ糖が必要なんだ」

アメリカのウルトラランニングの名コーチ、ジェイソン・クープはもっと辛辣だ。「ＬＣＨＦなんてゴミさ。私はプロのコーチとして、キャリアの中で三回、ＬＣＨＦが流行っては消えていくのを見てきた。ＬＣＨＦは目新しいものじゃない。それが廃れるのは、他に良いアプローチがあるからだ」

とはいえ、スコット・ジュレクのようにヴィーガンが大きなウルトラレースで勝てることを証明するランナーがいる一方で、脂質中心の食事でもレースに勝てることを証明するアスリートもいる。たとえばジェフ・ブラウニングは二〇一五年、四四歳でＬＣＨＦ食を始め、その数か月後にはハワイで開催された過酷なウルトラレース「ハート一〇〇（マイル）」で優勝している。

この食事法の効果を確信している彼は、最近のインタビューでこう発言している。「私は今、この数年で一番身体が軽く、スピードも速くなっている。一〇歳は若返った気がする。四四歳にして、エリートウルトラマラソン選手としてレースに勝ち、記録を更新しているんだ」

エリザベトもＬＣＨＦを何度か試したという。「一月に疲労を感じたときにも、もう一回挑戦したの。二週間、マフェトン・ダイエットを試してみた。でも、ひどい気分だった。時間をかけて取り組むべきだと人は言うけど、私の身体は脂質の代謝が本当に悪いと思う。太るだけなの」

彼女は、ＬＣＨＦを実践しているウルトラランナーのほとんどは男性で、女性はこの食事法を取り入れるのに苦労しているという。ヴィーガンになってからは、炭水化物の摂取量が増えた。「以前よりもエネルギーが高まった気がするわ。食後も、すぐに走れるようになった。以前は、夜になると疲れて練習ができなかった。今はいつでも練習できるわ」

レースでは痛みにどう対処しているのかと尋ねてみた。彼女は〝痛みの洞窟〟を楽しむタイプのウルトラランナーなのだろうか？「痛いのは嫌いよ。悪天候が嫌いなようにね」と言って彼女は笑った。「レースで苦しんでいるときは、〝私は今、少なくともロンドンの会社のデスクにへばりついていたりはしない〟って自分に言い聞かせるの」。私は頷きながら話を聞いていた。でも、その考えが自分を遠くまで走らせる原動力になるかどうかはわからなかった。私なら、山の中にいて脚が動かなくなったようなどん底の状態のとき、ロンドンの会社のデスクに戻れるのなら何だってしようとする気がする。私は、根っからのウルトラランナーではないということなのだろうか。

「痛みは現れては消えるものだということも経験から学んだわ」と彼女は言った。「痛みは、いつかは過ぎ去る。だから闘おうとしないことよ。好きにさせておくの。痛みは犬みたいに、かまってもらいたがる。無視すれば、大人しくなるわ」

UTMBポイントを手に入れた私は、本格的なトレーニングに取り組み始めた。嬉しいことに、「死の下り坂」を経験して以来、急な下りを以前よりもはるかに速く走れるようになっていた。以前はダートムーアや海岸沿いの道を走るたびに、恐る恐る足を踏み出し、滑りそうになったり、不甲斐ない自分に悪態をついたりしていた。だが、そんな日々は終わった。今では、素早くステップを踏む喜びを味わえるようになった。スリル満点の下りは、毎回のランでの一番の楽しみになった。ある日、厚い雪に覆われた荒野で、スキーをしているみたいに長い下りを滑り降りたときには、思わず大きな笑いが込み上げてきた。

下りに自信がついた私は、週末にイングランドの湖水地方に出かけて、フェルランニングのレースに出ることにした。これはイギリス独自のトレイルランニングで、その地域に根ざした温かいコミュニティや長い歴史で、世界的に有名である。

もちろん、私は決して楽な挑戦はしない。金曜の夜遅くまでロンドンで仕事をしたあと、家に帰って数時間仮眠を取り、午前三時にカンブリアに向けて車で出発した。午前八時、「ダドン渓谷フェルレース」が始まる一時間前に現地に到着した。これは由緒あるフェルランニング・レースで、距離は一八マイル〔二九㎞〕と九マイル〔一四㎞〕の二種類がある。古い石垣に囲まれたでこぼこの野原に車を停めて外に出ると、駐車場所を指示してくれた蛍光ジャケット姿の男性が近づいてきた。

「まだ時間はたっぷりあるよ」と彼は言った。「受付はあのレーンを上がった村役場だ」。彼は私がよそ者の素人だということを見抜いていた。「この手のレースは初めてかい?」。私は、フェルランニングを走るのは初めてだと答えた。

「なら、短いほうを走るといいよ」彼は言った。ピレネー山脈で一〇〇マイルのレースを走ったばかりだと言いたかったが、そこは我慢した。いずれにしても、フェルランニングは初体験だし、翌日も別のフェルランニングのレースに出る予定だったので、もともと予定していた通り、短いほうのレースに出ることにした。

一時間後、私は八〇人ほどのランナーと一緒に、地面に引かれた大まかな線の手前に並んだ。これから私たちが上ろうとしている山々は、辺り一面、濃い霧に包まれている。スターターは、最後の下りでは右側を走るように、左側を走りたければ自己責任で、と警告した。「それから、今日はコース上に補給用の水はない。いつも水を用意してくれている農家の人が、結婚式に出かけたからだ」。彼はメガホンで話していたが、ハウリングしたのでスイッチを切って足元に置いた。そして、ランナーのそばにいるので、そもそもメガホンは必要なかったことに気づいた。

「では、準備はいいかな」と彼は言い、直後に笛を吹いた。私たちは勢いよく走り出した。

フェルランニングが山の急斜面を走って上り下りするスポーツであるのは、以前から知っていた。だが、自分で登山地図を読みながら進むべきルートを探ることが、このスポーツでいかに重要な要素を占めているのかは知らなかった。特に、このように霧が立ち込める日には、それは大きな鍵を握っている。

しばらくすると、集団がばらけ始めた。私は、コース上にレース用の標識がないことに気づいた。ルートを知っているように思えるランナーについていくのが得策だと思えた。近くを走っていた男が、〝初めてこのレースに出たのは二〇〇七年だった〟と話しているのが聞こえた。よし、彼についていこう。

霧の中をよろめくように小走りで進んだ。彼は頻繁に立ち止まり、目の前に地図を広げて進むべき道を確認し、山の斜面に沿って少しずつ上に進んでいく。しばらくして、私は自分が後をつけているのを彼が嫌がっているのではないかと思い始めた。そこで時々、少し彼の前を走り、脚を止めて地図を見るふりをした。実際には、自分がどこにいるのかはさっぱりわからない。そして、再び彼に先に行かせて、その後を追いかけた。でも結局、正直に白状することとした。

私は、フェルランニングのレースに出るのは初めてで、道がわからないので後ろをついて走りたいのだが、かまわないかと尋ねた。彼は私を見て、ぶっきらぼうに言った。「君が五〇代以上でないのなら構わないよ」。年代別の順位を気にしているのだろう。

幸い、私は彼に比べれば若い四四歳だった。私は、道がわからなくなったのは霧のせいだと言い訳した。ゴール地点に着いても、最後に全力疾走してあなたを追い抜いたりはしないと約束すると、彼は嬉しそうな顔をした。

走りながら、フェルランニングで求められるスキルやその難しさは、〝ライン取り〟にあることがわかった。岩や窪みを避け、急斜面を抜けていくためにどんなコースを通るかを、自分の頭で判断しながら走ることが肝なのだ。ただ誰かについていこうとするのは、このスポーツの精神に反している。

ゆえに、誰かの後ろをひたすらついていくような走り方は、特に優勝争いが絡んでいる場合には批判の対象になる。「実際、その手のランナーはいる」と彼は言った。「それが誰かは、みんな知っている」。きっとそういうランナーは、コミュニティでは尊敬されないのだろう。

結局、それからしばらくもしないうちに、霧の中で彼を見失ってしまった。あとは先を行くランナーたちの霞んだ姿を頼りに、邪魔にならないように距離を保ちながら進んだ。最後の坂を駆け下り、霧の中を抜け、ゴール地点のある、二時間以上前にスタートした野原に戻った。五体満足で無事にゴールできた。

その日の夜、湖畔のパブで居合わせたベン・アブデルノアという地元のランナーが、フェルランニングでは、どうやって相手の後ろについたり、それを阻止したりするかについての高度な駆け引きがあると教えてくれた。たとえば、後ろにつかれたと思ったら、シューズの紐を結ぶ振りをして立ち止まり、相手を先に行かせて、その瞬間に別の方向に走るという戦術も珍しくないのだという。

また、フェルランナーのリッキー・ライトフットは最近、地元のランナーの後ろを走り、ゴール前で追い抜いてレースで勝ったという。

「ベストな勝ち方じゃない」とライトフットは認めた。「でも、地図を出して立ち止まり、どちらに進むかと迷っているあいだに相手の姿を見失うくらいなら、後を追ったほうがいい」

ライトフットは、フェルランニング界の伝説的なランナー、ジョス・ネイラーの話をしてくれた。私がこの週末に湖水地方で訪れたレース会場やカフェ、パブでは、何度も彼の名前を耳にした。ネイラーは、誰かが後ろから追いかけてきたと気づいたら、わざと荒れた地形に進んだり、岩陰に隠れて相手を撒いたりすることがあったという。

地元ランナーのコリン・ダルソンは以前、ジョス・ネイラーの娘と結婚していた。若い頃、彼女に求婚していたとき、ネイラーと一緒に走る羽目になった面白いエピソードがあるという。

「日曜日の午前中、一緒にランチを食べに出かけようとして彼女の自宅に寄ったら、ジョスが出てきて〝その前に走らないか〟と誘われたんだ。そのまま、一緒に険しい山の中を三〇マイル〔四八㎞〕も走ることになった。死ぬほどきつかったよ。たぶん、私を試していたんだろう。走り終えたあと、若くて大柄な私がやっとの思いで車に乗り込むのを細身で高齢のジョスが助けているのを見て、通りがかりの人が目を丸くして驚いていたよ」

フェルランニングでは、舞台となる山をどれだけ知っているかが重要になる。そのため、地元のランナーが有利だと言われている。湖水地方の中心部、アンブルサイドに住むアブデルノアは「事前にルートを試走して、良いラインを見つけておくのが楽しいんだ。当日に初めて現地に行って、GPXファイルをダウンロードした腕時計を見ながら走るんじゃなくてね」と言った。

最近、フェルランニングのレースの多くがナビゲーションを補助するためのGPSデバイスの使用を禁止したことで、フェルランニング界では論争が起こっていた。アブデルノアは、この禁止措置は、フェルランニングの独自性を守るために必要だと言った。

その週末に私が話をした人のうち、GPSの禁止に反対する者は誰もいなかった。ただしライトフットは、どちらの意見も理解できると言った。GPSデバイスがあれば、地元以外の人もレースに参加しやすくなるからだ。「私には参加したいスコットランドのフェルレースがあるけど、ここからは遠すぎるので試走ができない。腕時計でルートをダウンロードできれば、もっと簡単にそのレースを走れるはずだ」

しかしフェルランニング界には、それはフェアではないという考えがある。この世界の人たちは、その草の根的で飾り気のないスタイルに誇りを持っている。この伝統あるスポーツには、〝農夫が結婚式に行くので今日はコースに水が用意されない〟といったことが受け入れられる牧歌的な文化がある。そこは、GPSウォッチのような最新のガジェットが、ただ便利だからという理由で無批判に受け入れられるような世界ではないのだ。

「参加費は三ポンドで、ゴール後にはオレンジスカッシュやケーキがもらえる。それだけさ」とライトフットは言う。

「誰も派手なランニングウェアを身に着けたりはしないんだ」とアブデルノアが補足し、「もし私が、レース用のザックやトレランポール、コンプレッションソックスでスタート地点に立ったら、みんなに吊るし上げられるだろうね」と冗談を言った。

そう、フェルランニングは地元のクラブのベストや、ショートパンツ、防水ジャケットと手袋を入れたウエストポーチといった簡素な恰好で走るのが相応しい。ここでは誰もが顔見知りのような、温かくフレンドリーなコミュニティの雰囲気がある。みんな元気いっぱいで、木の幹のような太い脚をして、大きな笑顔を浮かべている。近くにいたランナーに、明日もフェルランニングのレースに出るつもりだと告げると、彼は頷き、「それが典型的なフェルランニングの週末さ」と言った。

たしかに翌日、コニストン・ガリーズのフェルレースのスタート地点に行くと、昨日と同じ顔をたくさん見かけた。このレースはナビゲーションが不要で、私が以前から抱いていたフェルランニングのイメージに近いものだった。まず山を九〇〇フィート〔二七四m〕以上も駆け上がり、頂上に着いたら、向きを変えて一気にもと来た道を駆け下りる。コースは全体で一マイル程度しかない。私が新たに身に着けた下りの技術を試す良い機会だ。

レースがスタートした。頭を低くして上っていく。傾斜がきつく、周りのランナーと同様、地面に手をついて登らなければならない。すごく調子がいい。心臓も楽だし、脚もよく動いている。でも頂上に着いて後ろを振り向くと、ほぼ最下位だということに気づいた。

頂上から見下ろすと、軽くめまいがした。大変なことになりそうだ、と思いながら、素早いステップでスキップするように駆け下り始める。五〇代や六〇代のランナーが多かったので、何人かは抜けるかもしれないと期待していた。だが、前を走る年配のランナーたちは、ジャンプや横滑りを繰り返しながらガレ場をすいすいと進み、あっという間に私の視界から消えていった。結局、私はビリから三番目でゴールした。たった一マイルのレースなのに、優勝者とは一〇分近くも差をつけられていた。最初から最後まで嵐のように混沌としていて、それでいて素晴らしいレースだった。

前夜、パブで知り合ったアブデルノアに、まだ改善の余地はあるものの、フランスで出場したレースで下りのコツをつかんだかもしれないと話した。彼は、指導する選手をひとりずつ山に連れて行き、ゴム紐でお互いの身体をつないで練習をする、湖水地方の名物コーチのことを思い出したという。そのコーチは猛スピードで丘を駆け下りるので、ゴム紐でつながれた選手たちは、転ばないように必死になってついていかなければならない。彼は話しながら笑っていたが、私は、それは自分の経験に似ていると思った。転んで首の骨でも折るかもしれないという危険の中で走らなければならないと、集中力が研ぎ澄まされ、脳は下りでの脚の動かし方を超高速で学習するのかもしれない。私はまだ平均的なフェルランナーのレベルにも達していないとはいえ、たしかにこれまでのレースの経験を通じて下りの走り方を学んでいた。

私の家の近くに住んでいて、モンブランでのレースについてよく知っているランナーに、ダミアン・ホールがいた。ウルトラランニングの世界を巡る旅を始めたとき、目指すべき道筋を示してくれたのが彼だった。ジャーナリストであるダミアンは、執筆のテーマにするために三〇代後半でウルトラランニングを始め、このスポーツに特別な才能があると気づいた。私は、短い距離のレースでのタイムが彼と同じくらいだったので、ウルトラランニングでもダミアンと同じような成績を上げられるのではないかと期待していたのだが、今のところそれは実現していなかった。

ダミアンがＵＴＭＢに初出場したときのタイムは二六時間。距離と難易度が同程度の一〇〇マイル・シュ・ド・フランスでの私のタイムは三九時間だ。二〇一六年に再度ＵＴＭＢに臨んだ彼は二五時間とタイムを縮め、一九位でゴールしている。これはジャーナリストとしては驚異的な成績だ。

そしてウルトラトレイル史上、屈指のハイレベルでの争いとなった二〇一七年のＵＴＭＢでは、二二時間とさらにタイムを更新し、一二位でフィニッシュした。二〇一八年のＵＴＭＢではトップ一〇入りを目指して、さらに本格的な練習に取り組むつもりなのだという。エントリーしているエリートランナーの中ではランキング的には五〇位であり、これは野心的な目標だと言える。だが、ダミアンはこのレースのことを良く知っている。私は経験者ならではのアドバイスを得ることを期待して、彼が〝金曜朝の散歩〟と呼んでいる、南ウェールズのブレコン・ビーコンズ国立公園での六時間のランニングを一緒に走らせてもらうことにした。

ダミアンは毎回、バース郊外の自宅を午前四時に出発する。私がそれに間に合うようにと、自宅のソファで前泊しないかと誘ってくれた。私の到着時にはすでに眠っていた彼の妻と子どもたちを起こさないように、ソファにシーツや布団をかけながら、小声で彼と話をした。ついて行けるか不安だと告げると、ダミアンは「大丈夫だよ」と、心配する必要なんてまったくないというふうに言った。自分のことを、エリート・ウルトラランナーではないと思っているかのようだった。たまたまビッグレースの日に幸運に恵まれ続けている、運のいいアマチュアにすぎないとでもいうように。けれども、UTMBで一二位に入るのは、とてつもなくすごいことだ。私はしっかり眠っておかなければならないと思った。

二階で目覚まし時計が鳴り、何かが床に落ちる音がした。私はソファで身を起こし、首を振って目を覚ました。「おはよう」と言いながらダミアンが階段を下りてきた。びっくりするくらいに爽やかだ。紅茶を淹れ、私のために予備のベースレイヤーを用意してくれ、「今日はちょっと寒くなりそうだね」と言った。私たちは出発した。

雲の中に頭を突っこんだ巨大な丘の横にある荒涼とした駐車場まで、二時間のドライブだった。車を降りてビスケットとナッツを食べたあと、楽なペースで走り始めた。

それから六時間、雲に覆われた丘の中を、話をしながら走った。最終的に、二三マイル〔三七㎞〕走った。獲得標高は八〇〇〇フィート〔二四三八m〕以上。かなり本格的なランニングだ。

ダミアンは雑誌の記事のために初めてウルトラマラソンを走り、たちまちその魅力のとりこになったのだという。私が、「今回のウルトラマラソンへの一連の挑戦が終わったあと、再びロードレースを走るのを楽しみにしている自分がいる」と言うと、驚いていた。「それは少し残念だな」と彼は冗談半分で言った。「僕はこれまで、いったんウルトラを始めて、またロードに戻った人には会ったことがないよ」

「まあ、どちらも好きなんだけどね」と私は言った。「でも、ザックも背負わず、食べ物も携帯せず、でこぼこ道も、歩くこともなく、ただ純粋に走り続ける感覚が、恋しくなることもあるんだ」。走り始めて四時間、激しい雨の中でずぶ濡れになりながら峰の頂上に立っているとき、こんなふうに何マイルも走ることそのものを楽しんでいるのか、それともUTMBで成功するためにそうしているのか、と尋ねてみた。

彼はひっかけ問題を出されたみたいな目で私を見た。何か裏があってそんな質問をしているのか、とでもいうふうに。「好きだと思うよ」と彼は言った。「でも、本当にそうなのかな？　もしかしたら、自分にそう言い聞かせているだけかもしれない」。私たちは走り続けた。

もう一度、同じ趣旨の質問をしてみることにした。時間はたっぷりあった。「何度もレースに挑戦しようと思う理由は?」と聞いてみた。「ウルトラの何に惹かれている?」

ダミアンはまた言葉を濁した。ウルトラの話をしているときは、依存症者みたいだと妻に言われるという。家族からそんなふうに見られているウルトラランナーは少なくない。私たちはブレコン・ビーコンズの最高峰、ペン・ワイ・ファンの頂上まで縄梯子で上り、辺り一面の雲海を眺めた。

「もしかしたら、ヒーローのようになれるという考えに惹かれたのかもしれないね」しばらくして彼が言った。「子どもの頃に好きだった物語は、ロビン・フッドとアーサー王。大人になってからは、スコットとシャクルトンの南極探検隊の冒険物語に惹かれた。変な話かもしれないけど、『スター・ウォーズ』シリーズの僕のお気に入りのシーンは、ハン・ソロが、死んだばかりの獣の腹を割いてその中にルークを押し込むシーンなんだ。弱ったルークの身体を温めて、猛吹雪の中で夜を越させるためにね」

私は、フランスのレースで体験した幻覚の話をした。ダミアンも似たような体験をしたことがあり、他のランナーからも体験談を聞いたことがあるという。お気に入りは、アイルランドのランナー、ゲイリー・ダルトンから聞いたものだ。それはアルプスを二〇〇マイル〔三二〇km〕以上横断するレース、「トル・デ・ジアン」で起こった。レース中、ゲイリーはなぜか自分にはコース設定の責任があると思い込むようになり、道を示す旗が間違った場所に立てられていると確信して、旗を引き抜き始めた。両腕いっぱいの旗を抱えたまま前に進み、自分は正しいことをしているという満足感を覚えながら、それを一本ずつ適切だと思われる地面に差し込んでいったのだという。

おしゃべりをしながら走っているとあっというまに時間が経ち、気がついたら車に戻っていた。練習でこんなに長い距離を走ったのは初めてだった。脚は疲れていたが、世界トップクラスのウルトラランナー（本人はそう思ってはいないかもしれないけれど）についていけた。私はようやく、ウルトラランナーとしての自分の能力に手ごたえを感じ始めていた。UTMBの前に出走する予定のレースはあとふたつ。そのひとつは、ドーセット州の海岸沿いの道を四五マイル〔七二㎞〕走るレースだ。これまでは、走るたびにレースの距離が長くなっていたが、今回は初めて前回よりも短い距離を走る。今の私にとって、四五マイルは楽勝に違いない。


レースはウェイマスの近く、英仏海峡に突き出たポートランド島のポートランド・ビル灯台からスタートする。陽が昇り、号砲が鳴った。私は前に飛び出し、そのまま快調に走った。ザック・ミラーになった気分だった。自信過剰なのかもしれないが、心の奥底で、五位以内、あわよくば表彰台に立てるかもしれないと期待せずにはいられなかった。はっきりと口に出さなくても、ランナーには〝今日はいけるかもしれない〟という予感がする日があるものだ。

良い気分のまま、第一チェックポイントに着いた。到着する直前、スタートから数マイルの地点にある急峻な斜面で私を追い抜いていった若者を抜き返した。彼はランニング用のものではない、普通のリュックサックを背負っていた。走ると左右に揺れるので、ストラップを抑えなければならない。暑そうにしていて、かなりゆっくり走っている。追い抜きざまに「大丈夫?」と尋ねてみた。

彼は私を見ると、「坂が多いね」と少しショックを受けているように言った。私は何と言っていいかわからなかった。序盤の大きな丘を除けば、今のところほぼ平坦だったからだ。いくつもの巨大な上りは、これから先に控えている。

彼はまず完走できないだろう——その場でも、その後にも思った。これまでに私が出たどのウルトラレースにも、場違いに見えるランナーがいた。ペースが遅すぎるという意味ではない。長距離のレースを走るための準備が、明らかに不足している人たちのことだ。まともな装備を持っていなかったり、一〇キロレースのように序盤から飛ばしたりする。何度もエネルギーを補給しなければならないことも、コースの詳細も、途中に丘があることも知らない。ウルトラランナーの多くは、このスポーツを始めたばかりのときに似たような経験をしているものだ。私の場合も、砂の上を走る準備をまったくしないまま、オマーンのレースに出てしまった。

そのときの私よりもひどいケースもある。たとえば、サハラ・マラソンに六日間分の食料として「ヴェルタースオリジナル」のお菓子だけを持って参加したランナーがいたという話を聞いたことがある。このレースでは、一日に必要なカロリーが規定されている。彼女が持参したお菓子も、カロリー的にはその条件を満たしていた。けれども、お菓子だけで砂漠を六日間も走れない。結局、彼女は初日を走り切ることすらできなかった。

あるランナーは、アマゾンのジャングルを七日間かけて走るレースに出たときのことを話してくれた。彼はそのときまで、ウルトラマラソンがどんなものかをまったく知らず、一三マイル〔二一㎞〕以上走ったこともなかったらしい。「ろくな道具を用意していかなかった。ザックは初日のスタート直後、二〇メートル走ったところで壊れた。持参した食べ物も、ランニングギアもひどかった。何とか四日まで走ったけど、途中で棄権したよ。スタートラインに立っているとき、とんでもなく場違いなところに来てしまった感じがした。今でも思い出すたびにゾッとするね」

　そもそもなぜ出場しようと思ったのかと尋ねると、「雑誌でそのレースの記事を読んだんだ。そのときは、いいアイデアに思えた」と笑った。

　ドーセットのレースに話を戻そう。揺れるザックを抑えながら走る若者を追い抜いたあと、いくつもの丘越えが始まった。身に着けたばかりの下りの技術は役に立ったが、上りはきつかった。それでも順調に前進し、二〇マイル〔三二㎞〕地点にあるルルワース・コーブのエイドステーションに到着した。白い砂利道を突き進んでチェックポイントに入ると、素早くボトルの水を補充し、すぐに出発した。調子が良さそうだと言ってくれたマリエッタに、「次のエイドステーションで会おう」と告げた。とにかく、次のエイドステーションだけを目指して走っていこう。

　意外にも、その後は石だらけの砂浜を横切るルートが続いた。砂浜の先にある崖の上につながる階段を上っている途中で、足が痙攣し始めた。ストレッチをしたら収まったが、まだゴールまで二五マイル〔四〇㎞〕もあると思うと愕然とした。

　不安になり、少しペースを落とした。調子に乗ってスピードを出しすぎたのかもしれない。これまでと同様、ウルトラマラソンではいつも予期せぬことが起こり、〝もうダメかもしれない〟と思ってしまう。今回は痙攣だ。痙攣した状態では走れない。この先、崖の途中で動けなくなってしまうかもしれない。それなのに走り続けようとするのは無責任だし、周りの人に迷惑をかけてしまう。次のエイドステーションで棄権しよう。もうＵＴＭＢポイントを稼ぐ必要はない。これは練習代わりに参加しているレースだ。もうすぐ三〇マイル〔四八㎞〕になる。このトレイルをこれだけ走ったのだから、練習としては上出来だ。

次のチェックポイントは、選手も利用している駐車場にある。最後の数段を登ってその駐車場に着くと、私が棄権しようとしていることを察知して安心したのか、足がこれまで以上に痙攣し出した。痛くて思わず芝生に座り込んだ。

後ろから来たカップルのランナーが、心配して話しかけてくれた。

「塩分をとらなきゃだめだ」と男性が言い、スナック菓子の「フラフープ」の袋を差し出してくれた。私はそれを食べ、「ありがとう」と言った。

「塩の錠剤は持ってる?」と女性が尋ねた。私はいつも、必要なものを持たずにレースに出てしまう。持っていないと伝えると、彼女は駐車場に停めていた自分の車に戻り、錠剤の入った容器を持って来て、私に差し出してくれた。「食べて」

私は何も疑うことなくひとつを手に取り、食べた。その後で、初めて彼女にラベルを見せてもらった。「ウルトラランニングのショップで買ったの」と彼女は言った。「いつも食べてるわ」

いつのまにか、痙攣は収まっていた。気分も良くなってきたので、走り続けることにした。

残り一〇マイルほどの地点でゲートを潜り抜けると、海岸沿い標識が海岸から離れた内陸を示していた。周りを見渡すが、他のランナーは見当たらない。大会主催者からは、他の標識が別の方向を示していない限り、海岸沿いの標識に従うように指示されていた。他の標識はなかったが、何かが変だと感じた。ちょうどそのとき、別のランナーがゲートを通り、そのまま海岸沿いの道を進み始めた。「標識にはあっちだって書いてあるよ」と、私は大きな丘に続く内陸の方向を指差しながら呼びかけた。彼は立ち止まり、戻ってきた。私たちはその場であらためて標識を見た。

「たしかにそうだな」と彼は言った。「標識通りに進んでみよう」

話をしながら歩いていると、いつの間にか普通の道路に出ていた。どこにも標識がない。右に曲がって海のほうに戻ることにしたが、何かがおかしい。結局、道に迷ってしまった。スマートフォンの地図アプリを見ても、よくわからない。野原に出てしばらく走り回ったが、入ってきたのと同じ場所から外に出るしかなかった。私たちは苛立ちを感じ始めた。

しばらくすると町に出たので、人通りの多い遊歩道を走った。暑い日で、アイスクリームを食べながら楽しそうに週末を過ごしている行楽客のあいだを縫うように進まなければならなかった。どうやら、エイドステーションをひとつ飛ばしてしまったようだ。ボトルの水を三〇分ほど前に切らしていたので、店に立ち寄って飲み物を買った。地図を見て、現在地を確認しようとした。

そのとき、別のランナーがやってきた。私たちが小道のそばに座っているのを見ると、目の前の崖を指して「ゴールはあの丘の上だ」と言った。なんだ、そうなのか。じゃあ行こう。残りはあと一マイルほどだったが、私のトレードマークである高速フィニッシュを披露する時間はあった。最後の坂を駆け上がり、何人かを追い抜いて、フィニッシュラインを越えた。カメラを手に待ち構えていたマリエッタが写真を撮ってくれた。

腕時計を見る。表示されている走行距離は「四五マイル〔七二㎞〕」。回り道をしたにもかかわらず、正しい距離を走っていたようだ。一緒に迷子になったランナーが、数分後にフィニッシュした。私は声援を送ったが、彼は不機嫌な様子だった。そのまま、運営スタッフに何かを言い始めた。彼は、自分たちは近道をしてしまったので、失格になるべきだと主張していたのだ。不思議なことに、運営スタッフは彼の意見を受け入れようとはしていなかった。私たちの腕時計を見て、走行距離が既定の距離に達しているのを確認すると、気にしなくていいと言った。だが、私と一緒に走った彼は食い下がり、「それは正しくない」と言い続けている。

私はあまり意見を口にしなかった。もちろん、実際に近道をしてしまったのなら、失格になっても構わなかった。でも内心、そうなってはほしくないとも思っていた。ズルはしていない。標識に従い、道に迷ってしまっただけなのだから。結局、私は五位でゴールしたことがわかった。満足のできる結果だった。大きなレースではないし、練習代わりに走っただけなので、失格になってもたいした問題ではなかった。だが、大会側が認めてくれるのなら、それに越したことはないと思った。

後になって考えた。あのときの私の曖昧な態度は、道徳心の欠如の現われだったのだろうか？　一緒に道に迷ったランナーのほうが、公平さや善悪の感覚を持っていたということなのだろうか？　それとも、彼はただ融通が利かない人間だということなのだろうか？　主催者が私たちの記録を認めたのは、単に面倒なことを望んでいなかったからなのかもしれない。あるいはコースの標識が不十分だったために、ランナーを間違った方向に進ませてしまったという事実を認めたくなかったのかもしれない。とはいえ、私たちは内陸のルートをとったことで、急な登りを通らずにゴール地点に進んだ可能性もある。私は彼と同じ立場を取り、自分たちを失格にすべきだと主張したほうがよかったのだろうか？

ウルトラランニングでよく聞く不正行為やドーピングの話を思い返してみても、この一件は興味深い問いを私に投げかけるものだった。人は、自分を正当化できたり、免れたりすることが可能な場合には、不正をすることが多い。今回の場合も、正当化は簡単だった。数百メートルの誤差はあったかもしれないが、私たちはレースが求めているのと同等の距離を走っていた。それに、大会主催者から問題ないと言われた。とはいえ、私自身の立場はどこにあったのだろう？　一緒に道に迷った彼は、ルールには厳密に従うべきだというはっきりとした態度を示していた。それに比べて、私はグレーな立場を取っていた。それに、まったく知らない人から疑うこともなく錠剤を受け取り、口にしたことも思い出した。足が痙攣していて、なんとかしたいとは思っていた。だが、それで済まされるほど単純な話なのだろうか？

15　走るから自分でいられる

理想のランニングフォームを探求し続けていた私の耳に、ある運動療法の噂が入ってくるようになった。それは、「フェルデンクライス」と呼ばれている運動療法だ。私のアキレス腱の状態は改善したとはいえ、フォームはまだ完璧ではないと思っていた。そこで、この運動療法をランニングに応用することを専門とするフェルデンクライスの施術者、ジェ・グリュンケとのセッションを予約した。

ある晴れた日、ロンドンのコヴェント・ガーデン地区で彼女に会った。まず、診療所の外の通りを走るように言われた。何度か軽く流しをしたあと、〈ひょっとしたら、彼女は問題点を見つけるのに苦労しているかもしれない。その場合は、〝これほど良いフォームで走っているのは、フォームの改善にこれまで多くの努力を積み重ねてきたからです〟と説明しよう〉と密かに考えていた。だが、彼女は渋い顔をしていた。どうやら、私のフォームには指摘すべき点が山ほどあるようだ。

ランニングを終えてクリニックに入ると、彼女が「ローリングレッスン」と呼ぶ施術を行った。施術台の上で仰向けになり、膝を曲げる。その状態で、彼女が私の脚を、少しずつ角度を変えながら左右にそっと引っ張ったり回転させたりする。施術後、再びクリニックの外に出て周りを走った。とても感触が良くなっている。施術前に走ったとき、施術後の変化を知るために、走る際の着地音をよく聞いておくようにと指示された。そのときはバタバタと足音がしていた。だが今は、地面をかすめるように静かに走っている。施術台の上で優しく身体を動かすセッションをしただけなのに、どうしてこんなに大きな変化が起きたのだろう？

グリュンケによれば、フェルデンクライスでは単に「動きをこういうふうに変えるように」と指示をするだけで、ランニングフォームを修正しようとはしないのだという。なぜなら、人の身体の動きは潜在意識下で起きているからだ。彼女によれば、人は長い年月をかけて、身体を最善の方法で動かす術を習慣的に身につけている。そのときに最も優先されるのは、身体を傷めないようにすることだ。そのため、それまでの動作を急に変えようとすると、たとえその変化が効率的なものであったとしても、身体を守ろうとする神経系が警告灯を点灯させ、緊張してその変化を拒絶する。たとえば、もし彼女が私に「軽やかに走るように」と指示したとしたら、様々な問題を引き起こす可能性がある。私には、それを実現するために何を変えればいいのか、その変化がどんな苦痛や不快感を生じさせ得るかがよくわからないからだ。フェルデンクライスの施術のおかげで、私の身体は安全かつ快適に感じられる方法で効率的な新しい動きを探れるようになっていた。神経系は、それらが危険を伴わずに採用できるものだということを知っていた。

グリュンケは、私の骨盤が最適な動き方をしていなかったので、施術ではその改善に取り組んだのだという。走るときの足音が静かになったのは、骨盤の回転が良くなったことの副産物にすぎない。「あなたは施術後、接地を軽くするように意識して走ったわけではないわ」と彼女は言った。「骨盤の動きが良くなったから、結果として接地が軽くなったということなの」

彼女は、私の骨盤周りの動きが制限されていた理由は、怪我によるものかもしれないが、むしろ日頃から何時間もパソコンの前に座っていたり、ソファや椅子に深く腰を下ろしていたりする結果である可能性が高いと言った。

施術後にクリニックの外を走っているとき、グリュンケからは腕の位置を少し変え、肘から先を少し高くして走るようにともアドバイスされた。試してみたら、たしかに感触がいい。エリウド・キプチョゲになった気分だ。施術後、数週間から数か月が経過しても、走るたびにこの新しい腕の位置で走ったが、とても楽で自然だという感覚は継続した。

「施術前には腕のことはアドバイスしなかった」と彼女は言った。「無理に腕の位置を変えても、違和感を覚えて、しばらくするとやめてしまうことになるからよ。でも、施術後には全身の動きが変わっているので、腕を高くすることがフィットする状態になっていた。だから、あなたは私のアドバイス通りに腕の位置を変えられた。そのときはそれが合理的な位置になっているから、快適だと感じたのよ」

アキレス腱の状態が良好になり、キプチョゲのような腕振りをするようになるなど、いくつもの改善に自信を深めた私は、数週間後、フォームコーチのシェーン・ベンジーに自分のフォームを評価してもらうことにした。彼に最初に会ったのは、バークシャーのユースホステルで行われていた二四時間走イギリス代表チームの合宿に参加したときのことだ。ベンジーはそこでスピーチをしていて、ランナーたちは彼にフォーム改善のアドバイスをしてもらうことに興奮していた。彼はイギリスのトップクラスのウルトラランナーの多くを指導していて、高い評価を得ている。

私たちはロンドンの公園で会った。彼は私の脚に数個のパッド型のセンサーを貼り付け、iPad のカメラをセットして、私が辺りを走る様子を撮影して何種類ものデータを記録した。その後、ふたりでその映像やデータを確認した。iPad の画面には大量の数字や斜線が表示されていたが、ベンジー曰く、端的に言えば私のフォームはかなり良く、下りでのフォームも素晴らしいということだった。「バランスがすごくいい」と彼は言った。左右のストライドの衝撃がまったく同じで、身体の回転と脚のケイデンスもぴったり合っているという。腕の振りも理想的だ。数年前なら、この映像は悲惨な災害映画みたいなものになっていただろう。でも今では、フォームが大幅に改善したようだ。

もちろん、完璧ではなかった。ベンジーは、細かく見れば改善の余地はあると言った。接地はとても良いが、ほんの少しだけ遅れているので、ステップを踏むたびに勢いがわずかに失われているという。彼から、足をもっと早く下ろすことを意識して走るようにとアドバイスされた。その通りに走り、その様子を撮影した結果を分析したところ、フォームは改善されていた。とはいえ、心にも身体にも努力を強いながら走らなければならない感覚があった。

セッションは終わった。その後も、私はベンジーに指示されたとおりに足を早く下ろすことを意識して何度か走ってみた。だが、フォームを意識しなければならないのが気になった。個人的には、フェルデンクライスやアナトミー・イン・モーションのように、神経系や筋膜などの本能的なレベルの変化を通してフォームを自然に調整していくというアプローチのほうが好みだった。意識的にフォームを変えようとするのは、精度の低い道具を使っているみたいに感じられた。重要なのは、無理強いせずに、楽に走れる状態の中で楽しみながらあれこれと変化を試してみることだ。そうすれば、自然かつ無意識的な方法でフォームを変えていけるはずだ。グリュンケが言うように、身体は安全を感じながら変化を経験する必要がある。私の動作を司るシステムは、過保護で忘れっぽいだけでなく、繊細でもあるのだ。

私はこれまでのウルトラランニングの世界を探求する道のりの中で、毎年UTMBでクライマックスを迎える一連のトレイルレースであるウルトラトレイル・ワールドツアーの華やかさをまだ経験していなかった。体育館で寝泊まりし、野原に設置されたエアーアーチがゴールになっているような、小規模で地味なレースでこのスポーツを体験し、学んできた。だがいよいよ、大舞台に自分を解き放つ時が来た。その皮切りは、ウルトラトレイル・ワールドツアーのひとつである、イタリアのドロミテ山塊を舞台に繰り広げられる、「ラヴァレード・ウルトラトレイル」だ。

レースの一週間前、スタート地点となるコルティナの町は、トラッカーキャップを被り、身体にタトゥーを入れ、小さなザックを背負い、ランニングタイツを穿いた細身の男女であふれかえっていた。片腕に「test」、もう片方の腕に「life」という文字の、お揃いのタトゥーを入れたカップルも歩いていた。

同行してくれた妻のマリエッタは、手持ち無沙汰なので、カフェを見つけてそこで仕事をするという。私はひとり、レース前の雰囲気を堪能しながら町を歩き回った。偶然、ミウォック一〇〇Kの三〇マイル〔四八㎞〕地点にある「心臓破りの丘」で出会ったパディ・オリアリーに再会した。これから、エリート選手が壇上に集合するメイン広場に行くという。彼自身も、その中に含まれているそうだ。彼は広場の人混みをかき分けてステージに上った。そこでは司会者に紹介されたランナーたちが一人ずつ立ち上がり、観客に向かって手を振りながらにこやかに笑い、握手をしたりしている。私も気がつくと紛れてステージの片隅に立っていた。聞き覚えのある声がしたので後ろを向くと、ザック・ミラーがいた。ビニール袋の中をまさぐってニンジンを一本取り出し、隣の女性に渡している。女性はニンジンをそのまま食べ始めた。元恋人のヒラリー・アレンだ。もしかしたら、元という文字は要らないのかもしれない。あとで思い切って尋ねてみたら、ザックは「今は、これからどうするかをお互いに考えてるところなんだ」と言った。

ザックとヒラリーはどちらも、今回はこのコルティナで〝短い〟ほうのレースに出場する。私が出るメインレースは一二〇キロメートル（七八マイル）だが、彼らが出るのは五〇キロメートルのレースだ。ザックは最近、トレイル世界選手権に出場し、いつものように前半から飛ばして先頭を走り続けていたものの、終盤に大失速してしまった。だから、すぐに別の大きなレースに出る準備ができていなかった。ヒラリーは、レースに出られるだけでも幸せという状況だった。

私とボルダーで話をしてから約三か月後、彼女はノルウェーのトロムソ・スカイレースに出場した。その時点で彼女はスカイレースのワールドシリーズで首位に立っていて、トロムソで好成績を収めれば総合優勝を果たせる位置にいた。極めて難易度が高いことで知られているこのコースで、ヒラリーは頂上に向かってヤセ尾根を走っているときに岩を踏んだ。その瞬間、足元の地面が崩れて滑落してしまった。

「骨が折れるのを感じたわ。誰かに胸を蹴られたような感触もあった」と彼女は言う。両手首と、肋骨を三本、背中と足の骨を折り、両足首をひどく捻挫し、頭を含め何針も縫う大怪我を負った。再び自力で歩けるようになるまでに数か月を要した。事故から一〇か月後、五三キロメートルを走るカリフォルニアの大規模なスカイレースのスタート地点に立った。それが一週間前のことだ。そして今、彼女はここイタリアで再び五〇キロメートルレースに出走しようとしている。

医者に「二度と走れないかもしれない」と宣告されてから一年も経たないうちにレースのスタートラインに立つのは、どんな気分なのだろう？

「すごく緊張した」と彼女は言う。「でも興奮してた。怖くもあった。〝結果は気にせず、とにかく挑戦しよう〟と自分に言い聞かせたわ」。このレースは、六位で完走した。

レースに復帰するまでの数か月間、気分は落ち込んでいた。走っていないと、自分が自分ではないような気がした。「抜け殻になったみたいだった。でも、この期間は、自分が走ることがどれだけ好きか、走ることで何が得られるのかをあらためて考える良い機会にもなった」

怪我のために走れなかった期間、ヒラリーは「走らない私は誰？」というタイトルのブログ記事を書いた。SNSで広くシェアされたこの記事は、多くのウルトラランナーに〝走ることの意味〟を問いかけた。

「走っていないと、自分のアイデンティティを失ったような気がする」と彼女は書いた。「私は……もう一度走りさえすれば、この虚しさが消えるのだと必死に証明しようとしている。でも、再起を目指す中で感じた一番の変化は、自分のことをたった一つのレンズを通して見ようとはしなくなったこと。カラフルなランニングショーツとシューズの下にいる自分が、以前よりもっと全体的で、深みのある人間に見えるようになった」

このスポーツをする多くの人にとって、山の中を走り回ることは自分のアイデンティティと深く結びついているため、それなしの人生は想像し難い。前述したように、私がコロラドで会ったランナー、デイブ・マッケイは、負傷で走れなくなったとき、義足での復帰を目指して足を切断するよう医者に頼んだほどだ。[3] ウルトラランナーにとって、野生の中を走りたいという衝動はそれほどまでに強い。だがヒラリーは、山を走るというたった一つの活動よりも、人生はもっと大きなものだと気づいたとも書いていた。

復帰を目指すヒラリーの道のりは、ウルトラ界の人たちの大きな注目の的だった。それだけに、彼女の元気な姿を見られるのは素晴らしいことだった。結局、イタリアで行われたこの五〇キロメートルレースでは、強豪が多く参戦していたにもかかわらず、ヒラリーとザックは女子部門と男子部門でそれぞれ優勝した。ヒラリーはこの競技の正真正銘のスターだ。彼女が写るポスターはコルティナ中の街角や店先に飾られている。

メインレースに出場するエリート選手たちが舞台から降りてくると、ヒラリーとザックの周りに大勢の人が集まってきた。私は、ふたりのあいだに自分が立っているのは場違いな（そしてふたりに比べると少々自分が太りすぎな）気がした。そこには、以前、ボルダーを訪れた際に会えなかったクレア・ギャラガーがいた。挨拶をし、以前メールで連絡をした、ウルトラマラソンをテーマにした本を書いているジャーナリストは自分だと伝えた。

「ええ、よく覚えてるわ」と彼女は言った。「ウルトラマラソンの本を書くなら、環境問題について必ず言及してほしい。これはこのスポーツの最大の課題だから」。クレアは、熱心な自然保護運動家だ。自然の中で多くの時間を過ごすトレイルランナーこそ、自然を守るためのキャンペーンの先頭に立つべきだと信じている。「私たちは、トレイルを走れるのは当たり前だと考えている。山は誰かに保護されていて、民間の採掘会社に売却されることなんてない、ってね。でも、こうした恐れは現実のものよ。それは今、まさにアメリカで起きていることなの。私たちは、この問題に目を背けてただ走っているだけではいけない」

多くのスターが行き交う中、Tシャツとペンを持った女性が私たちに近づき、「すみません」と言った。みんなが話をやめて彼女のほうを振り向いた。「あの……どなたがザック・ミラーさん？」と彼女が尋ねた。みんながザックを指差すと、彼女は微笑み、彼に向かって言った。

「Tシャツに、サインしてくれませんか？」

町じゅうにスターがいたが、私には誰よりも話したいランナーがひとりいた。いつか彼女に会いたいと願っていたので、この機会を逃すわけにはいかなかった。スポンサーを通して彼女の代理人に連

3　二〇一八年八月、デイブ・マッケイは、アメリカでレッドヴィル・レースシリーズを完走するという念願の大きな目標を達成した。レッドヴィル一〇〇マイルを、わずか二四時間強でゴールしている。

絡を取り、ホテルでのインタビューを手配してもらった。一時間後、ホテルのロビーに座って順番が来るのを待った。誰もいない食堂の奥で、別のジャーナリストにインタビューされている彼女の姿が見える。私の番はその次だ。しかし、彼女はおしゃべりでそのジャーナリストを離そうとしない。ふたりで自撮り写真まで撮っている。結局、スタッフが彼女に私が待っていることを伝えなければならなかった。ふたりの話がとても盛り上がっていたので、申し訳ない思いだった。

私が前に座ると、彼女は長いあいだ音信不通になっていた親友が目の前に現れたかのように微笑み、「こんにちは」とにこやかに言った。

ミラ・ライはネパールの元子ども兵だ。幼い頃に家を出て、政府軍と戦う毛沢東主義派反乱軍の一員に加わった。

「家族を支えるために何かがしたかったの」と、彼女は当時の気持ちを再現するみたいに、心配そうな、真剣な顔をして言った。これまでに同じ話を数えきれないくらいしてきたはずだが、今でもそのときの痛みを感じているようだ。「生まれ故郷の村では生きていくのが大変だった。食べるものもなく、学校に行くお金もない」

彼女は家族を助けるために一二歳のときに学校をやめた。そして、重い米袋を背負って険しい道を何マイルもかけて地元の市場まで運ぶ仕事を始めた。一四歳のとき、家を出て子ども兵になった。「私が出て行ったとき、母はとても悲しんでいたわ。父親が探しにきたけれど、私を見つけられなかった」

ネパールの内戦は二〇〇六年に終わった。ミラは反乱軍に残りたかったが、国連が仲介した和平協定の基準では若すぎたために兵士として認められず、村に戻ることになった。だが村での暮らしに馴染めず、反乱軍のキャンプで知り合った元空手指導員とともにカトマンズに移り住んだ。カトマンズでは、時間を見つけてランニングをするようになった。ある日、ランナーの一団と出会って一緒に走った。その後で彼らから、その週末に行われる五〇キロメートルレースに出ないかと誘われた。「レースだとは知らなかったの」と彼女は言う。「ただのトレーニングだと言われてた。スタート場所に行ってみたら、みんなザックやウォーターボトルを持ってた。私には……何もなかった」。彼女は半ズボンにTシャツ、穴だらけの安物のシューズという恰好だった。「それでも走った。そして勝った」

賞金の七〇〇〇ルピー（約四五ポンド）と、サロモンのシューズを手に入れた。「新品のシューズはとっても嬉しかった。サイズは大きすぎたけど、気にしなかったわ」

その日のレースディレクターだったリチャード・ブルは、ミラがとても幸せそうに笑顔を浮かべているのを見て、一か月後にネパールで行われるレース、一一二マイル〔一七九㎞〕のムスタン・トレイル・レースに彼女を出場させる手助けをすることにした。このレースでも優勝したミラは、ブルに「私、ヨーロッパ、行けますか？」と尋ねた。

ブルは、彼女が特別なランナーになるとは思っていなかった。それでもイタリアとフランスの二つのレースに出場するための費用を援助した。「当時の彼女は英語があまりうまくしゃべれなかったので、不安があった」と彼は言う。そこで、イタリア人の女性に現地でミラをサポートしてもらう手筈を整えた。このイタリア人女性はミラにランニングキットを用意し、エイドステーションでどんなふうに補給をすればいいかを教えた。ミラはどちらのレースでも優勝した。

「とてつもなく興奮し、感動した」とブルは言う。「涙が出たよ」

ウルトラ界はミラのストーリーに魅了され、サロモンは彼女とスポンサー契約をした。翌年、彼女の半生を描いた『Mira（ミラ）』というタイトルのドキュメンタリー映画が制作された。二〇一七年にはナショナル・ジオグラフィック誌の「アドベンチャー・オブ・ザ・イヤー」に選ばれている。

「私は運に恵まれたの」と彼女は言う。彼女はこの短いインタビューの中で、二〇回はそう言った。その度に、最初のレースの費用を援助してもらったり、これまでの道のりを支えてくれたりした人たちの優しさを思い出している様子が伝わってきた。

今や彼女は母国のスターだ。「誰もが私のことを認めてくれてるわ」と、彼女はそれが未だに信じられないような顔をして言った。「普通、ネパールでは親は子どもにスポーツをしろと言ったりはしない。スポーツでは食べてはいかれないと思われているから。でも、今では〝ミラをお手本にしなさい〟って言っているの。とはいえ、それは簡単じゃないわ。トレイルランニングはまだ十分なサポートを得ていないから」

ミラは今、カトマンズで女性を中心とした若いランナーたちと生活を共にし、彼らを海外のレースに出場させるための活動をしているという。また、ネパールでいくつかのトレイルレースも主催している。「少女たちに機会を与えるために、ランニングの練習をし、英語を学ぶことを支援するプログラムを実施しているの。ここには才能があるけど、チャンスに恵まれていないランナーが多いから」

ここイタリアでのレースを控え、彼女にアドバイスを求めてみた。私はレースでは毎回、途中でもうやめたいと思ってしまう。彼女も同じことを経験しているのかと尋ねた。

「それはないわ！」彼女は、そんなことはありえないとでもいうように笑いながら言った。「私は前に進み続けること、動き続けることが本当に好き。走ることを楽しんでるの」

私はレース中に腕時計を見て、まだ先が長いと思うと、やめてしまいたくなると言った。

「それはよくないわ」と、彼女は私の苦しみに共感するみたいに言った。「腕時計は見ちゃダメ。とにかく走るの。なぜ走るのか考えてはいけない。その代わりに、前に進もう、走るのは楽しい、ランニングができて幸せだ、って考えるのよ」

素晴らしい考え方だ。私には実践するのが難しいかもしれないけれど、それでもその心意気は見習わなければならない。レースの準備をするミラと別れ、ホテルを後にした。彼女のアドバイスはポケットに入れておこう。レースが始まったら、山の中で役に立つかもしれない。


イタリアに飛び立つ一週間ほど前、ジャーナリスト仲間でウルトラランナーのキーラン・アルジャーにロンドンで会った。彼は私がイタリアで出場するラヴァレード・ウルトラトレイルに二回出場し、二回とも途中棄権していた。彼からは、このレース特有の落とし穴を避けるためのアドバイスをもらえるかもしれない。

「最初の丘から飛ばしたらダメってことだな」と言って彼は笑った。「僕はそれがこのレース最大の丘だと思ってた。でもそうじゃなかった」

キーランによれば、最大の丘は九〇キロメートル付近にあり、二回の挑戦でどちらも越えられなかったという。「暗闇の中で、道端の岩の上に座って頭を抱えてた。通りすがりのランナーたちには余裕があるふりをして微笑んでみせてはいたけど、もうどうにもならない惨めな状態だった」。にもかかわらず、三度目の挑戦に意欲を燃やしているのだという。

「苦しいのが好きなんだろうね。君が今回、あのレースに出るのが本当に羨ましいよ。あれだけ過酷なレースに出たことがあるという経験は、それだけでその後の人生の糧になる」

彼は、私が二四時間以内に完走できたら、ビールを一杯おごると約束してくれた。私は目標を持って走るのが好きなので、ちょうどよかった。このレースでの私の目標は、二四時間以内で走ることに決まった。

午後一〇時〇分、レース開始の一時間前に、私はコルティナのメイン広場に立っていた。遅い時間だが、広場は熱気に包まれていた。一六〇〇人のランナーに加えて、町全体が盛り上がっている。音楽が鳴り響き、人々がバルコニーで踊っている。私はロードレースのスタートではいつも、優勝争いをするような数少ないトップレベルのランナーになった気分で、先頭を目指して走ろうとする。だが、ここではどのランナーも速そうだ。みんなふてぶてしい、いかにも歴戦の強者といった目つきをしている。まだスタートまでたっぷり時間はある。私はランナーをかき分けて混雑したスタートライン付近に移動しようとはせず、物陰にあるベンチを見つけて腰を下ろした。集団の後方位置からスタートするのは、私にとって悪くない方法だ。エリート選手に煽られるようにして序盤から飛ばしてしまえば、騎手を振り落とし、まだレースを続けていると思いながら明後日の方向に向かって走っていく、イギリスの障害競走「グランドナショナル」の競走馬のようになってしまうかもしれない。

ランナーやクルーたちが、あちこちで写真や動画を撮り、ライブ配信をし、ツイートをしている。そう、この段階ではSNSの存在は大きい。ランナーたちは、レースに参加していることを誰かに見せびらかしたがる。けれども、レースが進むにつれ、撮影もツイートも少なくなっていく。よく考えると面白いことだ。ウルトラランニングのブームは、少なくとも部分的には自尊心に突き動かされている。そこには、このスポーツをしていることを誰かに自慢したい、それによって良い印象を与えたいという欲求がある。だがその一方で、自尊心をこれほどまでに容赦なく叩きのめすスポーツもない。

約九〇キロメートル地点、キーランから最大の難所だと教えられていた大きな坂の中腹で、二〇代後半と思しき若者を追い抜いた。濃いあごひげ、長髪、脚のタトゥー、力強く引き締まった筋肉質の体つきは、どこから見てもまさにウルトラランナーだ。だが、もう彼のスイッチはオフになっていた。絶望的な自己憐憫を絵に描いたみたいに、トボトボと歩いている。太陽が照りつける中、残り三〇キロメートルもの過酷な道のりを進まなければならない。もしかしたら、私は彼を追い抜くときに少しスピードを上げ過ぎていたのかもしれない。もしかしたら、彼にとって私のような中年男性に――よれよれの髪をした青白いイギリス人のライターに――追い抜かれるのは、屈辱的だったのかもしれない。

いずれにしても、私が脇を通り抜けると、彼はもううんざりだといわんばかりの様子でポールを地面に叩きつけ、その場にへたり込んだ。彼の自尊心は砕け散った。ストラバで称賛されることも、SNSで「いいね!」をもらえることも、もはや今の彼にやる気を起こさせることはできないだろう。もし完走するのだとしたら——結局、レース後も私には彼が完走できたかどうかはわからなかった——彼はもっと自分を深く掘り下げなければならない。トレイルに出て、あらゆるものが崩れ落ちていくような深く暗い場所に突き落とされたとき、それでもランナーを前に進め続けられるのは、本物の何かだけだ。それは愛かもしれないし、苦しみかもしれない。何であれ、それは本物でなければならない。フェイスブックの「いいね!」に、その力はない。

スタート地点では、レースのテーマ曲である『エクスタシー・オブ・ゴールド』が小さな山の町の通りに響き渡る中、光を発する携帯電話が数千個も夜空の下に掲げられていた。歓声と口笛とカウベルの音に合わせてスタートを告げるサイレンが鳴り、ランナーたちは町を出て暗闇の中へと続く道を走り出した。

ランナーが多いために狭いトレイルは渋滞し、何度も立ち止まり、歩かざるを得なかった。上り坂も下り坂も、無言の一列縦隊が続いた。まるで死刑囚の行進だ。おしゃべりが大好きなこの国で、その静かさには驚かされた。けれども、ここでは誰もが個人的な旅をしている——井戸の中に降りて、その奥に埋もれている自分を見つけようとしているのだ。そのためには静寂が要る。

巨大な岩山が連なる野原を走っているとき、夜明けが訪れた。集団は広がり始め、気分も軽くなった。私は高揚感に包まれながら、この世界の壮観さに身を浸した。ミラ・ライのアドバイスに従って、自分がいかに幸運かを考えた。

集団の後ろを走っていたので、上りでは傾斜が緩やかでもほとんどのランナーが歩いていた。私もそれに従い、上りでは抜きも抜かれもしない状態を保った。だが、下りでは大勢を追い抜いた。ピレネー山脈の丘と似ていたが、私は抜かれる側ではなく、飛ぶようにして追い抜く側だった。私が野生の牛のような勢いで駆け下りてくる音を聞いたランナーたちが、脇に退いていく。以前の私なら、〝地元のクレイジーな奴がきた〟と思っていただろう。でも今は、そのクレイジーな奴が私なのだった。走るのがとても楽に感じる。素早く軽快な足取りで、私は「死の下り坂」を下っている。

今、瞬間に留まり続けるために、腕時計のストップウォッチ機能は使わずに走っていた。それは奏功したようだ。一歩ずつ、次のエイドステーションに辿りつくことだけを考えて走った。もちろん、私は禅の高僧とは違い悟りを開いているわけではないので、疑心暗鬼に陥ることもあった。最初の下りでは、膝に刺すような鋭い痛みを感じた。すぐに消えたが、すごくリアルに感じて、一瞬、すべては終わりかと思った。しばらくして、今度はかかとに痛みを感じた。本物の痛みではなかった。心が悪戯をしているのだ。負けてはいけない。

とはいえ、このレースでは最後まで、絶望の淵に追い込まれたりはしなかった。初めて、崖っぷちから蹴り落とされるような思いをせずにウルトラレースを走れた。時間は溶けるように過ぎていき、私は永遠に続く動きの中にいた。

途中で、日が暮れる前に——二日目の恐ろしい夜が来る前に——フィニッシュできるかもしれないと気づいた。おかげで気持ちが高ぶり、さらに強く、速く走れるようになった。下りでは脚が疲れて大腿四頭筋が痛くなるのではないかと懸念していたが、何の問題もなかった。レース後に各チェックポイントでの自分の順位を確認してみたが、大きな下り坂のたびに一〇〇位ほど順位を上げていた。最初のチェックポイントでは九〇〇位だったのが、最終的に三六六位でゴールしている。地面に座り込んで頭を抱えているランナーたちの前を通るとき、彼らの痛みがよくわかった。今回、私は苦しみの境界線の内側にいた。とはいえ一歩でも踏み間違えれば、一瞬でも弱気になれば、すべてが崩れ落ちてしまうのもわかっていた。だから、集中を保ち続けた。そして初めて、そのまま走り続けられた。一一〇キロメートル地点を過ぎ、最後の一〇キロメートルはすべて下りになった。まだいい動きをしている。勢いよく脇を通り過ぎると、〝これ見よがしなことをしやがって〟とでも言いたげな、ランナーたちの迷惑そうな表情が見える。〝なぜこの男はまだこんなに元気なんだ？〟と首を横に振りながら半ば呆れている者もいた。なぜ自分がこんなに元気なのか、わからないのは私も同じだった。

スタートから二一時間後、まだ日の落ちていないコルティナに帰還した。大勢のランナーのあいだを縫うように駆け抜け、地元の子どもたちとハイタッチを交わし、フィニッシュラインを越えて、笑顔のマリエッタと抱き合った。全身が大きな達成感に包まれている。私は出発し、ゴールし、そしてまだ両足で立っている。今回は途中で挫けたりはしなかった。泣き言も口にしなかった。特に傷めた箇所もない。私はついに何かを手に入れたようだ。何十時間も、山の中を快適に走れるようになっている。着実に、ウルトラランナーへと変身している。

とはいえ、浮かれてばかりもいられなかった。優勝したヘイデン・ホークスは、私の九時間以上も前にゴールしている。どうやったら、そんなことが可能なのだろう？

レース直後、コルティナのメイン広場で行われたインタビューで、ホークスは感無量といった面持ちで、最初の三〇マイル〔四八㎞〕は最悪の気分だったと振り返った。「今日は調子がよくない、と思ったんだ。でも、このレースは絶対に諦めてはいけないという教訓を学ぶいい機会になったよ。落ち込んで、うまくいかないと思っても、諦めるべきではないんだ」

どんなに優れたランナーでも、決してウルトラレースを簡単には走れない。それでも、その壮大でチャレンジングな特性と、自分の内側を深く掘り下げていくことを求められるところが、このスポーツを特別なものにしているのだ。

16 ファステスト・ノウン・タイム

ウルトラランニングの世界には、レースと並んで「FKT（Fastest Known Times）」と呼ばれる別の大きな領域がある。FKTでは、レースのようにルールや制約に縛られたりはしない。出場ポイントを獲得する必要もなければ、早めに会場に着いて受付をする必要もない。参加費を払う必要も、決められた日時に何百人、何千人と一緒に走る必要もない。FKTでは、世界にも、トレイルにも、自分の好きなように関われる。いつでもスタートでき、ひとりで、自然の中を自由に走れる。これは山や砂漠などを相手に自らを試すという、ウルトラランニングの原点と呼べる精神に適っている。

そこには、『イン・トゥ・ザ・ワイルド』〔人生のすべてを投げ捨てて野生の自然の中にひとりで入っていった青年の生き様を描き、後に映画化されたジョン・クラカワーのノンフィクション書籍。邦題は『荒野へ』（佐宗鈴夫訳、集英社文庫、二〇〇七年）〕に通じる価値観がある。少なくとも、このムーブメントが始まってからしばらくはそうだった。アメリカのウルトラランナー、アントン・クルピチカは二〇一一年に自身のブログに「私にとってFKTの一番の魅力は、そのDIY精神や、漠然とした反抗心、アンダーグラウンドな性質だ」と書いている。「原始的な方法で、山の中で自分を自由に試せる」。

二〇〇五年、ウルトラランナーのピーター・バクウィンとバズ・バレルが「Fastest Known Time」というタイトルのウェブサイトを立ち上げ、それをきっかけにこの言葉が広く使われるようになった。アメリカでは、カリフォルニアのシエラネバダ山脈を通る二二三マイル〔三五七㎞〕のジョン・ミューア・トレイルや、二一七五マイル〔三四八〇㎞〕の壮大なアパラチアン・トレイルなど、国を象徴するいくつかのトレイルにランナーたちが毎年挑戦し、記録を更新するというシーンが広がっていった。

FKTに挑戦するランナーは、新記録を打ち立てたことや、新ルートで最初の記録をつくったことを証明するために、移動経路を記録することが推奨されている。ただしこのエクササイズには、堅苦しさのない、鷹揚とした気風があり、それは「Fastest Known Time（現在のところ知られている、最速の走破記録）」という名前にも暗示されている。つまり、誰かもっと速く走った人がいるかもしれない。それは、誰にもわからない。

とはいえFKTのウェブサイトには、新記録を樹立してそれを一般に受け入れてもらいたい人のための、重要な指針が記されている。「一般に広く認められているルートに挑戦する場合、事前にその意思を表明し、リアルタイム・トラッキングへのリンクを提供することが望ましい。（中略）実施後は、現地で撮影した写真と走行レポートを速やかに提出するのが標準的な手順である」

バクウィンは「このルールは、何かをしたことを〝証明〟するものではない。善良な人に、それを信じてもらいやすくするだけだ」と言う。

長いトレイルでの最速記録を競い合う文化は、もちろん二〇〇五年以前からあった。たとえば、イングランドの湖水地方にあるボブ・グラハム・ラウンドは、FKTという言葉が生まれるずっと前から、有名な最速走破記録を競うルートだった。一九三二年、ホテル経営者のボブ・グラハムが四二の峰を上り下りして、六六マイル〔一〇六km〕のこのルートを二四時間以内で走破した。それをきっかけに、これはイギリスのフェルランニング界で最も注目を集めるルートになった。一九八二年には伝説的なランナー、ビリー・ブランドがこのルートを走り、一三時間五三分という、破るのはほぼ不可能だと思われる記録を達成した。

私は湖水地方を訪れたとき、地元のフェルランナーであるベン・アブデルノアとコリン・ダルソンに、ビリー・ブランドの記録を破れるランナーはいると思うかと尋ねた。この記録は、その後に数千人が挑戦したにもかかわらず、三五年以上も破られていない。キリアン・ジョルネが、いずれ挑戦すると表明していた。過去にも、スコット・ジュレクのような偉大なウルトラランナーが何人も挑戦していたが、記録には遠く及ばなかった。

「ブランドの記録に挑戦する、と言って突然どこからかやって来るランナーを見ると、腹が立つね」とアブデルノアは言った。「奴らには敬意というものがない」。ほとんどのフェルランナーがそうであるように、アブデルノアもこのコースに挑んでいる。記録は一八時間だった。ブランドの記録を破る可能性があると噂されているランナーのひとりが、地元の英雄リッキー・ライトフットだ。これまでのところ、彼が挑戦したのは真冬の一度だけ。気候的にも悪条件だが、ほとんどの時間を暗闇の中で走らなければならない。

「冬に一度走っておけば、夏に走るときに楽に感じるだろうと考えたんだ。変な考え方だと思うかもしれないけど、とにかく私はその直感に従った」とライトフットは言う。この真冬での挑戦は、二一時間で完走した。

「最近まで、ビリーの記録は誰も破ることができないんじゃないかと考えられていた」とダルソンは言う。「でも昨年、ロブ・ジェブがあと一歩に迫る一四時間で走った。ジャスミン・パリスも一五時間で走って、女子の記録を更新していた」

「そう、みんな、もしかしたら新記録は可能かもしれないと考え始めてる」とアブデルノアは言う。

そして、実際にそれが可能であることが証明された。二〇一八年のUTMBが開催されるわずか一か月前、キリアン・ジョルネが湖水地方に抜き打ち的に現れ、ビリー・ブランドの記録に挑んだのだ。人が大勢集まるのを避けるために、この挑戦はメディアに対しては秘密裏に行われた。ジョルネはルートをいくつかの区間に分け、区間ごとに異なる地元のペースメーカーに走ってもらうという方法をとった。これは、この種の挑戦の際によく採用されている方法である。ジョルネは、ペースメーカーについていくだけでいい。

それはランニング史に残る出来事になった。このルートへの初挑戦で、カタロニアのスーパースターはそれまでの記録を一時間以上も塗り替える一二時間五二分というタイムでケズウィックのムート・ホールに到着し、大勢の観衆とビリー・ブランド本人に迎えられた。ホールのドアに触れてフィニッシュを決めたあと、ジョルネはホールの階段にブランドと腰を下ろして談笑し、シャンパンのボトルを開けてふたりで祝杯をあげた。こうして、キリアン・ジョルネの驚異的な物語にまた章がひとつ書き加えられた。彼には、〝何が可能か〟についての常識が当てはまらないようだ。

自分もＦＫＴ的な栄光に浴してみたいと、私はランナーズ・ワールド誌が企画した、「ロンドンのすべての特別区の最高地点をつなぐルートを走破して、初記録をつくる」という試みに参加することにした。二〇人ほどのランナーのリレーで行うこともあって、これは真剣な運動というよりも遊びに近い企画だった。いくつかの特別区の最高地点は一般的な「ピーク」の定義から大きく逸脱した場所になる。だからそこに到達しても、たとえばスピードバンプの真ん中に架空の旗を立て、疲れ果てて酸素不足に陥っているふりをして証拠写真を自撮りすることくらいしかできない。まさにジョークだ。最も低い最高地点は、タワーハムレッツ区の海抜一六メートル。ＦＫＴのブームはあまりにも大きく、このようなパロディを生み出すものになっているというわけだ。

この試みは〝お遊び〟的なものではあるが、全員が時間通りにスムーズに引き継ぎポイントに到着しなければならないことを鑑みると、ある程度のプロ意識を持って取り組まなければならないプロジェクトでもあった。また、何人かの本格的なランナーも参加していた。たとえば最近、獲得標高がエベレストの三倍以上に達する六三〇マイル〔一〇〇八㎞〕のルート、イギリスの「サウスウェスト・コースト・パス」をわずか一〇日間で走破し、ＦＫＴを樹立したばかりのダミアン・ホールがそうだ。

この「ロンドン・ラウンド」の総距離は一五〇マイル〔二四〇㎞〕。ボブ・グラハム・ラウンドと同様、二四時間以内でのゴールが目標に設定された。私は早朝に走ることになった。午前三時に起き、一緒に区間を担当する仕事仲間のケイト・カーターと、区間のスタート地点であるウィンブルドン・コモン公園の真ん中で落ち合った。私たちはそこに立ち、バトンが届くのを所在なく待った。場所は本当にここで合っているのだろうか？　判断は難しかった。お互いのスマートフォンでグーグルマップの位置を確認していると、暗闇の中から、私たちにバトンを渡すランナーの「おーい、誰かいる？」という叫び声が聞こえてきた。

全体的なスケジュールはそれほど大変なものではなかったが、トラッカーが入ったバッグを受け取って走り始め、公園を出て静かなロンドンの街を抜けて、誰もいない二車線の道を横断していると、これが本物の真剣な挑戦だという実感が込み上げてきた。チームの一員であることのプレッシャーもあった。リレー地点であるリッチモンドパークの頂上まで迷わずに時間内に到着するよう、最善を尽くした。この辺りの地理については私よりもケイトのほうが詳しかったので、彼女についていくことに徹した。一時間ほど走り続けて、目的地に到着した。どこからともなく突然現れたカメラマンの前で、奇抜なポーズをして次のランナーにトラッカーを手渡した。

たしかに、これは他のFKTに比べれば印象的なものではないかもしれない。それでも私たちは、将来、新記録を目指して誰かが挑戦できる新しいルートをつくったのだ。その日の夕方、プロジェクトのメンバーはパブで合流した。私たちは、野生に出て自然相手に自分を試すために始まったことを、都会的で、チームの絆を深め、終了後は陽気に大笑いしながらパブで飲み食いを楽しむイベントに変えたのだ。「FKTの一番の魅力は、DIY精神や、漠然とした反抗心、アンダーグラウンドな性質だ」と主張したウルトラランナーのアントン・クルピチカなら、これをどう受け止めるだろう。

次に私が関わった記録への挑戦は、ＦＫＴの本来の精神に沿ったものだった。ブレコン・ビーコンズでダミアン・ホールと六時間の練習走行をした数日後、スコットランドでの挑戦だった。山岳ランニングをしている弟のゴビンダが、ギャロウェイ丘陵にある「リング・オブ・ファイア」[4]と呼ばれる四五マイル〔七二㎞〕のルートを、ＦＫＴのつもりで走ってみたいので、サポートしてほしいというのだ。

これまでフルマラソン以上の距離を走ったことがないゴビンダにとって、これは大きな挑戦になる。とはいえ彼は、難しい地形に設定されたこのルートの区間を何度か走ったことはあった。はっきりとしたトレイルのない湿地の丘が多く、足元の地面が突然崩れることもあり、同じような景色が続くためにナビゲーションも難しい。計画では、最初の数マイルを一緒に走り、その後で私だけ離脱して合流地点に先回りし、最後の最も難しい一〇マイルの区間から再び一緒に走るというものだった。問題は、ダミアンとのランニングを終えたばかりの私の大腿四頭筋が、ひどい筋肉痛だったことだ。前日は立ち上がるのも、家の階段を上り下りするのも一苦労だった。だが、余計な不安を与えたくないので黙っていた。

夜明けになり、出発の時が来た。出発地点で写真を撮り、正確な時刻をメモした。彼を見送った後、午後遅くにルートの途中にある湖の近くで待つことにした。ゴビンダの妻子と、私の妻子も一緒だ。それは灼けるように暑い日で、晴れ渡った青い空が湖面に反射していた。子どもたちは楽しそうに泳ぎ、遊んでいる。のんびりとした牧歌的な光景だ。だが、私の脚はまだコンクリートブロックみたいに感じられた。私は彼がここまで来て、「もうこれで今日は走るのをやめる」と言うことを密かに願っていた。

ゴビンダが到着する時間が刻々と過ぎていくにつれて、私の期待は膨らんでいった。三〇分が過ぎ、一時間が過ぎた。そして二時間――。電話をかけてみたが、彼の携帯電話は電源がオフになっているか、電波を受信できない状態にあるようだった。ゴビンダは日が暮れる前に完走することを望んでいたが、どうやらそれは難しそうだ。

ついに、彼が現れた。ゆっくりと私たちのほうに向かってくる。まだ笑顔を浮かべる余裕はあるようだ。用意していた食べ物と飲み物を与えた。ゴビンダは満足そうに立っていたが、これからどうするかは言わなかった。本当なら、私はここでザックを背負って、最後の一〇マイルを一緒に走ろうという姿勢を示すべきなのだろう。彼に「途中でやめる」という選択肢を与えず、そのことを考えさせないようにすべきなのだろう。けれども後から考えると恥ずかしいことだが、私はこう尋ねた。「どうするんだ？　続けるのか？」

この言葉が決め手になってしまった。もちろん、ゴビンダもやめることを考えていた。何時間も前から自問自答していたはずだ。クルーである私の仕事は、彼が走り続けられるように、背中を押してやることだ。だが、私の脚がそれを許さなかった。一〇マイルも走れるかどうかがわからなかった。足手まといになってしまうかもしれない。

4　これは主催者のクエンティンのお気に入りの曲にちなんでつけられたもので、アングルシー島で開催される似た名前のレースとは無関係である。

ゴビンダは目の前の光景を眺めていた。水しぶきをあげて湖で遊ぶ子どもたち。周りの世界を静けさに浸しながら、穏やかに佇む山々。沈黙が続いた。どうして、これ以上走ることができるだろう？

「もう十分やったよ」と彼は言った。「素晴らしかった。最高だったよ。でも、もうこれで終わりにする」

「いいのか？」私は、そう言うのが精一杯だった。「続けたいなら、一緒に行くよ」そう言いながら、もう彼のシューズを脱がせて、タオルを渡したほうがいいのかもしれないとも思った。

「いや、もうやめる」と彼は言った。「僕は、自分が誰かを知ってるから」。この言葉と共に、彼の挑戦は終わった。

興味深い言葉だった。僕は、自分が誰かを知ってるから――。ゴビンダは精一杯走り、挑戦を楽しんだ。けれども彼は、自分自身にも、他の誰にも、自分が何者であるかを証明する必要を感じていなかったのだ。


ボブ・グラハム・ラウンドでの新記録を塗り替えるはるか前から、キリアン・ジョルネはＦＫＴを世間に広めた最大の功労者だった。世界で最も象徴的な七つの山に最速時間での登頂を目指すという彼の「サミッツ・オブ・マイライフ」プロジェクトは、二〇一〇年に開始されて以来、雑誌編集者やテレビプロデューサーにとっての金鉱だった。プロジェクト全体が綿密に記録、撮影され、多くのドキュメンタリー番組や書籍が制作された。

ジョルネがこの挑戦を始めると、多くのランナーがそれに続き、彼らの驚異的で感動的なＦＫＴの試みを描いた『Made to be Broken（メイド・トゥ・ビー・ブロークン）』などの映画も数多くつくられた。しかし誰もジョルネの領域には及ばなかった。二〇一三年に彼がマッターホルンでＦＫＴに挑戦する姿を描いた映像は、まるで００７の映画だった。彼は雪の斜面を駆け下り、死と隣り合わせの尾根の頂上を横切っていく。ゆっくりと進むのではなく、岩から岩へと飛び移りながら、まるで世界を破滅から救うために残された時間があと数秒しかないといった緊迫した雰囲気を漂わせ、両腕を振り上げながら疾走している。

ジョルネの活躍ぶりを耳にしたある雑誌編集者が、ＦＫＴという新しい現象についての記事を書いて欲しいと私に電話をかけてきた。記事を書く条件は、キリアン・ジョルネにインタビューすること。ジョルネのプレス担当者に連絡を取ったところ、彼は世界最高峰の山でのＦＫＴに挑戦するためのトレーニングの真っ最中で、今はエベレストの中腹にいるという。だから、連絡を取る手段がなかった。ＦＫＴについて掘り下げて調べていく中で、ジョルネの記録を破ろうとして同じルートに挑戦し、とてつもないタイムを叩き出しているランナーがいることを知り、驚いた。彼の名はカール・エグロフという。

エグロフはスイス人の両親を持つ、エクアドルのキト出身の登山ガイドだ。キリマンジャロ登頂を目指すハイカーのグループに同行するために現地に滞在していたとき、ゲストが寝ている午後に、山頂まで走るようになった。「僕がしていることは噂になってた。それを聞きつけた上司から電話がかかってきた。クビにされるかと思ったけど、スポンサーになりたいって言われたんだ」

エグロフは、元は国際的なマウンテンバイクの選手で、ランナーではなかった。それでも記録に挑戦することを決意し、二度の練習の後、アタックを敢行した。「たくさんミスをした。ランニングウェアがないからサイクリング用の服を着てた。靴下も厚すぎた」。それでも、通常は七日かかるキリマンジャロ登頂までの往復ルートを、わずか六時間四二分で走破した。ジョルネの記録を三〇分以上も上回っていた。

「キリアンのことはまったく知らなかったんだ。周りから、〝キリアン・ジョルネの記録を破ったぞ〟と言われ、そこで初めてグーグルで彼のことを調べてみて、〝ワオ〟って思ったんだ」。そのときエグロフと私がいたのは、私が約一年前にジョルネと話をしたロンドンの同じレストランだった。自分の隣の席に大きなバックパックを置いているエグロフは、都会では居心地が悪そうだった。でも彼は話をするのが好きだった。スイスで、初めてテレビのトーク番組に出演することになり、収録を終えたばかりだという。彼の名は現地では、少しは知られているようだ。

彼の上司は、キリマンジャロでの新記録がもたらした宣伝効果を利用して、次はアンデス山脈の最高峰で、ジョルネの「サミッツ・オブ・マイライフ」プロジェクトが対象とする七つの峰のうちの一つであるアコンカグアに挑戦してはどうかと提案した。ジョルネは二か月前にそこでFKTを記録したばかりだった。だが、これはエグロフがガイドの仕事を通じて何度も登っていた山でもあった。彼は挑戦し、再び新記録を塗り替えた。今度は、ジョルネの記録を一時間も短縮していた。

アメリカのアウトサイド誌は、山岳ランニング界の驚きの反応をとらえ、「カール・エグロフはいったいどこから現れたのか？」という見出しの記事を掲載した。

「僕の新記録について初めてツイートで触れたのはキリアンだったんだ」とエグロフは言う。「僕のＳＮＳは大騒ぎになったよ。テレビ局の人たちが自宅に押し寄せてきた。怖かったな。みんなから、キリアンと同じレースに出て競争してほしいと言われた。でも彼はランナーで、僕は山岳レーサーなんだ」

新記録を二つ樹立したあと、エグロフはスポーツウェアメーカーとのスポンサー契約を獲得した。そして、ロシアのエルブルス山でもジョルネの持つＦＫＴの記録を塗り替えた。キリアンのプロジェクトが対象とした七つの峰のうち、三つで記録を破ったことになる。

しかし、エグロフはキリアンのプロジェクトを台無しにしようとしているわけではない。むしろ、ふたりは良き友人同士で、モンブランの記録更新に一緒に挑戦したこともある（残念ながら、悪天候のために中止になってしまった）。とはいえジョルネが世界的な大スターであるのに対し、それに引けを取らない記録を持っているエグロフは〝知る人ぞ知る〟的な存在に留まっている。その理由を尋ねると、エグロフは同じことを自分でも何度も考えてきたというような顔で私を見た。

「キリアンはシャイな人間だけど、若い頃からこのスポーツをしていた。一四歳のときには、もうレースに出てたんだ。それに、彼には有力なマーケティング・チームがついている。スポンサーのスポーツメーカーサロモンは家族同然だ」

エグロフも注目を集めるために、最近、マーケティング・マネージャーを雇った。来年はジョルネが持つデナリの登頂記録に挑む予定だし、最終的には究極の記録であるエベレストに挑戦したいと考えている。

エグロフとジョルネは、巨大な山々をできるだけ速く駆け上がることで、FKTという概念が目新しいものではなく、単に「最速記録」と呼ばれているだけの登山の世界に足を踏み入れた。しかし、ジョルネとそのチームはこれを新しいパッケージにすることで、世界中のメディアの注目を集めた。私がロンドンのレストランでジョルネにインタビューをしたのも、フィナンシャル・タイムズ紙の手配によるものだった。同紙は丸々一ページを使ったジョルネの特集記事を望んでいた。

けれども、これほどのメディアの狂騒にもかかわらず、ジョルネが実際にエベレストで既存の記録を破ったかどうかは、驚くほどに不明瞭である。エベレスト登山には、登頂のみの最速記録もあれば、往復や下山のみの最速記録もあり、出発地点によっても記録が異なる。だが私が知る限り、ジョルネはそれらのどの記録も破ってはいない。メディアやスポンサーは、彼が六日間で二度エベレストに登頂したことをこぞって取り上げた。しかし、それは新記録なのだろうか？　私にはわからなかった。それでもメディアには、そのことを偉業として称える見出しが躍っていた。

誰もがそれを快く思っていたわけではない。ダン・ハウイットというアメリカ人登山家は、ジョルネが登頂に成功したのかどうかを疑問視する意見をネットに投稿し始めた。

私は当初、ジョルネのしていることに大胆にも異議を唱える者がいたことに驚いた。この世に超人的な偉業を成し遂げられる人間がいるとしたら、それはジョルネだった。彼は何度もその驚異的な能力を証明してきた。本人にインタビューしたときも、エベレストに登頂した証拠はあるのかと尋ねることなど思いもしなかった。他の誰もと同じように、私もジョルネは登頂に成功したと固く信じていた。彼は誠実な人間であり、生きる伝説だ。直接会ったときの印象も、寛大で、魅力的で、控えめで、まさに私が期待していた通りの人物だった。彼を非難するのは難しかった。だから、初めてジョルネを疑う意見を耳にしたときも、FKTの人気が高まっていく中で必然的に現れた、ネット上の執拗な批判者の標的にでもされたのだろうと思っていた。

だが、フィナンシャル・タイムズ紙に掲載された私の記事を読んだハウイット本人から連絡があり、ジョルネのエベレスト登頂を疑う根拠を示すという資料を渡されたとき、少なくともそれに目を通すべきだと思った。読んでみると、ハウイットの主張にはかなりの説得力があることを認めざるを得なくなった。

二二ページにも及ぶ詳細な報告書の中で、ハウイットは、「サミッツ・オブ・マイライフ」プロジェクトのすべての練習走行やレース、過去の記録などを細かく記録してきたジョルネが、エベレストの登頂やその付近で写真や動画を撮影していないのは不自然だと述べている。一九五三年にテンジン・ノルゲイとエドモンド・ヒラリーが初めて世界最高峰であるエベレストへの登頂に成功したときでさえ、山頂での写真撮影は優先事項だった。「一九五三年以降、カメラや動画の技術は劇的に向上している」とハウイットは指摘している。

加えて、ジョルネの腕時計に記録されたGPSファイルも不完全であり、頂上に到達しなかったことを示唆していた。これらのファイルは、ジョルネの他のGPSで記録された活動と同様、自動的にウェブサイト「Movescount」にアップロードされていた。

ジョルネはハウイットの主張に対し、公式の声明によって問題に一つずつ反論していった。GPS

ファイルが不完全だったのは、山での単独行動の時間が長くなったのと寒さのせいで、腕時計のバッテリーが機能しなくなったからだという。

ハウイットは、なぜジョルネは衛星携帯電話を持っていなかったのかとも疑問を呈していた。もし持っていたら、世界最高峰に到達したことを証明するために頂上から電話をかけられたはずだ、と。

これに対してジョルネは、優先事項は山で独りで行動すること、世界とのつながりを断ち、自分自身で決断を下すことだったと答えた。「これはスタイルの問題だ。大規模な遠征隊を組織し、途中にシェルパを配置することもできた。本格的なカメラを用意して、頂上で綺麗な写真を撮ることもできただろう。登頂に成功したことを、衛星携帯電話で〝発表〟することも。しかし、この遠征の目標はそうしたものとはまったく違っていた。私の目標は、周りからのサポートを受けずに、どこまで自分ひとりの力でエベレストに登れるかどうかを確かめることだった」

大掛かりな準備をしたり人の注目を集めようとしたりするのではなく、できる限り単独で行動しようとする――それは立派な意図であり、FKTの本来の精神にも忠実だと言える。それでも、GoProの映像や、携帯電話で撮影した写真すらないというのは少し奇妙に思える。イギリスのウルトラランナー、ロビー・ブリットンは私に「私なら、大量の時間と労力を注ぎ込んだビッグプロジェクトに成功したら、もっと多くの証拠を残そうとするだろうね」と語った。

また、ジョルネがエベレストに登頂した時間帯について、ハウイットだけでなく、高山での数々の最速記録を持つ経験豊富な登山家も疑問を呈している（彼はジョルネの批判者と見られるのを恐れて、匿名を条件にして私に意見を述べた）。ジョルネは一度目の登頂の時刻は午前零時、二度目は午後九時三〇分だったと述べている。しかしハウイットと匿名の登山家は、エベレストの頂上は極寒で危険であるため、こんなに遅い時間に頂上に到着する者はいないと指摘している。とはいえ、ジョルネが並のアスリートではないことも事実だ。そしてジョルネは、もっと早く頂上に辿り着く計画だったが、途中で胃の問題が起きたためにペースが落ちたと説明している。

数か月後、アンディ・タヴィンという独立調査員がジョルネのGoProカメラのオリジナルの写真と動画（結局、これらはある程度存在することが明らかになった）へのアクセスを要求し、許可された。タヴィンは五六ページもの詳細な報告書を作成し、ジョルネは一度目の試みではエベレストに登頂しているが、本人が主張している午前零時ではなく午前零時三二分だったと結論付けた。また、二度目の登頂を裏付ける証拠はほとんど残っておらず、もし登頂していたとしても、ジョルネが主張しているよりも二時間は遅かった可能性が高いという。ジョルネは再び反論し、これは自分のためにしていることであり、また登頂時は極限状態にあり、他の優先事項があったために、写真を撮ったり、そのタイミングを考えたりする余裕がなかったなどと述べた。

私は、ジョルネが一週間に二度もエベレストに登頂したのか、しなかったのかを判断する立場にない。仮に登頂していなかったとしても、なぜ彼が登頂したと主張するのかを先頭に立って推測しようとするつもりもない。ジョルネは数多くの成功を収めてきた男であり、一度登頂に失敗したからといって、これまでの功績がすべて打ち消されるわけではない。ジョルネは、自分を打ち負かし、記録を塗り替えるライバルたちを素直に応援できる人間でもある。ウルトラランニング界での人望も厚く、今回の疑念で彼の評判が落ちることはほとんどなかった。ＦＫＴのウェブサイトの共同設立者であるバズ・バレルは、私の問いかけに「ジョルネのスタイルや倫理観はその能力やトレーニングにマッチしていると思う。彼は同世代最高の山岳ランナーであり、あらゆる意味でとても尊敬されている」と答えた。

いずれにせよ、今回のジョルネのケースは、この競技への注目が高まり続けるにつれ、何らかの大きな挑戦をする者は、確実な証拠を集めることを計画すべきであることをはっきりと物語っている。昔ながらの信頼や善意だけでは、もはやＦＫＴの結果を認めてもらえない時代になっているのだ。

17　シャモニーの大舞台へ

そして、ついに私はシャモニーに足を踏み入れた。八月下旬の一週間、モンブランの麓で行われる毎年恒例の祭典のために、ウルトラランニングのコミュニティ全体がこのフランスの町に集結する。広場の露店では超軽量のザックやコンプレッションウェア、グラフェンソールが使われた最新型のシューズなどが売られ、その前に人々が立ち並んでいる。ランナーたちは受付をしてゼッケンを受け取り、友人と偶然再会し、ピザを食べている。誰もが贅肉のない細身の体型をしていて、コンディションも万全で、山を走る準備が整っているように見える。私は、自分があまり場違いに見えないように気をつけた。

私のスーパークルー、マリエッタと子どもたちも一緒にフランスに来てくれていた。シャモニー郊外のキャンプ場にテントを張ったあと、家族で町に向かい、オーストラリアのバイロンベイからフランスに到着したばかりのトムとレイチェルにカフェで落ち合うと、豆のコロッケや豆腐のハンバーガー、サツマイモのウェッジなどを食べながら歓談した。レイチェルの父親ががんと診断されてから、トムとレイチェルはこの数か月間、彼女の両親が住むオーストラリアで過ごしてきた。今年のＵＴＭＢへの出場は取りやめるつもりだったが、それを翻したのは、彼女の父親に強く勧められたからだ。父親は、レイチェルが三年間、どんな思いでこのレースに出ることを待ち望んでいたかをよく知っていた。

「父は、〝がんは私にとってのＵＴＭＢだ〟とよく言ってるの」とレイチェルは言う。「〝がんと闘うのは、夜に暗闇の中を走るのと同じようなもののはずだ〟ってね」

レイチェルは父親に、〝レースには出ない、オーストラリアに残る〟と言おうとした。「でも、父はいつも私の話を途中で終わらせようとするの」

レイチェルの両親はブリスベン沖にある、店も道路もない小さな島に住んでいる。電力は太陽光発電で賄い、野菜も自分たちで育てている。「カンガルーはたくさんいるんだ」とトムは言う。「でも、山はない」。ＵＴＭＢまでの三か月間、ふたりは平坦なビーチでしか練習できなかった。その結果、トムはレースで上位争いをする望みを捨て、レイチェルと一緒に走ることに決めた。

ふたりがシャモニーに到着した直後、レイチェルの母親から電話があり、父親が二度目の手術のために病院に緊急搬送されたので戻ってきてほしいと告げられた。「でも、もし戻ったら、父は腹を立てると思ったの。だから、戻らないと言った。残って、父のために走ろうって決意した」

昼食後に町を歩いていると、時折、エリートランナーを見かけた。スポンサーから提供された最新の装備を身につけている彼らの姿は、周りから数十センチほど浮き上がって見えるほど目立っている。イタリアのラヴァレード・ウルトラトレイルを制覇したヘイデン・ホークスも、ファンに呼び止められて記念写真に応じ、大きく力強い握手をしていた。この期間、シャモニーではトップ・ウルトラランナーはロックスターのような扱いを受ける。ファンのあいだで一番の話題になっているのは、キリアン・ジョルネとジム・ウォルムズリーという二大スターの対決だ。昨年のＵＴＭＢで二人を破って優勝したフランソワ・デンヌ（ジョルネは二位、ウォルムズリーは五位）は、今年は出場しない。今シーズン、圧倒的な強さを誇っているジョルネとウォルムズリーは、キャリア史上最高の状態にあるように思える。誰もがふたりとの記念写真やサイン、握手を欲しがっていた。

エリート選手の記者会見の際にウォルムズリーに話を聞くと、「この町にいてどこかに出かけたいときには、HOKAのギアを身につけないのがコツなんだ。そうすると、僕を見ても気づかない人が多いから」と言った。裏通りを歩いたり、町の中心街を避けて遠回りしたりして、なるべくファンに見つからないように気をつけているのだという。「雨のときは、迷わずフードを被って顔を隠すようにしてる」

現在のコンディションを尋ねると、過去最高の集中的なトレーニング期間を終えたばかりだという。コロラド州シルバートン郊外の山で、六週間テント生活をしていたそうだ。

「一定期間のトレーニングを、完璧に終えられることはほとんどない。でも、今回はそれができた」。山で過ごした六週間、週平均で走行距離は一四〇マイル〔二二五km〕で、獲得標高は一五〇〇〇メートル（五万フィート）。これはかなりの数字だ。

「最高のパフォーマンスができているので、気分がいい。絶好調なら、僕は誰にでも勝てる」。ウォルムズリーはビッグマウスで知られている。そのため何かと軋轢が生じることも多かったが、最近の彼にはその言葉に負けない実績がある。

「若い頃は、生意気な口を叩きやがって、とよく言われたよ。でも最近では僕がどんな人間かが知られるようになってきたから、周りの見方も変わってきた。だけど僕は昔から、騒ぎを起こそうとしていたわけじゃないんだ。率直に自分の考えていることを言っていただけさ。わざと反感を買うような答え方をしていたんじゃない」

このUTMBのわずか数か月前、ウォルムズリーは二年間予告し続けてきたことをついに実現した。「ウェスタン・ステイツ一〇〇」のコースレコードを塗り替えたのだ。しかも、そのレースは大会史上屈指の暑い日に開催された。おまけにレースの終盤、コース上で熊に出くわしている。それは、二〇一六年のレースで彼が道を間違えたのとまったく同じ地点だった。二〇一七年は胃のトラブルでその地点までたどり着けなかった。だから二〇一八年にその地点で間違えずに正しい方向に曲がったとき、目の前に熊がいるの見て、「冗談だろ！」と思ったという。

「この地点に来るのを二年も待ってたんだ。練習中だったら、方向転換して別の道に進むよ。でも、これはレースだった」。それは母熊で、二匹の子熊がトレイルのそばの木に登っていたこともあって、立ち去る気配はなかった。大声を出したり、石を投げたりしてみたが、効果はない。

「そのとき、〝もうどうにでもなれ〟って思ったんだ。母熊は攻撃的なポーズをとっていなかった。一三時間も走り続けてきたから、ここで諦めたくはなかった」。ウォルムズリーは、全速力で母熊のそばを通り過ぎることにした。

「心のどこかで、最悪の事態になったとしても、少なくとも面白いネタにはなるだろう、と思ったのを覚えてるよ。〝彼を止めるには、熊が必要だった〟ってね」

ウォルムズリーがロッキー山脈でテント合宿していた頃、ジョルネは半年足らず前にスキー事故で足を骨折していたにもかかわらず、各地のレースで次々と優勝していた。最近ではボブ・グラハム・

ラウンドで驚異的な記録を打ち立てたばかりであり、このＵＴＭＢのわずか五日前、他のランナーが大事なレースの前に脚を休めるために練習量を減らしている中、三二マイル（五一km）の極めてテクニカルな難しいイタリアのスカイレース、「トロフェオ・キマ」に出場し、ここでもコースレコードを叩き出して優勝している。

　ジョルネの回復力は並外れている。前年のＵＴＭＢで二位になった一週間後には、他のランナーがまだ脚を休めてアイスクリームを食べていたときに、スコットランドで開催された熾烈な「グレン・コー・スカイラインレース」に出場して優勝した。しかもグレン・コーのレースの前日には、ウォームアップのために英国諸島最高峰のベン・ネビス山の頂上まで走っている。

　ジョルネ対ウォルムズリーのタイトルマッチのすぐ後ろに控えている、ここシャモニーの正真正銘の大物選手が、ザック・ミラーだ。レースの数日前の夕方、私はザックのスポンサーであるＢｕｆｆ社が保有する山荘《シャレー》で彼に会うことにした。Ｂｕｆｆのマーケティングディレクターに案内され町の中心部のすぐ外にある、その豪華な山荘に足を踏み入れると、革のソファに座って別のスポンサーの担当者とレースでの補給プランについて話し合っているザックがいた。授業後に居残りで教師の個別指導を受けている男子生徒みたいだ。

「僕は計画を立てるのが苦手なんだ。だから宿題をしてる」とザックは言った。「補給プランについて学んでるんだ」。ザックが人気なのは、ひたすらに疾走するそのスタイルにある。戦略など立てず、ただ足を前に出し続け、気持ちと意志に従って走り抜こうとする。だが、アメリカ人男子選手初のＵＴＭＢ制覇を目指すために、今回は緻密な戦いを挑もうとしている。

「僕が好きなのは、ノースフェイス五〇［彼が二度優勝している、カリフォルニア州の五〇マイルレース］みたいなレースだ。ジェルが数個あれば、それで最後まで走れる。でもＵＴＭＢでは、補給の計画が必要だ」

Ｂｕｆｆのチームメンバーの大半は、バルセロナにある同社の本社に努めるスペイン人の男女だ。ビュッフェとバーベキューの夕食が用意され、私も招待された。そこには映画監督のビリー・ヤンもいた。ザックのＵＴＭＢ制覇への挑戦についてのドキュメンタリーを制作しているという。ザックを中心に大勢の人が集まっているが、彼はそのことで嬉々としていたりはしない。むしろスタッフのジョークや笑い声が響く室内にあって、静かに話ができる隅の場所に好んで座ろうとする。

ビュッフェの順番を待ちながら隣に立っているとき、常日頃疑問に思っていることを彼に尋ねてみた。レース中に自分に疑問を感じる瞬間はあるのか？　〝これ以上無理だ〟とか〝ペースを落としたほうがいい〟といった心の声が聞こえることはあるのか？　エリートランナーがこの手の話をすることは滅多にない。私は、彼らがレース中、ずっと現実的に前に進むことだけに集中しているのか、それとも私たちと同じように悪魔の囁きと闘っているのかを、ずっと知りたいと思っていた。

「もちろんあるさ」ザックはそう言いながら、皿に肉やサラダを山盛りに乗せて、テーブルの端に座った。私も食べ物を取り、彼の隣に腰を下ろした。「でも、僕は走るとき自分に厳しいんだ。去年のノースフェイス五〇では、ヘイデン・ホークスとティム・フレリクスと一緒に先頭を走っていた。しばらくして、二人に引き離され始めた。そこは去年までのレースでは、僕が仕掛けていた場所だった。だから心の中で叫んだ。〝ダメだ！　このまま彼らを行かせてはいけない。追いつかなきゃ〟って。

たしかに、〝もう疲れた。彼らを先に行かせよう、諦めてしまおう〟と囁く自分もいた。だけど、それよりも先頭に立ちたいという思いのほうが強かった。まあ、僕は頑固なんだろうね」。結局、その後でホークスはとらえたが、フレリクスには逃げ切られ、準優勝に終わった。

なぜ、そんなに勝ちたいと思うのか？　私はちょっといたずらっぽく尋ねた。何が彼を突き動かしているのだろう？

私たちが座っているテーブルの離れた位置では、ランナーではない人たちがビールを飲み交わしている。話し声は次第に大きくなり、笑い声も絶えない。

「結局は、自尊心を満たしたいからなんだろうね。勝利の感覚を味わい、称賛や注目を浴びると、病みつきになる。そして、また同じものが欲しくなる。なぜなら、それらは長続きしないから」

彼のランニングスタイルと同じくらい正直な答えだ。ビリー・ヤンが制作したドキュメンタリー映画の中では、ザックは同じ質問に、もう少し思慮深く、「何事にも最善を尽くしたいという欲求に駆られているから」と答えている。子どもの頃から、そういう性分だったのだという。もちろん、どちらの答えも正解になり得る。とはいえ、私がウルトラランニングを巡る旅で学んだのは、この狂気のようにも見えるスポーツをする理由を、正確に言葉にするのはほぼ不可能だということだ。本当の理由は、ランナーたちが口にする言葉を超えたところにある。「優勝したいから」「完走したいから」「ベストを尽くしたいから」、「自分の限界を見つけたいから」、「周りの人に感銘を与えたいから」――ウルトラランナーは、自分がこのスポーツをする理由をそんなふうに説明する。けれども、そのどれもが言い表せていないものがある。それは底知れぬ衝動であり、深く根源的な呼びかけへの応答だ。それは野生の奥深くに入り込み、忘我の感覚に浸り、向こう側の世界に行くことだ。そこで得られる感覚には、たしかに中毒性がある。
そんなことを話しているうちに、気がつくと夜の一一時近くになっていた。ザックに別れを告げ、Ｂｕｆｆの山荘の快適さと暖かさを離れて、山の中にある肌寒いキャンプ場に向かった。テントの中では、マリエッタと子どもたちが、ここでの自分たちの役割が何なのかをまだよく理解していないまま、すでに眠っていた。

レース前日、私は自分のランニング用具を確認し、ゼッケンを受け取ったあと、世界のウルトラランナーたちがひとつの町に集結しているうちにひとりでも多く会って話を聞くべく、町じゅうを歩き回った。まずは、ウルトラランニング界の期待の星、イギリス人ランナーのトム・エバンスにカフェで話を聞いた。イギリス軍の兵士である彼がウルトラランニングを始めたきっかけは、数年前、ロンドンのパブで、サハラ・マラソンを走ったという友人二人の少々自慢気な話を聞いたことだった。二人は、三〇〇位以内でゴールしたという。エバンスは空気を読まず、「すごいな。でも、先に二九〇人ものランナーがゴールしてたってことだろ？」と言った。友人二人は憮然とした顔をして、じゃあ来年、お前がもっと速く走ってみろよ、と言った。エバンスは翌年、本当にサハラ・マラソンを走ることにした。

自分のことは本格的なランナーだとは思っていなかった。だから、できる範囲で練習をした。「一時間走る時間がつくれたら、一時間走る。そんな感じだった」と彼は言う。「コーチもいなかったし、トレーニング計画も何もなかった」。ウルトラ用の練習も、砂漠対策も何もしなかった。にもかかわらず、初めての砂漠でのレースを三位でフィニッシュした。北アフリカ人以外の男子選手が表彰台に上がったのは、実に四年ぶりのことだった。その後に出場した二〇一八年の世界トレイル選手権でも、大勢のビッグネームの選手を押しのけて三位に食い込んだ。エバンスの評価は日増しに高まっており、HOKAと結んでいる小規模なスポンサー契約では相応しくないように思える。とはいえ彼は最近、デビッド・ベッカムのエージェントも務めていたという一流のスポーツ・エージェントと契約した。また現在も現役の軍人として、イギリス軍の支援を受けながらレースに向けて練習をしている。安定した環境に身を置いているからか、落ち着いた雰囲気が感じられる。

後で、エバンスのエージェントに話を聞いた。彼がエバンスに魅力を感じたのは、才能はもちろん、その若さにもあるという。エバンスはまだ二六歳。「トムは［ウルトラランナーにしては］とても若く、ネットの世界での訴求力もある」。彼は、ベッカムを担当したときと同じように、時間をかけてエバンスと仕事がしたいと言った。「すでに二〇二〇年、二〇二一年の計画も立てているんだ」。ウルトラランニングの選手に対するものとしては大きすぎるほどの期待感を覚えるが、そのエージェントは今後もこのスポーツが成長していくと見ていた。「ウルトラランニングにはビッグブランドがたくさん関わるようになっている」

実際、私がシャモニーでエバンスと会った日、レッドブルは彼とウルトラランナーとしてスポンサー契約をしたと発表した。もしエバンスがこのUTMBフェスティバルで良い成績を収めれば――彼は六三マイル〔一〇一㎞〕の「クールマイヨール・シャンペ・シャモニー（CCC）」に出場する――エージェントは、HOKAが契約内容を彼の価値に見合うものに引き上げると確信している。

カフェでエバンスと話していると、ノースフェイス五〇でザックに勝ったエリートランナー、ティム・フレリクスが入ってきて隣に座り、エバンスと同じく特大サイズのヴィーガンパイとサラダを注文した。彼はエバンスのチームメイトだ。ふたりは食事後、HOKAの残りの契約選手たちと一緒にサイン会をすることになっていた。私たちはカフェを出ると、人混みの中をゆっくりと歩き、エキスポエリアにそびえ立つHOKAのブースに向かった。すでに長蛇の列ができている。ふたりはジム・ウォルムズリーやヘイデン・ホークス、ミウォック一〇〇Kのゴール後に私を家まで車で送ってくれたマグダ・ブーレなど、アメリカ人のスター選手が中心のHOKAのメンバーと合流した。アイドルたちと記念写真を撮り、サインをもらい、軽く言葉を交わそうと、人々が押し合いへし合いしながら集まってくる。

私はその場を離れ、イノヴェイト（Inov-8）のブースに向かった。HOKAに比べて小規模で、ほとんどがイギリス人ランナーだ。イノヴェイトは湖水地方を拠点とする企業で、フェルランニングと、全天候型で飾り気のないイギリス流のトレイルランニングのアプローチにしっかりと根差している。いみじくも、私が同社のブースに着いたときには、それまで燦燦と照りつけていた太陽は、イギリスを彷彿とさせる霧雨に取って代わられていた。みんな、これから出かけるグループでのショートランの準備をして辺りを歩き回っていたので、選手をみつけるのが難しかった。HOKAに比べると、イノヴェイトの選手は地味であまり目立たない。その中に、ボブ・グラハム・ラウンドを一日で二周するルートの総合記録（男女問わず）を持つ伝説的なフェルランナー、ニッキー・スピンクスがいた。彼女は今回のUTMBには出走しないが、同ブランドの大スターで、私の友人でもある他ならぬダミアン・ホールのクルーをするためにシャモニーに来ていた。

「調子はどう？」ダミアンは私を見つけるなり、嬉しそうににやりと笑って言った。念願のUTMBトップ一〇に挑むダミアンの歩みを描くドキュメンタリー映画を制作するために、一年ほど前から撮影班が彼について回っている。トップレベルの選手たちの顔ぶれを思い浮かべると、ダミアンが上位一〇人に入るのは簡単ではないことがわかる。ITRAの公式ランキングでは、昨年UTMBで一二位になったときに比べればかなり上がったとはいえ、ダミアンは五〇位にすぎない。撮影班が制作している映画のタイトルは、ずばり『アンダードッグ〔勝つ見込みの薄い者〕』だ。

ダミアンは笑いながら、優勝候補の「速い連中」に勝つ見込みはないと言った。「彼らがしくじらない限りね。もちろんそうなることを願ってはいるけど」。レースの意気込みを尋ねてくる相手には、自分はフルタイムのアスリートではないこと、すでに四〇代であること、子どもがいること、山の近くに住んでいないことなどを説明するのだという。謙遜しすぎではないかと私が尋ねると、ダミアンは「そういう心構えでレースに臨むのが好きなんだ」と冗談めかして言った。「プレッシャーを感じなくてすむから」

ダミアンが、彼とニッキーと一緒に走れ、イノヴェイトの新作シューズも試せるというチャンスを求めて集まった約三〇人の前で紹介された。トム・ペインもそこにいた。トムもイノヴェイトと契約している選手で、ある意味ではダミアンよりも速く、優れたランナーである。しかし、この山の近くに住んでいるにもかかわらず、昨年のダミアンとは違い、トムはこれまでUTMBで実力を十分に発揮できたことがない。二〇一六年の「オルシエ・シャンペ・シャモニー（OCC）」――UTMBウィークに開催される短距離レースの一つ――でも、前半は優勝したグザビエ・テベナールと並んで快走していたにもかかわらず、最終的には二四位に終わった。これはビッグレースでのトムの典型的なパターンだった。序盤は飛ばして先頭付近を走るが、終盤に失速する。それは、マラソンでは他の誰にも負けないという自負から来るものなのかもしれない。だが、山は別物なのだ。

今年、練習不足のトムは、ウルトラランニング界での地位を向上させられないだろう。ダミアンたちとのショートランに出かける前に、一般のランナーに混じって所在なさげに佇んでいるその姿は、少し落胆しているように見える。しかし、トムはまだ三〇代後半。まだまだこれからだ。UTMBのあとは、ロードレースに本気で取り組む計画を立てている。目標は、イギリスの四〇代以上のカテゴリーでの、マラソンと五〇キロメートルの記録更新だ。これらは価値のある目標であり、実現すれば大きな称賛を得るだろう。それでも私は、いつかトムがここシャモニーでもその持てる力を存分に発揮し、トレイルランニング界のスターとしての地位を築いてくれることを願わずにはいられない。

紹介の後、ダミアンは雨の中、参加者をショートランに誘った。急な上り坂を、トムが山羊みたいに駆け上がっていく。ダミアンはUTMBのレース中に聴く予定のプレイリストについて教えてくれた。辛くなったとき、イヤフォンで音楽を聴くのが好きなのだという。どんな曲があるのかと尋ねると、「ほぼフィル・コリンズとケイト・ブッシュだよ」と照れくさそうに言った。

選手たちがそれぞれの隠れ家に姿を消して最後の準備を始める前に、私にはレース前の賑やかなシャモニーで会いたい人がいた。エバンスと会ったカフェを待ち合わせ場所にしていたのだが、夜遅くなり店がもう閉まっていたので、エリザベト・バーンズとボーイフレンドのソンドレ・アムダールの大柄な二人は、店の前で巨人みたいに立っていた。まだ営業していた隣のカフェに入った。エリザベトは紅茶とラズベリーを注文した。絶妙な組み合わせだ。

彼女とソンドレが親しくなったきっかけは、同じレースに何度か出たことだったという。私たちが一緒に出場したあのオマーンに、翌年彼女が再び出場したときにも、彼がそこにいた。その後、一緒にスウェーデンのレースを走った。「友人としてね」と彼女が言った。ソンドレは思わず笑った。「でも、ソンドレはそうは思っていなかったのかも。とにかく、私たちのあいだには何か通じるものがあったの」

エリザベトはまだ休養中なので、今回のレースには出走せず、シャモニーではソンドレのクルーを務める。ソンドレの目標は二四時間以内にゴールすること。トップ二〇を十分に狙えるタイムなのだという。

私は彼の幸運を祈った。これで、今日予定していた全員と会い、インタビューができた。キャンプ場に戻ると、そこではピザが振る舞われていた。肌寒い夜に、妻や子どもたちと一緒にピザを持ってベンチに座った。巨大な背景のような山々が、周りを取り囲んでいる。子どもたちは、明日の朝、乗馬に行くのを楽しみにしている。彼らにとって、私がレースに出ることはどこか遠い世界の出来事であるようだ。

眠らなければならない。幸い、日が暮れればキャンプ場では他にすることもない。ロールマットに寝転ぶと、そのまま八時間しっかりと熟睡できた。レース当日の金曜日の朝、久しぶりに脚がスッキリした状態で目覚められた。準備は万端。いい感じでレースに臨めそうだ。

そのとき、携帯電話の電子音が鳴った——。

18　いざＵＴＭＢ

メールの着信だった。携帯電話に手を伸ばすと、画面には次のようなメッセージが示されていた。

「ＵＴＭＢに出場する皆様へ。天候が悪化しているので注意してください。土曜日の午後まで悪天候が見込まれています。非常に寒く、風が強く、体感温度は摂氏マイナス一〇度（華氏一四度）になると予想されます。防寒キットは必須です」

谷間のあちこちにいた全員が、大会運営者からのこのメールを読んで身震いしたはずだ。レースへのプレッシャーは、ここ数日間に立ち込めていた黒い雲の下に埋もれた山々のように、すでに大きく、不気味に私たちの心に迫っていた。そして、それはさらに重苦しくなった。雨が降れば、泥だらけで滑りやすい坂を、びしょ濡れのウェアで下らなければならない。それも、摂氏マイナス一〇度の夜に。

「私が嵐なのだ――」私はそう囁き、この言葉を信じようとした。

「あのメール、見た？」。金曜の夕方、シャモニーの中心部にあるレイチェルとトムが住む小さなフラットに足を踏み入れると、彼女にそう尋ねられた。ふたりは、午後六時ちょうどに始まるこのレースを、一緒にスタートしようと誘ってくれたのだ。ありがたい提案だった。ふたりと一緒に走り始めれば、序盤から飛ばし過ぎるようなこともないだろう。

とはいえ、私は前回ふたりと共に一〇〇マイル・シュ・ド・フランスを走ったときよりもずっと強くなっている。今回のレースでは、それなりに速く走ろうと考えている。当時の私はまだ粗削りだったが、今はいっぱしのウルトラランナーだ。今この瞬間に留まり、冷静に走り続けられるのなら、今の私にとって一〇〇マイルはそれほど長い距離ではない。私はこれまでの経験から多くを学んでいた。ウルトラマラソンの秘訣は、下りでは巡航し、上りでは安定したペースを保ち、エイドステーションを素早く移動することなのだ。

「サブ30」――。目標タイムがよくわからないと言うと、同じジャーナリストで、ウルトラランニングで私よりもはるかに良い成績を収めてきたダミアン・ホールがそう提案してくれた。「君にはそれがちょうどいいと思う」と、まるでそれが簡単な目標であるかのように言った。その数字は、私の頭の中で固定された。UTMBでの、マラソンの「サブ3〔フルマラソンを三時間以内で走ること〕」みたいなものではないかとも思えた。かなりタフで、相当に高い目標にも思えるが、まったく手が届かないわけではない。私はラヴァレード・ウルトラトレイルで、山の中の七八マイル〔一二五㎞〕を二一時間で力強く走った。UTMBでは、これにあと二七マイル〔四三㎞〕を加えた距離を走る。つまり、このマラソンとほぼ同等の距離を九時間で走れば、トータル三〇時間以内で走れることになる。

レイチェルは神経質そうに床の上とベッドの上を何度も行き来しながら、ノートパソコンで天気予報をチェックしている。ピレネー山脈で低体温症になったことがあり、灼熱のオーストラリアで二か月生活をしてきた後なのだから、天候が気になるのも理解できる。この寒さと雨は理想的な環境ではない。トムは土曜日の午後からは天気も回復するさ、と気丈に笑っているが、やはり不安でもあるようだ。スタート時に何枚重ね着するかを、いつまでも決めかねている。

外ではすでに雨が降り始めていた。レインジャケットのファスナーを閉め、最後のトイレを済ませると、カサカサとウェアが擦れる音を立てながら、未知の世界に向かう三人の探検家のような気分でフラットの共用廊下を進んだ。エレベーターで下に下りて表に出て、スタート地点に向かって通りを歩き始めた。

すでに大勢のランナーがいて、できる限りスタートアーチの真下に近い好位置を陣取ろうとひしめき合っている。トムは普段ならエリートランナーとしてスタートラインの先頭付近に立つが、今日は他のランナーをかき分けるようにして全体の真ん中くらいの位置に進むと、そこで立ち止まった。レイチェルと私も隣で足を止めた。スペースを確保したら、あとは待つだけだ。

広場を見下ろす市庁舎にはどの窓にもバルコニーがあり、人々がそこに立ってこちらを見ている。「僕たちはあそこで結婚したんだ」とトムが市庁舎を指さしながら言った。シャモニーとランニングは、ふたりの物語と切っても切れない関係にある。レイチェルはロンドンでトムに出会ったときのことを思い出す。「私たちは同じチームに割り当てられたの。仲のいい友達が誰もいなかったから、私はがっかりしてた」と彼女は彼に微笑みながら言った。「でもそこには、とても嬉しそうにしてる誰かさんがいた」。トムは笑いながらその思い出話を聞いている。「私は彼のことを思い出せなかった。だから友人に〝トム・ペインって誰？　フェイスブックで私に何度もメッセージを送ってくるんだけど〟って聞いたの」。ＵＴＭＢのスタート地点に一緒に立つのは、ふたりが長いあいだ待ち望んでいた瞬間だ。レイチェルとトムの胸には様々な思いが去来しているはずだ。ふたりはしっかり手を握りしめ合っている。私は邪魔にならないように気をつけた。とはいえ、私もレイチェルとトムの物語に関わりのある人間だ。トムに手を引かれて、三人で一緒に写真を撮った。私も胸が熱くなってきた。

広場のあちこちに設置された大型のスクリーンに、スタートラインの先頭に立つエリートランナーたちが映し出されている。その姿は、まるで神々のようだ。晴れやかな表情のジム・ウォルムズリーが、トレランポールを二本の槍のように構えている。キリアン・ジョルネは笑顔でリラックスしている。アメリカのティム・トレフソンが、グザビエ・テベナールと冗談を交わしている。ザック・ミラーもいる——雨にもかかわらず、短パンにTシャツという恰好だ。口ひげをきれいに整えた今日の彼は、いつにも増して気合いが入っているようだ。その後ろに、ひときわ背の高いソンドレがそびえ立っているのが見えた。北欧の王様だ。一人ひとりが、銀河系超人サミットに集結した惑星のリーダーみたいだ。トムもあそこにいるはずだった。エリートランナーでありながら、今日はその他大勢のランナーと一緒に集団の真ん中に立っている。とはいえここにいる誰もが、それぞれに語るべき物語を持っていた。トムにとって、それはレイチェルのための物語だった。病院にいる彼女の父親は、インターネットで娘の一挙手一投足を追いかけるだろう。

人混みの中に立っていると、心の底から自分の身体に対する自信が湧いてきた。すべてはとても単純なことのように思える。今この瞬間に集中して、修行僧のように走ればいいのだ。イタリアのレースでも、このアプローチはうまくいった。その事実を知っているのが、秘密兵器を持っていることのように感じられる。私を打ち負かすことができるのは私の心だけだ。そして、私は心を制御する術を学んできた。それを実践する時が来た。

合図と同時に、男がひとりエレキギターを持ってスタート地点にある大きな台の上に乗り、レースのテーマ曲であるヴァンゲリスの『コンクエスト・オブ・パラダイス（新大陸発見／コロンブスのテーマ）』の冒頭の、金切り声のような高らかな音色を響かせ始めた。黒い雲が山々に渦巻き、曲が盛り上がり、ギターのリフがクラシックの雄大な音楽と溶け合っていく。大勢のランナーに混じり、山や雨に対峙して立っていると、興奮し、アドレナリンが押し寄せてくるのを感じる。私が嵐なのだ。

パンッ。派手なオープニングの演出の中ではやや控えめな音だったが、スタートの号砲が鳴った。出発だ。大画面の中にいる先頭のランナーたちは不意を突かれて一瞬だけ戸惑ったが、すぐに勢いよく駆け出した。

私たちはしばらく身動きできなかった。走り出せるスペースができるまで、かなり時間がかかったからだ。トムは苦笑いしている。彼はこれまでのレースで、こんなに後方からスタートしたことはなかった。レイチェル、トムとこぶしを突き合わせ、お互いの背中を叩いてから、最初は歩き、それからゆっくりとジョギングしながらシャモニーの通りを抜け、山に向かって走り出した。

トムとレイチェルから離れるまで、そう時間はかからなかった。比較的平坦な最初の八キロは、シャモニー渓谷を流れる川に沿って進む。私は小さな下り坂でスピードを上げ、ふたりを置いて先に進んだ。できる限り前のランナーを追い抜いていくが、混んでいて急ブレーキをかけなければならないことも多い。大腿四頭筋への負担になっているように感じられる。スピードを落とし、また勢いをつけることを繰り返していると、もっと速く走りたいのに、と苛立ちが募ってくる。まだ序盤だ、無理せず行こうと自分に言い聞かせる。

通過する町や村では、カウベルの音が鳴り響き、ワインでほろ酔いになった人たちがいくつもの言語で賑やかにランナーたちを応援してくれる。アレ、アレ！　バモス！　ガンバッテ！　ゴー・オン、フィン！　ゼッケンを見て、私の名前を呼んでくれる人もいる。嬉しい。私は気分よく微笑み返し、「ありがとう」と言う。まだ疲れていない。レースを楽しめている。

レース前に確認した地図では、最初の上りは小さく見えていた。だが、頂上までの道のりは長かった。ポールを取り出し、一列になって着々と前に進むランナーたちの列に加わり、自分の位置を保ちながら頂上を目指す。ようやくレースでポールを使う時が来た。ランナーがレースにポールを持ってくる理由がよくわかった。急な上りでポールを使うと、身体が引っ張られるみたいで楽に感じる。だが下りでは邪魔だと感じたので、リュックの中にしまい込んで走った。私は下りではフェルランナーのように走った。身体の力を抜いて勢いに身を任せ、飛び跳ねるように駆け下りる。ポールは要らない。

ルートは時折、木々のあいだを縫うように、あるいは偽ピークを越えるように進んでいく。思っていた以上に勾配がきつく、頂上は高い。果てしなく上りが続いた。まだ頂上に着かないのかと思うたびに、荷物の重みを感じ、足取りが弱くなる。

「自分の強さに目を向けろ」と心の中で繰り返す。内なるオビ・ワン・ケノービが、私に話しかけているかのように。それは役に立ったようだ。ひたすら上り続けた。

ついに頂上を越えた。次のチェックポイントまで四キロの下りだ。暗くなってきたが、私は自分のダウンヒルの技術を発揮できる大きな下りを待ち望んでいた。だが、予想していたよりも傾斜がきつい。雨が降っていたので、危険度も増している。目もくらむような角度の、泥と濡れた草ばかりの斜面が続いている。スキップし、ワルツを踊るようにリズムよく下ろうとするが、何度も足を止めなければならない。結局、たいして速く走れなかった。大腿四頭筋のブレーキを利かせながらこの下りの終わりに辿り着いたときにはほっとした。

レースの序盤、時間は刻々と過ぎて行った。軽食やエイドステーション、トイレ休憩をあいだに挟みながら、走り続けた。胃の調子が悪く、ちょっと心配だ。トイレには毎回立ち寄らなければならない。トイレに入っているあいだにトムとレイチェルが私を追い抜いていったのか、それともまだ後ろにいるのかがずっと気になっている。とはいえ、肝心なのは今この瞬間に集中し、留まり続けることだ。だからトムとレイチェルだけではなく、自分自身の位置も、携帯電話で確認しようとはしなかった。意識すべきは、自分と目の前のトレイルだけだ。夜になり、再び上りが始まった。

この二つ目の上りはこのレース最長だ。雨と暗闇の中、様々な風景を通り抜けながら、二時間半かけて曲がりくねったトレイルを上っていく。今度こそ頂上に近づいたと思うたびに、さらに上りが続いている。ふと立ち止まって振り返ると、ジグザグのトレイルに沿って、何マイルものヘッドライトの明かりが連なっているのが見えた。破滅に向かって進む歩兵隊みたいだ。これから忘我の世界に入っていくのを予感しているのか、ランナーたちは不気味なほど静かに歩いている。誰もしゃべらない。漆黒の闇の中で、ザクザクという足音と、カチカチというポールの音が聞こえるだけだ。

朝の光が待ち遠しくなってきた。足元がよく見えるようになれば、思い切って下りでスピードを出せる。暗闇を進んでいる今は、転びたくないので慎重にいかなければならない。次の下り坂でもブレーキをかけ、足を踏ん張りながら進んだ。トレイルが混んでいて、思うように走れない。今は我慢の時間帯だ。思うように走れる時が来るのを待とう。「自分の強さに目を向けろ」と再び心の中で繰り返した。

一方、先頭では、男子のレースは序盤から猛烈なペースでの闘いが繰り広げられていた。最初の平坦な八キロメートルでは、ジム・ウォルムズリーが五キロメートル走のランナーのように疾走して圧倒的なリードを奪い、二番手グループを一分ほど引き離していた。しかし、最初の大きな丘を上ったところでキリアン・ジョルネとザック・ミラーに追いつかれた。三人はそのままトップグループを形成し、後続のランナーを引き離していった。レースの映像には、トレイルの沿道から声援を送る人たちと時折冗談を交わしながらリラックスして走るキリアンと、それとは対照的に集中した表情で懸命に走るアメリカ人のライバル二人の様子が映し出されている。

レース前、私はこのふたりのアメリカ人選手に、偉大なライバルであり宿敵でもあるキリアン・ジョルネについて尋ねたが、その反応は興味深いものだった。負けず嫌いで知られるウォルムズリーとは対照的に、ジョルネはそのおおらかさで有名だ。二位に終わった前年のＵＴＭＢのように、たとえ優勝できなかったとしても、特に気にしていない様子で、ライバルの勝利を喜んでいるようにさえ見える。今年の大会前の記者会見では、UTMBで史上最多となる四度目の優勝を目指す立場にあるという事実を避けるようにして、「違うタイプのレースを走るのが好きだ」という話をしていた。UTMBも、彼にとっては山の中を走るただの一日の出来事であるかのようだ。

だが、ウォルムズリーはこうしたジョルネの態度を真に受けてはいなかった。彼は私に、「キリアンは表向きの言葉より、もっと秘めたものを腹の底に持っている人間だと思うね」と語った。「何度もこうしたレースに出て勝ち続けるのは、とてつもなく競争心の強い男じゃなきゃできないことだよ」

ザックはジョルネの凄さを説明する理論まで構築していた。

「フィットネスや強さは、はしごを登るように培われていくものなんだ」と彼は言った。「運動をすればするほど、身体はそれを処理できるようになり、回復も早くなっていく。つまり、運動能力が高まる。でも、このはしごにはルールがある。必ず一段ずつ登っていかなければならないってことさ。一段飛ばしや二段飛ばしはできない。まあ、ドーピングの場合はそれが当てはまるかもしれないけど、僕たちはそんなことはしていない。僕は山の中を走れば走るほど、体力が上がり、回復も早くなっている。でも、キリアンはこのはしごを一六歳のときから登ってるんだ」

いずれにせよ、ジョルネはこのレースの序盤、快調に歩を進めているように見えた。夜明け前に、私のいた場所のはるか先、イタリアのクールマイユールの町に向かっていた先頭集団の中で、もっとも辛そうに見えたのはジム・ウォルムズリーだった。実際、彼はしばらくすると後退し始めた。

ザックは後に、セーニュ峠を抜けてイタリアに入っていくとき、突然ウォルムズリーがいなくなったと気づいたと私に語った。「キリアンに〝ジムはどこだ？〟って聞いたんだ。彼はあたりを見回して〝わからない〟って答えた」

ウォルムズリーのペースはますます落ちていった。クールマイユールに向かう途中で何人にも追い抜かれた。辿り着いたエイドステーションでは、回復するのを期待して二〇分間も留まった。「カフェインを摂ったら何とかなるかと思ったんだ。だけど、効果はなかった」と彼は後にランナーズ・ワールド誌に語っている。最終的に、二〇番手くらいの位置でコースに復帰したが、数時間歩いた後でドロップアウトした。

一方で、もう一人のアメリカ人の優勝候補で、二年前のこのレースで三位に入賞したティム・トレフソンは、転倒して膝を負傷するというアクシデントに見舞われながらも、いつものように苦悶の表情を浮かべながら前の二人を追いかけていた。

ＵＴＭＢでの過去二度の優勝経験を誇るフランス人のグザビエ・テベナールも、リラックスした様子で先頭との差を着実に縮めていた。彼は最近アメリカでハードロック一〇〇（マイル）に出場し、九一マイル〔一四六㎞〕地点まで先頭を走っていたにもかかわらず、コース上で誰かに水を手渡されたという理由で失格になっていた。厳しすぎるとも思われるペナルティだった。それゆえ、テベナールは今回のＵＴＭＢに特別な意気込みで臨んでいると噂されていた。アメリカのレースでひどい経験を味わったことで、おそらくアメリカ人ランナーには負けたくないという強い思いを抱いているはずだ。レース前のインタビューではあまり多くを語りたがらなかったが、失格になったことに憤慨していたのは明らかだった。

夜が明けた。私はまだ、クールマイユールの一三キロメートル手前にあるラック・コンバルに向かって下っているところだった。すでに雨はやみ、地面も乾いてきたので、ようやく思うように下りを走れるようになった。力を抜きながらスピードを出し、前のランナーを追い越していく。人を抜くと気分も高揚する。順位を上げたことで、エイドステーションに着く頃には、これまでとはレースの様相が違ってきているのを感じた。もはやこれまでのように長い行列に巻き込まれることもない。ランナーの数も少なく、誰もがそれなりに速く見える。エイドステーションでも、長居する選手はいない。みんな食べ物をさっとつかむと、空腹のネズミみたいにモグモグと口を素早く動かして胃の中に落としこみ、すぐに出発していく。その時点ではわからなかったが、私は参加者二五〇〇人中、上位一〇〇〇人以内に入っていた。前を行くランナーがペースダウンする中で、さらに急速に順位を上げていた。

ここからは短めの上りをハイクアップで進んだあと、クールマイユールと中間地点まで長く急な下りが続く。三四時間での完走を目指していたトムとレイチェルは、正午までにクールマイユールに着く予定だと言っていた。まだ午前七時になっていない。私は計算を始める。なんと、予定よりも大幅に早く進んでいる。上りに向けて、ザックからポールを取り出した。サブ30という目標が現実味を帯びてきた。足取りを早めて斜面を上る。冷たい朝の光の中で、背後からモンブランが姿を現した。巨大な氷河が半ば崩れ落ちるように垂れ下がり、合間に覗く岩肌が巨大な城の櫓のように見える。だが私は足元に集中し、目の前の地面を食い荒らすような気合いで走った。山を齧り、噛み砕き、吐き出すように。

ところが、片方のポールが使えなくなるというトラブルに見舞われてしまった。私のポールは折り畳み式で、開くためには前に強く振らなければならないのだが、一本が機能しない。何度か引っ張ってみたがダメだ。でもそのときの私は、すっかりアクションヒーローになり切っていた。問題ない。一本だけでも大丈夫だ。壊れたほうのポールをリュックにしまい込み、そのまま丘を上り続けた。何も私を止められない。

実際には、ポール一本でも十分だった。むしろ、そっちの方が気に入ったくらいだ。一本のポールで歩いていると、杖を片手に山を歩く羊飼いになった気がしてきた。見守っているのは、羊ではなくウルトラランナーたちだ。みんな二本のポールを持ち歩き、それぞれの目標に向かって必死に丘を上っている。私はこの不思議な行動に駆られているウルトラランナーたちを哀れに思いながら、その番を続けている。

この白昼夢のおかげで、私は前に進み続けられた。とはいえ、それは様々な道具や準備が必要になるウルトラレースの世界に、私がまだ完全には馴染んでいないことを気づかせてくれるものでもあった。ロードランニングにある、ただ走るだけという純粋さや、身体の動きだけを気にかけていればいいという自由、A地点からB地点まで自分の身体ひとつでできるだけ速く移動するという単純さに比べて、ウルトラランニングは煩雑だという感覚が、まだ拭えていないのだ。

羊飼いの空想に浸かりながら、頂上に辿り着いた。もう日は上り、トレイルも乾いている。背中に太陽の暖かさを感じながら、帆に風を受けるように、クールマイユールに向かって舞い降り始めた。

麓の手前の、最後の急坂がある区間の直前に、エイドステーションがあった。ロックバンドが派手な演奏をしている。時刻は朝の八時。午後五時にシャンペ・ラックという場所でマリエッタと子どもたちに会う計画を立てていた。そこまで三五キロメートルしか離れていない。彼女に電話をかけた。

「すごく速いペースで進んでるんだ」電話に出たマリエッタにそう伝えた。自分の声に、興奮とエネルギーを感じる。「予定より三時間も前倒しで来てる。早めにシャンペ・ラックに向かってくれ。じゃないと会えなくなる」

「調子が良さそうね」彼女が言った。「大丈夫？　無理はしないで」

「大丈夫さ。これから、また得意の下りなんだ。じゃあ、またあとで！」私はそう言い、コースに復帰した。

クールマイユールの手前には、コース全体の中でも特に傾斜がきつく、テクニカルな区間が待ちかまえていた。ルートは木々のあいだをくねりながら進み、トレイル全体には木の根が渦巻き、大きな段差をつくっている。地面は乾き、砂煙が舞っていたが、私は懐かしのテレビアクションドラマ『爆発！デューク』の登場人物よろしく、時折雄叫びを上げながら、飛び跳ねるように下っていった。飛ばし過ぎているのではないかという気もしたが、少しペースを落としてブレーキをかけようとすると、脚に負担がかかるのを感じた。ブレーキ用の筋肉はレースの序盤に酷使して疲労しているので、力を抜いて速く走ったほうがむしろ楽だった。このようなレースでは、大腿四頭筋を傷めやすいとよく言われている。ムーブメントコーチのジョー・ケリーも、「ブレーキをかけるような走り方をしていると、大腿四頭筋に強い負荷がかかる」と言っていた。

だから下りでは、ブレーキはかけず、スピードを落とさずに、転がるように走った。湖水地方のフェルランナーたちは、「ブレーキも、脳もオフにして走れ」と言う。その通りだ。そのほうが速く、楽に走れる。

スタートから一五時間が経過した頃、中間地点手前のクールマイユールに快調に辿り着いた。このエイドステーションには、Tシャツや靴下、シューズなどの替えを入れた自分用のドロップバッグを用意していた。予定通り素早く着替えを済ませ、トイレに寄る。胃の調子も少し良くなったようだ。笑顔で周りの人たちとハイタッチしながら、ルートに戻った。これまでのところ、首尾は上々だ。

一方、男子レースの最前線では大きなドラマが展開されていた。キリアン・ジョルネが途中棄権したのだ。ジョルネはレースの数時間前に蜂に刺され、アレルギー反応を起こしていた。チームドクターは、禁止薬物が含まれている可能性のある薬物を使ってしまうことを警戒して、ジョルネがこれまで服用したことのない薬を与えた。ジョルネはレース後、クールマイユールまでは平気だったが、エイドステーションを過ぎて坂を上っているときに、呼吸が苦しくなり、胸の痛みや吐き気を感じるなどの激しいアレルギー反応が出始めたという。結局、そのまま続けるのは危険だと判断し、棄権することに決めた。

ウォルムズリーとジョルネという優勝候補の二人が消え、代わりに先頭に躍り出たのはザック・ミラーだった。ザックは荒い呼吸で全力疾走するその独特のスタイルで、懸命に走り続けた。だが、コースの最高地点を越えたあたりでテベナールに追いつかれた。二人はその後、ラ・フォリーのエイドステーションからシャンペ・ラックまで、しのぎを削りながら並走した。

「今にして思うと、僕は興奮して無理をしすぎたんだ」レース後、日曜日の夜遅く、シャモニーのバーのテラス席で、ザックは私にそう言った。三度目の挑戦となる今回のＵＴＭＢ、途中までの感触はこれまでで一番良かったという。しかし、シャンペ・ラックを目指してテベナールとザックが先頭で走る劇的な映像では、そのコントラストははっきりしていた。ザックは必死の形相で走っている。だが、テベナールは無理にザックの前にはいかずにチャンスを窺いながら、楽に流しているように見える。

シャンペ・ラックのエイドステーションで椅子に腰かけているザックの姿は、疲労困憊そのものだ。隣のテーブルのそばに立っているテベナールは、落ち着き払い、無駄のない動きで水分を補給し、上着を着替えている。ザックは面食らったような表情でそれを見ている。テベナールが先に出ていくと、ザックもよろめくように、足を引きずりながらエイドステーションを立ち去った。それから数時間、それまではなんとかごまかせたというザックの下腿部の怪我は次第に痛みを増していき、最終的には棄権を余儀なくされた。ザックはヘリコプターで山を降りることになった。「ヘリコプターになんて乗りたくなかったよ」とザックは残念そうに言った。「そんなの不要だと思った。だって、まだ歩けたんだから。ティムも同じ考えだった」。ティム・トレフソンもまた、再度転倒したことで棄権を決意した。このトップ争いにおける大波乱により、残る有力候補はテベナールだけになった。

ザックのクルーをしていたヒラリー・アレンは、レース後、私にこう語った。「彼は勝てると信じていた。私も彼が勝つと信じていたわ、特に前半までの展開を見守っていたときは。ザックは気持ちと情熱で走ってた。でも情熱が勝って、前半から飛ばしすぎてしまったんだと思う」ヒラリーによれば、ザックはシャンペ・ラックのエイドステーションに入ってきたときに混乱していたという。身体が痙攣していて、食べ物も口にできず、ほとんど走れなかった。「彼はそのとき、自分のレースが終わったのを悟っていたはずよ」

有力候補が軒並み脱落したことで思わぬ好位置につけたのが、ほかならぬダミアン・ホールだった。彼はいつものように無理をせず着実に順位を上げていた。午前九時の段階で七位になり、さらに快調に走り続けた。エイドステーションでは自分を撮影しようとするカメラマンにポテトフライを手渡し、紅茶を飲み、イギリスみたいな今日の天気が好きだと冗談を言った。彼のイヤフォンでは、フィル・コリンズとケイト・ブッシュの曲が再生され続けていた。

クールマイユールを出ると、疲れて、身体がこわばってきた。このエイドステーションでは、長居しすぎてしまった。ベンチには空いてる場所を見つけられず、私のことを知っていたマーティンというイギリス人男性の向かいに座ることになった。私がロンドンの日本コミュニティで、駅伝をテーマに講演をしたときに、会場で話を聞いていたらしい。マーティンは昨年のUTMBにも出場したが、途中で足首を切り、化膿してしまったので、シャンペ・ラックで途中棄権したのだという。そして、その雪辱を果たすために再びこのレースに出場した。

完走できず、それがどうしても納得できずに同じレースに戻ってくるランナーは珍しくない。レース後のほとぼりが収まると、後悔が沸き上がってくる。「序盤はもっとゆっくり走るべきだった」、「途中でもっと食料を補給しておけばよかった」。完走できなかった理由が、はっきりわかるような気がしてくる。日の光の下で冷静に考えると、次回に同じミスを繰り返さないのは簡単だと思える。痛みや苦しみ、葛藤、疑念、絶望などの記憶は都合よく忘れてしまう。「次はもっと水分を補給しよう」、「自分のペースを守ろう」。マーティンにとって、それはヘッドライトだった。前年はヘッドライトの光が弱くて、それが原因で転倒してしまった。いずれにせよ、彼は何かを思案しているようだった。私が到着したとき、彼はすでにこのエイドステーションに一時間いると言った。

「そろそろ行かないと」と彼は言った。「なぜ自分がまだここにいるのかわからないんだ」

「でも、順調じゃないか」と私は言った。「もう半分の地点に来てる」

彼は私を見た。「正確には半分じゃないよ。みんなおおざっぱにそうは言ってるけど、まだ八〇キロメートル地点だ」

腹にパンチを食らったみたいな気分だった。平静を装ってはいたが、急に焦りが出てきた。この体育館の椅子に座っているあいだにも、刻々と時間が過ぎていく。スープを一杯手に入れたが、熱くて飲めない。両脇にはランナーが座っていて、靴下を履き替えたり、ザックの中身をまさぐったりしている。早く走り始めなければならない。中間地点はここからさらに五キロメートル離れている。しかも、すべて上り坂だ。到着する頃には、真昼近くになっているかもしれない。トムとレイチェルが中間地点の目標時間にしていたのと同じくらいの時刻だ。

クールマイユールを出たあとに上り始めた丘は急で、このレースで初めて沈み込むような疲れを感じた。ラヴァレードや南フランスでのレースの記憶が何度もフラッシュバックする。思い出すのは、レースで体験した最悪な部分や、永遠に続くように思われた区間のことばかりだ。心はすでに散り散りになっている。修行僧のような集中力はもうない。レース前夜にシャモニーのカフェで話をしていたとき、ソンドレが「ゴールのことばかり考えてしまうのが自分のよくないところだ」と言っていたのを思い出した。私は、なぜそれが問題なのかを尋ねた。フィニッシュすることを考えれば、モチベーションが高まるのではないのか？　ソンドレは、なぜそれが問題なのかをうまく説明できなかった。でも今の私には、その理由がよくわかった。私はこのレースで、ずっとフィニッシュのことを考え続けていた。だが、ゴールはまだはるか先なので、逆に残りの距離の長さをプレッシャーに感じるようになる。それは大きな嵐のように目の前に立ちはだかり、荒々しく向かい風を吹き付けてくる。だから、足を止めてその場に座り込んでしまいたくなってしまうのだ。

結局、これは〝余計なことを考えず、目の前の瞬間に集中すべき〟という基本的な考えにつながる問題だった。私はもう一度集中する必要があった。音楽を聴いてみようとしたが、それはそれで気を取られてしまうように感じた。だから、イヤフォンを外して歩き続けた。

数時間後、アルヌーヴァのエイドステーションに到着した。スタートから九五キロ地点。コースの最高地点である伝説のグラン・コル・フェレットまでの急な上りの始まりだ。食料を補給するために大きな白テントに入ると、係員が手を上げて言った。

「フィン、ここからはロングレギンスが必須だ。頂上はとても寒い。摂氏マイナス一〇度になる」

アルヌーヴァまで降りてきたとき、前方にそびえ立つ山々を何度も見上げた。怒り狂って波打つ黒い雲が、岩だらけの露頭を覆っている。摂氏マイナス一〇度の中でこの山々を上っていくのを想像すると気が遠くなった。しかしそれを受け入れ、前進し続けなければならない。

テント内は、レギンスや防水ジャケット、帽子を身に着けようとするランナーでごった返していた。私も手持ちのウエアをすべて身につけ、再び外に出て、前を行く数人の列を追いかけた。やがて彼らの姿はカラフルな点のように小さくなり、雲の中に消えていった。自分の脚であんなに遠くまでいけるとは思えなかった。それでもゆっくりと着実に、一歩ずつ歩いていった。永遠と思えるほど長い時間がかかった。

時折、エネルギーが湧いてきて、足取りが速くなり、急斜面の、人の足跡がほとんどない部分を通って前のランナーを追い抜くこともあった。でも、その勢いは長くは続かなかった。

頂上では雲が荒れ狂っている。風に吹かれて、目の前の急斜面の下に突き落とされそうになる。夜でなくてよかった。暗闇なら、死の淵がどこにあるかが見えなかったはずだ。風に逆らい、尾根を越えて頂上に辿り着いた。なぜか男がひとり、ガラス張りのボックスの中に座っている。喉が渇いていたので、手振りで何か飲みたいと伝えると、彼は水のボトルを手にしてボックスの中から出てきてくれた。感謝の言葉を伝え、反対側を下り始める。

スピードを出しても出さなくても、下りで使う脚の筋肉はもうかなり疲れている。それでも、なんとか前に進み続けた。谷底にあるラ・フーリー村に到着するまでに、一時間かかった。午後六時。スタートから二四時間が経過している。最後の平坦な区間をエイドステーションに向かおうとするが、走れない。ヒューズが飛び、脚がボロボロになっている。歩くのがやっとだ。

エイドステーションは狭い納屋で、ランナーで混雑していた。ベンチとテーブルがいくつか置いてある。なんとか中に入り、座る場所を見つけた。

「やあ」

見上げると、また隣にマーティンがいた。

「エイドステーションに来ると、しばらく動けなくなってしまうんだ」と彼は言った。すこしぼうっとしているようだ。私は座席に深く腰を下ろした。これまでのエイドステーションで感じていたような切迫感はもうなくなっている。レースをやめたくなってきた。横になりたい。

「でも、まだ関門まではかなり時間がある」マーティンが言った。

私は壁の掲示に目をやった。あと五時間でここのコースは閉鎖され、その時点でこの場所に到達していない者は失格になる。今まで、関門のことはまったく考えていなかった。フィニッシュ地点の最終関門は、スタートから四六時間三〇分後に設定されている。レース前の私の計画では、その頃にはとっくにフィニッシュし、食事をして、寝て体力を回復させ、息子のオシアンとチェスをして、アイスクリームを一ダースは買っていることになっていた。それなのに、なぜ私はマーティンと関門の話をしているのだろう？　とはいえ、そのことについて考えれば考えるほど、サブ30という目標からかなり遠ざかってしまったことを自覚せざるを得なくなってきた。

「また雨が降ってきた」マーティンが納屋の扉の外を見つめながら言った。外を見ると、空全体が灰色になっている。私は軽く身震いした。まだ七〇キロメートル以上もある。地図上では、三つの大きな上りが残されている。マーティンにどんな上りなのかを尋ねてみた。

「かなりきついよ。このレースの中でも、最悪な部類に入るね。そろそろいかなきゃ」彼はそう言って立ち上がった。

「そうだね」私はなんとか彼を励まそうとした。「頑張って！」

彼は去っていった。私は意気消沈していた。納屋には大きなスクリーンが設置され、選手を励ますようなメッセージを含む映像が大音量で再生されていた。白いソファに母親と小さな子どもたちが座っていて、フランス語かイタリア語で騒いだり、笑い合ったりしている。私は寝る必要があった。ランナー仲間のゲイリー・ゲリンは、「ウルトラレースでは、睡眠不足は致命傷になる」と言っていた。たった二分間の仮眠でさえ、大きな効果がある。日本人ランナーが数人、椅子に座ったままザックを枕代わりにしてテーブルに突っ伏して寝ていた。私もテーブルにザックを乗せ、その上に頭を置いた。

納屋の中は騒々しく、人が歩き回るたびに振動で揺れた。私は目を開けた。眠れない。でも動けなかった。近くに立っていたランナーが、大きな声で、隣にいる妻にロシア語で何かを話している。彼女はいらいらしているようだ。一六歳くらいの若い男性の係員がやってきて、彼女にここにいてはいけないと伝えようとした。

「私はもう終わりだ。ここでやめにする」とロシア人の男性が言った。妻は眉をひそめた。

「棄権するということですか?」と少年は少し戸惑いながら尋ねた。

私は疲れていたので、目をそらすこともせずにその様子を子どものように直視していた。男性が吐いた〝ここでやめにする〟という言葉が、私の頭の中で大きな岩のように留まり続けた。その考えは誘惑的だった。私も、その気になればここですべてを終わらせることができる。脱出ボタンを押すだけでいい。簡単だ。

ロシア人の男性は、ゼッケンを外してスタッフに渡した。妻は怪訝な顔をしていたが、彼はただ肩をすくめた。私には彼の気持ちがよくわかった。続けるかどうかを、誰かに決められる筋合いなんてない。もう、自分しか決断できないところに来ている。コースの難易度が高く、完走者がほとんどいないテネシー州の一〇〇マイルレース「バークレー・マラソンズ」を描いたドキュメンタリー映画の中で、ほとんどのランナーが途中棄権した後で、レースディレクターのラザラス・レイクはこう語っていた。「このレースでは、ある時点以降、ランナーそれぞれが成功か失敗かを自分自身で判断することになる」

私はこれまでの一年半、八つのウルトラレースに出走し、すべて完走してきた。だから、一度くらいは途中棄権《DNF》したっていいはずだ。気づくと、もう一時間近くもこのエイドステーションに留まっていた。マリエッタに電話をしようと携帯電話を取り出す。彼女はもう何時間もシャンペ・ラックで子どもたちと一緒に待っているに違いない。まだそこにいるだろうか？　子どもたちが退屈して不機嫌になったので、シャモニーに引き返したりはしていないだろうか？　何しろ今朝は、マリエッタに電話をして、午後一時にはそこに着くかもしれないと豪語してしまった。なのに、もう午後七時近くになっている。シャンペ・ラックまで、あと一四キロメートルもある。電話はつながらなかった。私は今スイスにいる。この国はEUの非加盟国なので、無料通話が可能になるローミングシステムには参加していないということらしい。画面に「通話をするには、アプリをダウンロードして設定を変更する必要がある」旨の通知が表示されたのを見て、私は携帯電話をポケットにしまい込んだ。そして、あらためて考えてみた。シャンペ・ラックまではあと一四キロだが、ほとんどは緩やかな下りだ。三時間もあれば歩けるだろう。そして、そこで棄権すればいい。夕暮れに、素晴らしい家族と共に、湖のほとりで、このウルトラランニングの冒険を終わりにする。そのほうが、ここでレースを止めるよりも、エンディングとして美しいものになるはずだ。シャンペ・ラックは、一二〇キロ地点にある。十分に頑張ったのではないだろうか。私は常にヒーローにはなれない。私はそんな人間じゃない。そもそも、誰にも自分の能力を証明する必要なんてない。私は弟のゴビンダが、リング・オブ・ファイアでのFKTの試みをやめたときのことを思い出した。彼は、「僕は、自分が誰かを知ってるから」

と言った。その通りだ。私も、このレースを途中で棄権したからといって、自分が自分でなくなったりはしない。これはただのレースだ。完走しようがしまいが、私は私だ。

私はベンチから身体を起こし、ザックを背負った。たったの一四キロメートルだ。行こう。

コースに復帰すると、ヒーロー気分が高まってきた。沿道にいた何人かが拍手をしてくれた。私があと一四キロメートルでリタイアしようとしていることも知らずに、「ブラボー！」と励ましてくれる。

だが、二分ほどするともう引き返したくなった。歩いてシャンペ・ラックに行くことすら、もう嫌だと思ってしまう。誰かが車で送ってくれるはずだ。きっとそうだ。

しかし、雨は止んでいた。何人かが拍手をしてくれた。何とか気を取り直し、踵を返して正しい方向に歩き始めた。

マリエッタは、私を完走させようとするだろう。トゥーティングの陸上用トラックでの二四時間レースで、私が疲労困憊になりながらも、最後に復活して全力疾走したときのことを思い出させようとするだろう。私はあの日、今後は二度と〝もう自分は終わりだ。復活できない〟などとは考えないと誓った。だけど——。私は心の中で、彼女に向かって、自分自身に向かって、繰り返した。だけど、だけど、だけど——。ここは、ロンドンの陸上競技場とは違う。アングルシー島の海岸沿いの小道でも、カリフォルニア州の海岸沿いの丘の最後の一〇マイルとも違う。たしかに以前のレースでは、私はギリギリまで追い込まれながらも最後に蘇った。だけど今回は、まだ七〇キロメートルも残っている。しかも、巨大な山々を、凍えるような寒さの中、眠らずに二日目の夜を迎えた状態で進んでいかなければならない。南フランスでのレースでは、二日目の夜に幻覚を見た。あのとき、私は極限状態を経験した。再び同じ状態に陥る必要はない。また幻覚を見るかもしれないと思うとぞっとする。幻覚のせいで、足を踏み外して山の急斜面から転落してしまうかもしれない。

できるだけ思い出したくはなかったのだが、どうしてもある本のことが頭に浮かんできた。それは、ウルトラマラソンのビッグレースに向けて練習をしていた男性が、その体験談を書いた本だった。本の終盤、彼はレースに出場する。だが、完走はできない。怪我をしたわけではないし、死んでしまったわけでもない。ただ、辛くてギブアップしてしまったのだ。私はそれを読んで、とてもがっかりした。ウルトラマラソンに出場することをテーマにした本を書いて、最後まで読者を付き合わせて、その挙げ句に「辛くて完走できませんでした」といって話を終わらせるなんて、あまりにもひどくはないだろうか。かなり腹が立ったし、自分の本は絶対にそんな終わり方にしないとずっと心に誓ってきた。けれども、読者のみなさんには申し訳ないが、私は本当に疲れ果てていた。脚はもう壊れている。どうか理解してほしい。この状態で、夜に四〇マイル〔六四㎞〕もこの山を移動するのは、とてもではないが安全ではない。読者には悪いと思いつつ、私は歩きながら、もうどうにでもなれと思った。誰が気にするというのだろう？　これはただの本だ。自分の命のほうがよほど大切だ。ごめんなさい――。

美しいフェレット渓谷に沿って進むと、木の根につまずき、そのまま脚を変な角度で曲げてその場に座り込んでしまいそうになる。それは私が置かれている状況をよく物語っていた。一歩踏み込むたびに、また大腿四頭筋が死んでいく。しかも、ここは勾配がなだらかな場所だ。夜間に急な下り坂でつまずいたらどうなるだろうか。それは無責任だ。やめるしかない。

一瞬、ネガティブに考えすぎなのかもしれないとも思った。心に支配されているのかもしれない。疑心暗鬼のせいで弱気になっているのかもしれない。「自分の強さに目を向けろ」と再び自分に言い聞かせ、走り出した。あと七〇キロメートルもあることも、夜であることも忘れて、今ここに集中しよう。ほんの数秒間、脚を楽に動かせた。私は走っている。もしかしたらこのままいけるかもしれない。もしかしたら――。

でもダメだった。疲労は極限に達していた。これはつくりものの痛みではない。本物の疲労だ。心が限界をつくり出すこともある。だが、走り続けていれば、ある時点で本当の肉体的限界に到達するはずだ。私はまさに持久力の限界にいた。そこは道の端の崖っぷちだった。素晴らしい旅だった。でも、本当にここで終わりだ。

もう決まりだった。私は一〇〇%確信した。シャンペ・ラックのエイドステーションに立ち寄って、そこで棄権する。マリエッタも理解してくれるはずだ。彼女だって、私に死んでほしくはないだろう。命をかけてまで、走り続ける意味はない。

周りのランナーたちも同じように疲れているようだ。私は何人かのグループに加わって、次の山を少し上ったところにあるエイドステーションまでの最後の数マイルの道のりを、一緒に歩くことにした。そこが自分のレースの終わりだと思うと、最後の気力を振り絞ることができた。同時に、周りのランナーが哀れにも思えてきた。きっと彼らも、途中で脱落するに違いない。このまま進み続けたとしても、明日の朝遅くまでにはゴールできないだろう。きっと彼らはその事実を直視できないのだ。

私は、彼らももうじき足を止めるはずだと確信した。先に進むなんて狂気の沙汰だ。そんなことを考えていたら、また木の根につまずいた。ほらみろ、私は独り言を言った。

この地の果てのような場所でのレースのすべての上りがそうだったように、ここでも予想よりも長く上りが続いていた。薄明かりの中で、木々のあいだから建物が浮かび上がってくるのが見えた。だが近づいてみると、それは建物ではなかった。ただの木々と岩だった。

やがて、舗装路に出た。そして、そこには私の家族がいた。道端に、マリエッタと娘のウマ、息子のオシアンが立っている。私は両腕を広げた。これで終わりだ。「やったぞ！」私は叫んだ。「ついに！」

彼らは黙って私を見つめ返している。〝何があったの？〟とでもいうように。

それは家族ではなかった。三人の見知らぬ女性が、怪訝そうな顔で私を見ている。

「ごめんなさい。人違いです」落胆したが、なんとか堪えながら女性たちに謝った。

そのとき、「アダーナン！」という呼び声がした。本物だろうか？　本物だった。マリエッタだ。オシアンも一緒にいる。私はもがくように彼らのもとに歩み寄った。ふたりは私の左右の肩をそれぞれ支えてくれた。

「ここでやめる」と声を詰まらせながら言った。「もう続けられない」

「パパはすごく頑張ってるよ」とオシアンが言った。私は小さな彼を見下ろした。それは彼なりの精一杯の優しい言葉だった。

「ダメだ」私は言った。「疲れすぎて脚が動かないんだ」

「とにかくエイドステーションに行きましょう」とマリエッタが私をなだめながら言った。「何か食べないと」

「いや、そうじゃない。今回は、これまでとは違うんだ」私は彼女に、これはロンドンの陸上競技場のレースのときとは違うと説明した。これ以上続けるのは危険だ、と。それでも、彼女は私をエイドステーションに連れて行き、私を椅子に座らせると、娘たちを呼びに行ってしまった。

隣に座っている男を見た。マーティンだった。

「マーティン!」

「やあ、調子はどうだ?」

「もうやめる」私は言った。「ほとんど歩けないんだ」

「怪我をしたのか?」

「いや。でも、大腿四頭筋がいかれてしまったんだ。完全にね。一歩も下れない」。一歩も下れないというのはやや誇張だった。でも、ほぼ事実だった。彼は前のエイドステーションで会ったときよりもさらに疲れて呆然としているようだった。じっと私を見つめている。

「そうか。それは大変だ」と彼は言い、「でも……」とためらいがちに続けた。「明日、目が覚めたときに、〝最後まで走ればよかった〟とは思わないかな? 〝頑張れば続けられたのに〟って」

「ううん。そうは思わないだろうね」私は、この痛みは一生忘れられないと思った。「もう完全に脚をやられてしまったから」

彼は同情して頷いた。「それなら、しょうがない」

マリエッタが戻ってきて、「こっちに来て。子どもたちがいるから」と言い、私を導いた。

シャンペ・ラックのエイドステーションは、ベンチが何列も並んだ巨大なテントだった。中は騒々しく、緊迫した空気が流れている。どことなく世界の終末を思わせるようなダイニングホールの真ん中の家族席で、私は自分の人生の三つの光と合流した。

足を引きずりながら近寄ると、皆が私をしっかりと抱きしめてくれた。座れる場所を探して腰を下ろす。みんな、私を褒めてくれた。ウマが私の腕をさすってくれる。オシアンがまた抱きしめてくれた。

「パパならできるよ」ウマが言った。

「無理だ」私は涙を堪え、頭を振りながら言った。

「できるよ」とオシアンが言った。「みんな、パパならできるって思ってる」

涙がこぼれた。私はむせび泣いた。

「ときには、途中でやめたっていいんだ」私は言った。「うまくできないこともある。それでもいいんだよ」

向かいの席にいた人たちが、ウマとオシアンの愛情に感動しながら私たちを見守っていた。ウマが私を強く抱きしめてくれた。

「大丈夫よ」ウマはそう言って慰めてくれる。「パパはすごく頑張ってる」マリエッタが、甲斐甲斐しくコーヒーやスープを勧めてくれる。でも、もう終わりだ。何を飲んだり食べたりしたところで、どうしようもない。

「少し仮眠を取ったら、気分が良くなるかもしれないわよ。ここにはベッドがあるわ」

もう遅い時間だ。「寝たら身体がこわばってしまうよ」と私は言った。「でもマッサージなら、効き目があるかもしれない」

そう言ったあとで、彼らに誤った希望を与えてしまったことに気づいた。マリエッタはさっそくマッサージテントを探しに行った。しかしこのクレイジーなレースはまだ四〇マイル〔六四km〕も残っている。凍えるような夜に、幻覚を見ながら、ひとりで山の中を進まなければならない。怖い。それはマッサージでは治らない。もうダメだ。もう終わりだ。

長女で一四歳のライラは、私がここに到着したときから何も言わずに静かに座っていた。私は、彼女は自分の味方だと信じていた。黙っているのは、すべてを馬鹿げたことだと考えていて、早くここを出てシャモニーに戻りたいと思っているからなのだ、と。

「ライラはどう思う？」私はそう尋ねてみた。

彼女は何かを考えているような様子で私を見た。

「トムとレイチェルは？」とライラは言った。「あのふたりは、もうすぐここに来るはずよ。一緒に走ったらいいじゃない」

トムとレイチェル。すっかり忘れていた。ふたりはまだ走っているのだろうか？　頭の奥で何かが揺らめいた。大きく息を吐いた。考えもしなかった選択肢だ。ライラを信じてみるか。彼女は、いつも人とは違う視点で物事を考える。たしかに、トムとレイチェルがいればもっと安全に進んでいけるだろう。とはいえ、ふたりは今どこを走っているのだろう？　マリエッタが戻ってきた。マッサージテントを見つけたという。最後に確認したとき、トムとレイチェルは私より三〇分遅れていたそうだ。ふたりがいつ到着してもおかしくない。マリエッタに、急かすようにマッサージテントに連れて行かれた。簡易ベッドの上にそっと横たわると、痛くてたまらない大腿四頭筋を理学療法士が押したり揉んだりしてくれた。さらにもうひとり理学療法士がやってきて、左右の脚を一本ずつ、ふたりがかりでマッサージしてくれた。目を閉じていても、医療テントの白い光がぐるぐると回っているように感じる。

目を開けると、トム・ペインが上から私を覗き込むようにして立っていた。野生のライオンみたいな風貌をしている。彼は私の手を掴み、強く握りしめた。

「力を合わせよう」彼が言った。握られた手から、強いパワーが伝わってくる。身体の中に、エネルギーが押し寄せてくるようだ。

「一緒に走ろう。そうすればなんとかなる」

トムは以前にもこのルートを走ったことがある。このレースのことをよく知っている。彼と一緒なら安全だ。でも、私は正気なのだろうか？　本当にまたルートに戻り、限界に向かうつもりなのか？

トムが席を外した。マリエッタが戻ってきて、優しく佇みながら、私の一言を待っている。マッサージが終わった。私は立ち上がった。おかげで脚の調子は格段に良くなっている。

「オーケー」私は言った。「続けよう」

私がシャンペ・ラックに到着するずっと前に、上位のランナーたちはすでにゴールし、宿舎に戻ってシャワーを浴び、シャモニーで夕食を楽しんでいた。ザックが脱落したあとは、グザビエ・テベナールが最後までトップを快走し、三度目のUTMBタイトルを獲得した。グザビエはゴール直前で後ろを振り返ると、リュックからウォーターボトルを取り出し、頭にかけてみせた。それはハードロックで人から水を受け取り、失格になってしまったことへの、彼なりの思いを表現した仕草に見えた。物静かで、見た目も若く、一四歳くらいに見えるが、この勝利でその実力をはっきりと証明してみせた。

ハードロックで失格になったあと、グザビエは「わずかな水が、一〇〇マイルレースの結果に影響を与えると思われているなんて」とこぼしていた。だが、シャモニーで称賛を浴びている今、そんなことはもはやどうでもいいと思っているようだった。

その数時間後、ひたすら着実に脚を動かし続けてきたダミアン・ホールが二二時間でフィニッシュし、五位に入賞した。アンダードックは、夢を叶えた。三〇代後半のとき、記事を書くためにウルトラランニングを始めたジャーナリストが、今ではこのスポーツのトップレベルに位置するアスリートになっていた。翌日、多数のメディアのインタビューを受けているダミアンからは、いつものイギリス人らしい控えめさは薄れ、ウルトラランニング界のスターとしての雰囲気が醸し出ていた。トラッカーキャップが、普段以上に似合っていた。

一方、私たち小さな三人の探検隊は、これから控えている行程のとてつもなさを忘れるかのように、冗談を言い合って笑い、お互いの存在に励まされながら、二日目の夜に突入していった。

三人で一緒に暗い山に向かっていく。私たちはそれぞれ、浮き沈みを感じながら走った。誰かが止まる必要があるときは、みんなで立ち止まった。レイチェルが道端で岩を枕にして、五分間だけ仮眠をとったこともあった。トムが目覚ましをかけ、私と一緒に座って待った。

道のりは、私が恐れていたよりも長く、険しかった。一歩進むごとに、脚が泣き叫んだ。トムは、自ら睡眠不足で辛い状態であるにもかかわらず、私たちをおだて、励ましてくれた。

私とレイチェルは同じ幻覚を見続けていた。至る所に建物が見えるのだ——小屋や山荘、テント、電話ボックスまで。それらが目の前に現れるたびに、「なんでこんなものがここにあるんだ?」と疑問に思う。こうした建物が、こんな山の上にあるのは不自然に思える。それなのに、とてもリアルに見える。

毎回、あと少しで手に触れられるところまで近づいてみると、それが実際には存在しないことに気づいた。不思議だったのは、それが幻覚であり、建物はないと気づいたときも、実際には何と見間違えたのかがよくわからなかったことだ。幻覚だと気づくと、建物と思えたものが、曲がりくねり、ひしゃげた何かのように見え始める。だが、通りすがりに手を伸ばしてそれに触れようとすると、そこには岩や木しかない。奇妙だった。

数時間後、次のエイドステーションに向かう下りの途中で、私は自分のペースが落ち、かなりスローになっているのに気づいた。トムとレイチェルの足手まといになっているように思えたので、先に進んでもらうように伝えた。ふたりは私を救ってくれた。私はもう、大丈夫だ。危機は去った。もう、〝ここでやめてしまおうか〟という疑念に駆られたりはしていない。疲労を感じながらも、ゆっくりと歩を進めていけば、いずれはゴールに辿り着けると確信している。オーストラリアにいるレイチェルの父親は、インターネットで彼女の進捗をつぶさに確認しているはずだ。レイチェルも、精一杯のレースをして、父親に誇らしい気持ちになってもらいたいと思っている。私のせいで、彼女を遅らせるわけにはいかない。

あとで知ったのだが、私の両親も、イギリスのブライトンで私を応援するための身内の集まりを催していた。それまでUTMBやウルトラランニングのことなど聞いたこともなかったような人たちが、それぞれの携帯電話で私の進捗を確認し、画面上に表示される点の動きに一喜一憂していた。私がチェックポイントに着くたびに、歓声が上がり、ビールとワインで乾杯していたそうだ。

トムとレイチェルは私を置いて先に行くことに同意してくれた。私は彼らの姿が消えていくのを見上げながら、また一人で暗闇の中を上っていった。恐ろしく険しい上りだった。このレースでも屈指の難所だ。だが、私はもう打ちのめされるような状態は脱していた。今はただ、動き続けることだけに集中している。ここが痛みの洞窟だ。ウルトラランナーたちが自分自身の限界を探ろうと、掘り進んでいく場所だ。この洞窟の中で、私は苦しみながらゆっくりと前に進んでいた。重力から解放されたように軽く、何も考えられない。時間は存在せず、重要でもない。何かを見つけようとするのではなく、ただ進み続けなければならないという思いに駆られながら、ゆっくりと掘り進んでいく。不思議なくらいに平和な気分だ。

上へ、上へ、ゆっくりとした足取りで、ポールで地面を突き刺しながら登っていく――壊れていたと思っていた一本も、再び使えるようになっていた。死にそうに疲弊した、傷だらけの獣のように。それでも自分の中には、横たわって死ぬことを拒む何かがあった。

山の中腹で、息を整えるために岩の上に腰をおろした。あまり長引かないように気をつけた。疲れも、寒さも、こわばりも、動くことですべて抑えている。

静寂の中、闇の奥から何かを引っ掻くような音が聞こえてきた。光や脚が、ゆっくりと前後に入れ替わりながら近づいてくるのが見える。五人のランナーが、身体を引きずるように一列で向かってきた。まるで悪霊の行列だ。そのうちの一人が、仲間に入るように手招きしてくれた。手を軽く振るだけの、ごく簡単な動作だ。彼にはそれ以上のことをする気力がないのだ。〈こっちに来て、仲間に入れ。自分を救え〉――その仕草は、私にそう伝えていた。

列に加わり、彼らのリズムに合わせて脚を動かした。頂上に達すると、木々のあいだから夜明けの光が見えた。レース三日目の朝だ。青く染まり始めた空を背景に、聳え立つ山々が荘厳な姿を現した。下の谷間を霧が蛇行している。今日の山々は穏やかに見え、空も静かに澄み渡っている。嵐は去ったようだ。

下りでは、何とかまともに身体を動かせた。速くはないが、壊れてもいない。痛みに耐えながら、ジャンプし、スキップし、ポールに体重をかけて少しでも脚への負担を減らそうとした。下り終えて石だらけの道を進み、森の中に入った。木々のあいだを慎重に前進していると、道沿いの岩に座り、ひどく疲れた様子でポールに寄りかかっている人影に出くわした。マーティンだった。

「マーティン」私は言った。彼は私を見て驚いた。

「まだ走ってたのか」と彼は言った。すねがひどく痛み、動くのに苦労しているという。私に追いつかれたくらいだから、きっと相当に痛いのだろう。私は何をしてあげればいいのかわからなかった。

「先に行ってくれ」と彼は言った。「自力でなんとかするから」

谷に下るにつれて暖かくなってきた。木々のあいだから、カウベルの音や人々の歓声が漏れ聞こえてくる。エイドステーションが近づいているのだ。だが、なかなか近づいてこない。ずっと遠くにあるような感じがする。もう一つ丘を越え、もう一本道を進んだ。次第に、絶望的な気分になってきた。いつまで経っても辿り着かない。希望を捨てたとき、ようやく到着した。

ヴァロルシーヌは最後の大きなエイドステーションだ。ここからゴールまでは一九キロメートル。ゾンビのように周りを見渡しながら中に入る。もう午前八時前。レース開始から三八時間近く経過している。トムとレイチェルが、エアヒーターの前で床に座っていた。ふたりは震え、混乱しているように見える。

「あの最後の道、最悪だったでしょ？」とレイチェルが言った。「本当にひどかったわ」

私は彼女がどの道を指しているのか、わからなかった。どれも同じようなアップダウンだったからだ。いずれにしても、レイチェルの脚はボロボロになっていた。ラ・フーリーでの私と同じ状態だ。でも今は、上りはあと一つしかない。彼女はフィニッシュできるだろう。お父さんも見守っている。私たちは最後にまた、三人で一緒に進むことにした。

シャモニーに戻る道に足を踏み入れるまで、それから五時間もかかった。レイチェルは私以上に疲労困憊になり、前に進めなくなっていた。だが、ここまで来たら一心同体だ。私たちはチームとして、一緒に進んだ。町に入ると、三人横並びになって走った。それはランニングと呼べるものだった。不思議なくらいに楽に感じた。速くはない。でも、走るのも話すのも楽だ。自分自身を隣で観察しながらジョギングしているみたいだ。

最終区間に入ると、沿道は歓声に包まれた。こんなに時間がかかってしまったのは少々恥ずかしかったが、人々は嬉しそうに祝ってくれている。ゴールに近づくほど声援は大きくなる。私たち三人は笑顔でお互いを見た。優勝者が到着してから二二時間以上が経過しているが、それでも観客は歓声を上げている。その光景に圧倒された。

そして、ウマとオシアンが私を待っているのを見つけた。

「こっちにおいで」とふたりに声をかける。私のチームだ。オシアンが私の手をつかんだ。ウマがもう一方の手を取り、私とトムのあいだに入った。私たちは五人で手をつないで、大歓声のトンネルの中を走った。優勝したみたいだ。

そして、私たちはゴールした。全員で両手を挙げながら、フィニッシュラインを越えた。私たちは成し遂げた。奈落の底から生還した。マリエッタがいる。ライラもいる。トムとレイチェルの友人たちもいる。歓喜の中で抱き合い、笑い合い、写真を撮り合う。ついにすべてが終わった。もう走る必要はない。どこにも行かなくてもいい。私たちはここにいる。

19　痛みの洞窟の先に

フィニッシュした後、そのままトムとレイチェルと一緒にフィニッシュ地点の裏の芝生に座って、しばらくビールを飲んだ。三人とも言葉数は少なかったが、辺りを人々が歩き回る中、ランナーたちが歓声を浴びてフィニッシュラインを越えていく様子を眺めながら、その時間を満喫した。その後、私たちはキャンプ場に戻った。私はまだ夢の中にいるようで、幻覚が見えていた。オシアンがそんな私を面白がっていた。トイレ棟から戻ってきたとき、私はオシアンを近くにいた牛からそっと引き離した。オシアンは「牛？　牛なんてどこにいる？」と周りを見渡しながら、私が本気かどうかを確かめようとしている。ウマとライラを見つけると、キャンプ場に響き渡るような大声で、「お〜い！　パパはまだ幻覚を見てるよ！」と叫んだ。そしてまた私を見て言った。「ねえパパ、今は何が見えてる？」

シャワー室では、誰かが入ってきて仕切りの一つに入り、ラジオをつけるのが聞こえた。私はそこに立って、半分震えながらそれを聞いていた。シャワーの湯が期待したほど温かくも、勢いよくもなかったからだ。キャンプ場のシャワーにラジオを持ち込むなんて奇妙だと思った。ビージーズの曲が流れていたが、しばらくすると、同じ曲が何度も繰り返されていると気づいた。しかも、同じ曲だけであるだけでなく、曲の同じ部分が繰り返されている。私は耳をそばだてて、歌詞を聞こうとした。

さらに耳を近づけていくと、それがビージーズの曲ではなく、ただのシャワーの音だったことに気づいた。

私は、ジャーナリスト仲間でウルトラランナーのキーラン・アルジャーが、イタリアのラヴァレード・ウルトラで途中棄権したあと、ホテルで歯磨きをしていて、〝完走すればよかった〟と後悔したという話をしていたのをよく覚えている。彼が、そのまま走り続けられたらよかったのにと思う。痛みの記憶は、あっという間に消えてしまうものだから。

マリエッタも、子どもたち三人と一緒に待っていてくれたシャンペ・ラックの最後のエイドステーションで、私に言った。途中でやめたら後悔するわよ、と。

そのときの私は、後悔なんてしないと思った。棄権しても、〝あのまま走り続けるのは不可能だった〟と考え続けるだろう、と。自分がどれだけボロボロになっていたかを、忘れたりはしない。あの瞬間は、そう信じて疑わなかった。

でも、もし本当に棄権していたら、すぐに後悔していただろう。その夜ベッドに入ったとき、心の底で〝頑張れば続けられたはずだ〟と考えたに違いない。怪我はしていなかった。病気でもなかった。まだ他のランナーが山を走っているのを想像しながらベッドに横たわるのは、ひどく辛かったに違いない。トムとレイチェルがまだ走り続けていることを知りながら、どんな気分で眠ればいいのだろう。あのマーティンも、呆然とし、混乱し、エイドステーションでしばらく動けなくなりながらも、それでもレースを続けていた――彼は最終的に、四五時間半でゴールした。

振り返ってみると、私のレースは突然、崩壊した。ラ・フーリーのエイドステーションで、あのロシア人男性が棄権するのを見て、自分も走るのをやめてしまいたいと思ったとき、私は実際にはかなり快調なペースで進んでいた。このレースでの自分の最高位である、八〇〇位あたりにいた。しかし、なぜかそこですべてが変わってしまった。私が油断していたのを察知したのか、私の心が素早くワンツーパンチを打ってきたのだ。トレイルが混んでいたため、序盤から下りでブレーキをかけ続けたせいで、大腿四頭筋がやられていた。ラヴァレードでは自由に走れたので、そのような状態にはならなかった。しかしこのレースではどうしようもなかった。それに、まだ七〇キロメートル以上も残っていた。ボロボロの脚には長すぎる。マーティンから関門の話を聞いて、さらに動揺してしまった。時間を気にし始めたことが、私をさらに弱らせた。〝今、この瞬間〟に留まれなくなってしまった。しかし、決定的なキラーパンチを食らったのは、二日目の夜に直面した危険だった。それは死と隣り合わせの危険だった。今振り返るとすべてがドラマチックに思えるが、私の心は、軽いジャブでは私を倒せないと知っていたのだろう。だから、「死」というノックアウト狙いの一撃を真っ向から打ち込んできたのだ。

それから数週間、私たち家族はそのことについて冗談を言った。子どもたちは、私が「死にそうだ！」とむせび泣いていたと言って笑う。もちろん、そこには優しさもある。彼らは、あの状態から走り続けるのが簡単ではなかったことも知っている。さらに七〇キロも走るのは、本当にとてつもないことだった。

それが可能に思えたのは、トムが助け舟に乗って現れたときだった。私はこのレースで経験したことが、友人や人、仲間の力の大きさをこれほどまでに教えてくれるものになるとは思っていなかった。

私はラ・フーリーのエイドステーションから、遠く離れた場所にいる家族に、こうメールを送った。

「みんな、そこに行くまで少なくともあと三時間はかかる。身体が動かない。もうどうしていいのかわからない。今、ラ・フーリーというエイドステーションにいる。五分くらい眠ろうと思っている。携帯電話のバッテリーが切れそうだ。助けて！」

何らかの理由で、このメッセージは家族には届いていなかった。

いずれにしても、今これを読み返すと、独りぼっちでもがき苦しみ、助けを求めている男の姿が浮かんでくる。運良く私は次のエイドステーションで助けを得ることができたが、リング・オブ・ファイアのときに独りで苦しみ続けた体験のことを思い出してしまう。今回の私のウルトラランニングを巡る旅全体を通じて一番の辛かった経験を選ぶとすれば、それはアングルシー島での二日目の終わり、ランニングウェアを着たまま寝袋に潜り込み、村役場のテーブルの下で震えながら夜を過ごしたことだろう。ただし、それはこの旅で一番難しい瞬間だったわけでも、一番苦しんだ瞬間だったわけでもない。たったひとりでその辛い状況に向き合わなければならなかったことが、何よりも辛かったのだ。

人間は社会的な生き物だ。自分ひとりでは怖く、弱いと感じながらも、トムとレイチェル、そして家族の愛と優しさによって力を得たのは、原始的で、根源的なことだった。「一緒に走ろう。そうすればなんとかなる」とトムは言った。その一言で、私は瀬戸際から引き戻された。その瞬間、力が漲ってくるような気がした。大きな安心感も覚えた。三人で走っていければ、狼に襲われたりもしないと思った。

ＵＴＭＢの数週間後、五位になったダミアン・ホールに話を聞くことができた。世界トップクラスのウルトラランナーのひとりになったことで、人生は変わったかと尋ねると、彼は笑った。「ウィルトシャー・ガゼット紙にまでインタビューを受けたよ」

数社のスポンサーから水面下でアプローチされているが、人生を変えるようなオファーは期待していないという。これからも、本業は別に持ちつつ、勇気ある週末ランナーとしてウルトラランニングに関わっていければ幸せだという。

レース中にスランプを感じたり精神的な葛藤があったりしたのかと質問してみた。私はなぜか、ダミアンが何事もなく快適に昼も夜も走り続けたという印象を持っていたからだ。彼はこのレースをたったの二二時間で完走している。だがもちろん、どんなランナーにとっても、一〇〇マイルレースが何事もなく終わることはなかった。

今回は、これまでの三度のＵＴＭＢレースよりも前半から飛ばしたのだという。そして、かなり上位にいると思っていた。そうしたら、沿道の観客から、三〇位くらいだと言われた。

「フランス語はあまりうまくないんだ。だから、聞き間違えたのかもしれない」と彼は言う。「でも一五位くらいだと思っていたので、ちょっとびっくりした。それから一時間ほどはスランプに陥った」

その後、息を吹き返したダミアンは、中間点の直前、クールマイユールに向かう下りで、悪戦苦闘していたジム・ウォルムズリーを追い抜いた。「彼は、僕を通すためにトレイルの脇に寄って立ち止まってくれたんだ」と、自分が追い抜いた相手であるにもかかわらず、そのときにウォルムズリーに対していかに畏敬の念を抱いたかを話してくれた。「興奮したね。そのことは、僕をさらに駆り立ててくれた」

終盤では、ダミアンにとってのもう一人のヒーローである、ザック・ミラーにも追いついた。「実はレースの数日前、ケーブルカーでザックとばったり会ったんだ。面白かったよ。ふたりとも撮影班を引き連れていたから」

ザックのことは、上りの途中で追い抜いたのだという。「彼は僕に気づいていなかったと思う。目がどんよりしていて、もうレースをやめるつもりだ、って話をしていた。普通なら、僕はレース中にすれ違った他のランナーを励まそうとする。たとえライバルであってもね。でも、彼があまりにも辛そうな顔をしているので、〝たしかに、このままレースを続けるのは安全じゃない〟って思ったよ」

過去四回のUTMBの結果について尋ねてみた。三一位、一九位、一二位、そして今回は五位。さらに良い成績を取ることは可能だろうか？　再びこのレースに挑戦するのか？

彼はわからないと言った。ただし、来年のレースには出ないと妻と約束しているそうだ。「今年は僕の家族にとって大変な一年だったんだ。レースのために多くのことを犠牲にした。いとこの結婚式にも出られなかったし、父の七〇歳の誕生日も祝えなかった。でも、これからは普通の暮らしに戻れる。もう二度とこのレースを走らないことになったとしても、自分の成し遂げたことに満足できるよ。

とはいえ、何かに執着し、本気で取り組み、できる限りのことをすれば、人は何かを達成できる。そのことを、身をもって体験できた。そして、それはとても大きな満足感を得られるものなんだ」

他にも、今回のＵＴＭＢに参加していた私が知るランナーには、エリザベトのパートナーであるソンドレ・アムダールやカリフォルニア州出身のマグダ・ブーレがいたが、どちらも途中で棄権している。これは、最高のランナーでさえ食われてしまうレースなのだ。

一方、誰にもとめられないと思われるほど勢いのあるのが、イギリス兵のトム・エバンスだ。トムはＣＣＣに出場し、距離は短いが極めて競争の激しいこのレースで、最後の下りで中国のミン・チーを抜き、一位でフィニッシュした。きっと、ＨＯＫＡはトムとのスポンサー契約の内容を大幅に改善することだろう。

そして、私はデヴォンの家に戻ってきた。ウルトラランニングを巡る二年間の旅も、ついに終わりだ。周りの人から真っ先に尋ねられるのは、これからもウルトラマラソンを続けるのか、また別のレースに出るつもりなのか、ということだ。もし、ＵＴＭＢを走り終えた直後や、ラ・フーリーとシャンペのあいだのトレイルのどこかにいるときに同じ質問をされたら、〝もう一度ウルトラマラソンを走るくらいなら、手を切り落としたほうがましだ〟と答えただろう。けれども、おそらく女性が出産の痛みを忘れるのと同じように、ランナーはレースの痛みをすぐに忘れてしまうのかもしれない。

それは、坂を上るときにすら起こっていた。長い上り坂はどこまでも続くように感じる。上るほどにきつくなり、〝こんなの正気の沙汰じゃない。バカバカしい〟と思うようになる。それでも、まだ上りは続く。しかし、ようやく頂上を越え、反対側に向かって下り始めたとたん、〝実際には、それほどたいした上りではなかったな〟と思ってしまうのだ。

だから私は、UTMBが終わった一、二日後には、また別のウルトラに出るかもしれないと考え始めていた。一〇〇マイルではない、おそらくもっと短いレースに。私よりももっと早く、ウルトラの痛みを忘れた人もいる。レイチェルは、来年のUTMBに出場するためのポイントを獲得するために、早くも次に出場する一〇〇マイルレースを探しているという。「あの痛みについては？」と、私は彼女に尋ねた。「本当にもう一度あの苦しみを経験したい？」

「苦しみだとは思わないわ」と彼女は言った。「私にとってウルトラの本当の体験は、八〇キロメートル地点くらいから始まるの。スタートのときはエネルギーが溢れてる。でも、だんだん疲れてくると、いろいろなものが溶け出して、自分と、走ることだけになっていく。私は、ウルトラのそこが好きなの。呼吸の感覚、身体の動き、自分の足で世界を体験すること――。それは、私に大きな力を与えてくれる」

私は、日本を訪れたときに会った、一〇〇〇日かけて一〇〇〇回、マラソンのように長い距離を歩く、比叡山の修行僧のことを思い出した。

「絶え間なく歩き続けることで――」と僧侶のひとりは説明してくれた。「精神や自我、身体のすべてが消耗していきます。そのとき、何かがポンと弾けて（彼は泡が弾けるようなしぐさをした）、無となった空間を埋めるために、何かが沸き上がって来るのです」

その僧侶いわく、その〝何か〟とは「人生の表面下に横たわっている、日常的な経験の限界を超えた広大な意識であり、宇宙との一体感」なのだという。

私はUTMBで、二日目の夜が明けてから、世界との一体感や、平和の感覚を味わい始めた。そのときは、どこまでも走り続けられるような気がした。腕時計を頻繁に確認したり、シャモニーに何時までに到着しなければならないという切羽詰まった気持ちになったりすることもなくなった。あったのは今、この瞬間だけだった。地面を踏みしめる足音、山々の静かなざわめきだけだった。最終日、このまま行けばゴールできるという手ごたえを感じながら、安心し、リラックスして走った。最後の一五マイル〔二四㎞〕ほどは、本当に素晴らしく、楽しい経験だった。

結局のところ、ウルトラランニングとは、単に長い距離を走るだけのものではないのだ。ある意味で、それはランニングですらない。UTMBの数日後、私はザック・ミラーとグザビエ・テベナールが、七五マイル〔一二〇㎞〕地点にあるシャンペ・ラックのエイドステーションで並んで座っている映像を見た。ふたりはとてつもなく厳しい表情をしていた。周りの人たちは彼らに話しかけたり、世話をしたりしているが、ふたりだけが別世界にいた。私もあのエイドステーションにいたとき、同じ状態だった。ウルトラマラソン、特に一〇〇マイル以上のレースでは、普通に生きていたら決して行くことのない場所や状態に辿り着く。極度の疲労に襲われ、ゆっくり歩くだけでも精一杯という状態になる。もちろん、そこから脱出する手段はある。いざとなれば棄権できるのはわかっている。それでも、走り続けたいのなら、極限の現実に向かい合わなければならない。

現代人は、快適な状態を保ち、人を生きることの生々しさから遠ざけるようにつくられた環境で生きている。だが人類は、厳しく、困難で、危険な環境で生きることで進化してきた。私は現代人も心の底では、この太古の感覚を求めていると思っている。ジョージ・モンビオは著書『Feral（野生化）』（未訳）の中で、現代人は自然から切り離されて生きているが、人生の荒々しさを体験しようとする欲求はなくなっておらず、それは私たちの深い部分に埋め込まれていると語っている。彼は槍で魚を狩ったり、川のほとりで見つけた鹿の死骸を背負って運んだりした自らの経験について書いている。どちらの場合も、内なる「遺伝子の記憶」が呼び起こされ、野生の本能が生き生きと蘇ってくるのを感じ、叫び声を上げげたくなったという。

これは、現代人が日常生活ではめったに体験することのない、強烈な存在感をもたらす体験だ。私たちは普段、現実的な問題に追われ、いくつもの役割を担い、人間関係に囲まれ、娯楽や余暇を楽しんでいる。けれども、山で二四時間過ごしていると、こうした一切は消えてしまう。人生でなすべきことは、ごく単純なたったひとつのことになる。それは、ゴールに辿り着くことだ。ただ、前に進み続ける。それ以外は何もない。気を散らすとすれば腕時計だけだが、それは役に立たない。だから私も、あのレースでは使わなかった。

私は、自分がウルトラランニングへの挑戦を考え、エントリーするレースを探し始めた頃のことをよく覚えている。そのときの私は、過程ではなく結果を求めていた。最後まで走り切り、両腕を上げてゴールに凱旋するランナーになりたかった。しかし、そこに辿り着くために経験しなければならないであろう極限の状況を想像すると、怖かった。シャンペ・ラックのエイドステーションでも、まだその恐怖は残っていた。でも、それこそがウルトラランニングの真髄でもあった。トゥーティングの二四時間トラックレースでカルティックという大柄な男性ランナーが言っていたように、醍醐味が味わえるのはそこからなのだ。たしかに、フィニッシュした瞬間は達成感が得られる。だがそれはレース途中の嵐の中で経験する〝今、この瞬間を生きている〟という鮮明な感覚に比べると、ある意味で拍子抜けするような、クライマックス感とは相反するものでもある。

レイチェルが、UTMBフェスティバルで初めてレースを走ったときのことを話してくれた（それは、TDSと呼ばれる、短め〔一四五㎞〕のレースだった）。シャモニーのゴールに近づき、町のざわめきや、人々の声援が遠くから聞こえてきたとき、彼女はペースを落としたと言う。道端に座ったり、歩いたりしながらゆっくり進んだ。「終わらせたくなかったの」とレイチェルは言った。

ウルトラレースは、必ずしも楽しいものではない。だが、危機の真っただ中で、あらゆるものが生々しく迫ってくるような状況に身を置くことはできる。そこでは、自分の弱さや強さを強く意識するようになる。生きるか死ぬかの瀬戸際で、自分という存在をはっきりと感じられるようになる。そう、私が大勢のウルトラランナーから何度も聞かされ続けてきたように、本当の楽しさは、痛みの洞窟の奥深くで始まるのだ。

謝辞

以下の人たちに心からの感謝を捧げる。

まず、練習やレースをしたり、調査のために世界中を飛び回ったりしているあいだ、家庭を守ってくれたマリエッタに深く感謝したい。クルーとして私を支え、落ち着いて見事な働きぶりをしてくれたことにも。どんなレースでも、ゴール後に一番会いたいと思ったのは君だった。

私が危機に陥ったときに、優しく、愛情を注いでくれた三人の子どもたち、ライラ、ウマ、オシアンに。

尽きることのない愛情を注ぎ、いつも私のことを気にかけてくれる母と父に。

弟のジヴァとゴビンダの励ましに――ゴビンダが、初めてのロングトレイル・レースで空気を読まずに兄である私を打ち負かし、結果的に奮起を促してくれたことにも。

ベティとロビンの限りない支えと優しさに、永遠の感謝を。

素晴らしいアスリートであり、私を数え切れないほど助けてくれた特別な友人であるトム・ペインに。ウルトラランニングに関する独自の考えを述べてくれ、シャンペ・ラックではトムとのチームに私を快く割り込ませてくれたレイチェルに。

何も知らなかった私に、ウルトラランニングの手ほどきをしてくれたエリザベト・バーンズに。雨に濡れた丘での、六時間の〝金曜朝の散歩〟に誘ってくれたダミアン・ホールへ。ティア・ボディントンをはじめとする、カリフォルニアのミウォック一〇〇Kに関わる皆さんに。特にミルバレーの素晴らしい家で私の面倒を見てくれたゲイリーとホリーのゲリン夫妻に。レース会場まで車で送ってくれたハル・ローゼンバーグ、レース後に家まで送ってくれたマグダ・ブーレにも感謝する。

ダーバンのクレイグ・デニスは、南アフリカで私をもてなし、コムラッズ・マラソンの内側を覗かせてくれた。ボブ・デ・ラ・モットは、自らの体験談を語り、何人もの関係者を紹介してくれた。コニヤース・デイヴィスは、東アフリカのランナーをウルトラランナー界に引き込むという私のアイデアに乗ってくれた。彼の情熱と行動力がなければ、決してプロジェクトは前に進まなかった。

人間の身体の仕組みに関する知識の宝庫であり、私のプロジェクトに興味を持ち続けてくれたジョー・ケリーに。アキレス腱の怪我を治してくれたゲイリー・ウォードに。ゲイリーが私のアキレス腱を治すのを支援してくれたデイビッド・ワインストックに。フェルデンクライスを私のランニングに応用してくれたジェ・グリュンケに。私のランニングフォームについて時間をかけて改善の余地を見つけようとしてくれたくれたシェーン・ベンジーに。

素晴らしく優秀で、理解のあるコーチでいてくれたトム・クラッグスに。彼のセッションと励ましのおかげで、すべてを乗り切ることができた。

コロラド州のバー・キャンプで素晴らしい数日間を過ごさせてくれた、ザック・ミラー、そして彼の姉のアシュリーとその夫のネイサンに。

アングルシーでのリング・オブ・ファイアレースの大会主催者であるクエンティンとビングに。走りながら話をしてくれ、長い距離をあっという間に感じさせてくれたロウリ・モーガンに。

ロンドン南部のトゥーティングで開催された自己超越二四時間レースのレースディレクター、シャンカラ・スミスと、素晴らしい周回記録員に。

一緒に練習走行をしてくれ、数多くのウルトラレースのレースレポートの執筆依頼をしてくれた同僚のケイト・カーターに。

あちこちで人を紹介してくれ、このスポーツの暗い側面についてはっきりと意見を述べてくれたロビー・ブリットンに。

いつも素晴らしい仕事をしてくれる私のエージェント、オーリー・マンソンに。私の原稿を見事に編集してくれた、フェイバー社のローラ・ハッサンとフレッド・ベイティに。

時間を割いてウルトラランニングの話をしてくれたり、何らかの形で私を助けてくれたりした以下の方々にも感謝する。シャーロット・エスリッジ、ジェイソン・クープ、フランシス・ボーエン、リスパー・キマヨ、「センチュリオン・ランニング」のジェイムズ・エルソン、エリック・シュランツ、ミカエラ・オサリバンとアンドリュー・ベニング、アンケ・エッサー、クリスティ・リードとピート・エールワード、イノヴェイトのリー・プロクター、ベン・アブデルノア、デボラ・ヴィンセント、ボルダーのファン・エステバン・ウスビジャガ、ウルトラマガジン誌のアンディ・ナトール、マルコム・アンダーソン、ジェシカ・ヴィンルアン、ジョナサン・リッチフィールド。

訳者あとがき

本書は二〇一九年に英語圏で刊行された『The Rise of the Ultra Runners: A Journey to the Edge of Human Endurance』（ウルトラマラソンの台頭：人間の持久力の限界への旅）の邦訳である。この本のテーマは、近年、世界中で大きなブームを巻き起こしているウルトラランニングの知られざる世界を探求することである。

フィナンシャル・タイムズのジャーナリストで、フルマラソンを二時間五〇分で走る優れた市民ランナーである著者は、「なぜ今、世界中でウルトラランニングの人気が高まっているのか、このレースに参加する人たちは何に魅了されているのか」という疑問にかられ、その答えを知るための最善策は、自分自身でウルトラマラソンを走ることだと決意する。

そして、自ら多数のウルトラレースに出場し、肉体的・精神的な極限状態を味わいながら、このスポーツの真髄に迫っていく。また大手メディアに所属するジャーナリストとして、その数多くのトップ・ウルトラランナーに取材を敢行する。

著者が二年に亘るこのウルトラランニングを巡る冒険の最終的な目標に定めたのは、この競技の最高峰レースと呼ばれているＵＴＭＢ（ウルトラトレイル・デュ・モンブラン）に出場すること。著者は試行錯誤を繰り返し、様々な疑問への答えを肌で探りながら、クライマックスに向けて文字通り走り続けていく。

本書の序盤でも述べられているように、ランニングが社会にすっかり定着し、老若男女が当たり前のようにフルマラソンのレースに出場するようになった今、フルマラソンはもはや「ただのマラソン」と見なされるような時代に入っているのかもしれない。それ以上に突き抜けた体験や強い刺激を求める人たちは、ウルトラマラソンに目を向け始めている。ウルトラマラソンはSNSでもウケがいいし、「山の中を一〇〇マイル走るレースに出る」と周りに言えば、ヒーローになったような気分も味わえる。

だが本書を読み進めるにつれて明らかになるのは、こうした華やかなウルトラマラソン・ブームの背後にある、多様で奥深い真実だ。著者は、ウルトラランナーの中には、過去にトラウマ的な体験をしていて、その苦しみを乗り越えることをこのスポーツに見出している人が少なくないことに気づく。また、二四時間陸上競技場を走り続けるといった、一見すると単調なレースの中にも、見る者を惹きつけてやまない劇的なドラマや大きな感動があることも発見していく。著者は誰もが当たり前のようにウルトラマラソンを走る国、南アフリカを訪れて「コムラッズ・マラソン」を走り、イギリスの伝統的なトレイルランニングであるフェルランニングも体験する。新興スポーツならではの活気と混乱について考察し、FKT（ファステスト・ノウン・タイム）というムーブメントを紹介し、なぜランニング王国アフリカ人ランナーが皆無と呼べるほど少ないのかについても疑問を呈する（著者は自らアフリカ人ランナーをウルトラトレイルレースに出場させようと奔走する）。また、自らレースで幾度も極限状態に陥り、途中棄権したいという心の囁きと闘い、ときには幻覚すら見るような極度の消耗状態に陥る。

このような著者の包括的かつ体当たり的なアプローチによって、本書はウルトラランニングの全容を幅広い視点でとらえ、かつ一人の人間の等身大の旅を通してこのスポーツの特徴や醍醐味を伝えることに大いに成功した、出色の出来になっている。本書が海外で多くの読者の共感を呼び、絶賛されているのも納得できる(本稿の執筆時点で、Amazon.comでのレビュー件数は二七〇〇件以上、平均評価は四・六という高評価を得ている)。

著者はウルトラランニングを巡る旅を続ける中で、「なぜ人はウルトラランニングを走るのか」という問いの答えは、言葉を超えたところにあるという達観を得ていく。それは言葉にできない底知れぬ衝動であり、深く根源的な呼びかけへの応答である。それは忘我の感覚であり、向こう側の世界に行くことである。それは私たちのDNAに刻まれた、野生の記憶を呼び覚ますことだ。この答えは、走ることを超えて、人はなぜ生きるのかという大きな問いに対する答えのようにも感じられる。

また、人間にとって自然な走法や食事法を探求し続けてきた著者が、最低限の荷物だけを持って野生に分け入り、時には満天の星を眺めながら眠ったりしながら、大自然と一体となり、非日常を味わうウルトラランニングの世界に惹かれ、のめり込んでいくのも、ある種の必然のように思える。ウルトラランニングのブームは、単にエクストリームなもの、SNS映えのするものを求めているというよりも、文明の恩恵を受けながらも大きなストレスを感じながら生活している現代人にとって、もっと根源的な、自然への回帰を意味しているのかもしれない。加えて、極限への挑戦で苦しんだ著者を最後に支えたのが家族や友人といった周りの人たちだったということも、極めて示唆的なメッセージになっている。

著者がオマーンで初めてウルトラレースを走ったときに知り合った女性ランナー、エリザベト・バーンズは、「人生では本当にやりたいことを先送りしてはいけない。やりたいことがあるなら、今すぐにでもやるべきだ」と語る。本書を読んで、ウルトラランニングに挑戦してみたいと思った読者は多いのではないだろうか（本書の序盤での著書と同じように、エントリーするレースを物色し始めた人もいるかもしれない）。もちろん、ウルトラマラソンを実際に走るのは大変なことだ。だがウルトラレースには出なくても、本書が「何かに挑戦したい」という熱い気持ちに私たちを誘ってくれるものであることは間違いない。本書が、読者の皆さんが人生の様々な局面で勇気を持って一歩踏み出すことの一助となることを願ってやまない。

翻訳に際しては、青土社の福島舞さんに最大限のサポートをいただいた。自らトレイルランナーとして大活躍され、本書を日本の読者に届けることに並々ならぬ情熱を持っている福島さんが、優れた編集者としての視点だけでなく、トップランナーとしての豊富な知見をもとに訳文を推敲してくださったことが、本書をより良いものにするために非常に役立った。心より感謝を申し上げる。

児島修

［著者］アダーナン・フィン（Adharanand Finn）
スポーツジャーナリストにしてマラソンランナー、トレイルランナー、ウルトラランナー。著書に『Running with the Kenyans』、『駅伝マン――日本を走ったイギリス人』（早川書房）がある。

［訳者］児島 修（こじま　おさむ）
英日翻訳者。訳書に『ランニング王国を生きる――文化人類学者がエチオピアで走りながら考えたこと』、『走ること、生きること』『Good to Go――最新科学が解き明かす、リカバリーの真実』、『ドーピングの歴史――なぜ終わらないのか、どうすればなくせるのか』（全て青土社）ほか多数。

ウルトラランナー
　限界に挑む挑戦者たち

2024年3月25日　第一刷発行
2024年4月10日　第二刷発行

著　者　アダーナン・フィン
訳　者　児島 修

発行者　清水一人
発行所　青土社

〒101-0051　東京都千代田区神田神保町1-29　市瀬ビル
［電話］03-3291-9831（編集）　03-3294-7829（営業）
［振替］00190-7-192955

印刷・製本　シナノ
装丁　ANSWER4

ISBN978-4-7917-7620-7　Printed in Japan